眼蔵家の逸話

永平七十八世　奕保　衲

杉本俊龍

大法輪閣

現成
公案

如在

永平七十八世奕保衲

刊行に寄せて

永平高祖の『正法眼蔵』は、ひとり吾宗のみならず、世界人類の聖典なること、世の宗教家、哲学者の等しく認めるところであります。而《しこう》してその難解難入なることも、また一方の事実であります。各位におかれましても、この難解を怖るることなく参究され、素晴らしき宗教世界に没入し、その風光の一端を味わって頂きたく思うものであります。

それはさておき、この『正法眼蔵』は、永平寺開山道元禅師様がお示しになられて間もなく、世は室町の戦国時代となり歴史の彼方に煙没《えんぼつ》していたのであります。しかし、やがて江戸時代となり世も治まり文化復興の波にあらわれ再発掘されました。爾来《じらい》これが宗門に広まり、参究が再開されるにあたりましては、先人の文字どおりの身命を賭した千辛万苦があったのであり、そのお蔭を持ち今日の私共は何の苦もなく『眼蔵』を手にとることが出来るのであります。誠に有難いことと申さねばなりません。

この杉本老漢の『眼蔵家の逸話』には、眼蔵再発見時代の古人の不惜身命底が如実に示されており、その辛苦を思うに涙を禁じ得ません。まさに「如在《いますがごとし》」であります。また或いは往時の禅僧の行履底《あんりてい》、撥草瞻風《はっそうせんぷう》のさまが手に取るように窺《うかが》え、興の尽きぬものがあり、今時の人には人生の良き指針となることでありましょう。

各位におかれても何卒一読され、先覚の労苦を偲ぶと共に、改めて『正法眼蔵』拝読への気持を高めて頂きたく思うものであります。ここに発刊にあたり一文を寄せ、祝讃の意を表すものであります。

平成十八年八月念八日

永平遠孫百六寿翁奕保謹識

まえがき

五年前から四国瑞応寺《ずいおうじ》の「銀杏」・北海道の「教学時報」誌等に、曹洞宗の名僧方の逸話を投稿をしていた。ところが読者や会員（杉本主管の禅学会）や先輩諸兄から、「あの話を単行本にしては」という話を持ちかけられていた。つい私もその気になって昨年から暇々《ひまひま》に原稿をまとめていた。昨年一一月末にいよいよ出版をする決心をして、その仕事に没頭した。

さて手をつけてみると、投稿のままの原稿では良心が許さないので改めて全部書きなおした。また在俗者のために坊さま読みの禅語には読み方をつけた。また僧名には敬称を略した、それはいずれも禅師級の名僧方であるから、敬語をつけると「〇〇禅師が〇〇禅師に」という文章になって、師匠と弟子との会話でありながら同格になってしまい実感が出ないのである。それで第三者の立場に立った筆法を用いたのである。

逸話集とはいえ、実は「物語眼蔵史《げんぞう》」である。眼蔵の精神に生きぬいて、一生を眼蔵の参研にささげて名著作を残した、高僧方のその著述の苦心談である。それを年代を追うて師匠から弟子に、あるいは随身にというように系統をたどって記したのである。だから寓話や伝説ではない。

逸話とは世に隠れているすぐれた話であって、諧謔《かいぎゃく》や失敗や滑稽談《こっけいだん》ではない。ゆえに高僧逸話の一言一行は人生の標幟《ひょうし》となって、私どもに言い知れぬ感銘と反省をうながすのである。今日は昔のように古色蒼然とした雲水姿で、いつまでも修行することができ難い世となってきた。せめては古人の修行時の行履《あんり》の苦心を知って、自己凝視につとめたいものである。

好事魔多しとか、執筆最中に私の身近に不幸が続いて精神的に打撃を受けた。良寛の言うように「災難が来たときには受けるがよろしく、これが災難を逃れる唯一の方法」という、わりきった感情にはなり難いものである。それは良寛のごとく遁世《とんせい》的隠者の生活をした者と、名は出家でも社会的に多くの繫累《けいるい》を持つ、現在の寺院生活のみじめさであろう。

ともあれ、これによって僧俗ともに眼蔵に親しむ因縁のできることを願うものである。刊行にあたり郷土出身の畏友、東京都長谷敏司氏（竹馬の友）の応援を得たことを感謝するものである。

昭和三四年　初夏

移永山房にて

杉本　俊龍

眼蔵家の逸話

【目次】

装丁…清水良洋（Malp Design）

眼蔵家の逸話

序章　眼蔵家《げんぞうか》とは

一、眼蔵の正体

眼蔵とは略称であって、『正法眼蔵《しょうぼうげんぞう》』というのが本当である。これは曹洞宗《そうとうしゅう》開祖、承陽大師《じょうようだいし》永平道元禅師の主著である。正法眼蔵は九五巻あるから九五種類の正法眼蔵ということになる。正法眼蔵弁道話《べんどうわ》・正法眼蔵摩訶般若波羅蜜《まかはんにゃはらみつ》・正法眼蔵現成公案《げんじょうこうあん》というように、正法眼蔵という語が巻首につくから、眼蔵とは九五巻を総称していうのである。

正法眼蔵九五巻は、字数およそ四三万余におよぶ厖大なものである。道元禅師が三二歳で筆をおこし、五四歳の入滅にいたるまで二三年間のご説法である。しかも自ら筆を執《と》られたのであるから、文章の格調は非常に高く前後一貫している。眼蔵やその他の執筆に明け暮れた二三年間といっても、道元禅師が山城（京都府）宇治興聖寺《こうしょうじ》を詮慧《せんね》に譲り、越前（福井県）に向かわれる（四四歳）までに、すでに眼蔵は巻数四六を著作されている。その後、越前吉峰寺《きっぽうじ》で二五巻、禅師峰《ぜんじほう》で六巻、越前大仏寺で六巻、四七歳、大仏寺を永平寺と改めてここで二巻、これで眼蔵の執筆は一時止まっているのである。ただ五四歳の示寂《じじゃく》の年に「八大人覚《はちだいにんがく》」一巻のお示しがあった（そのほか眼蔵には説時処不記のものが九巻ある）。こうしてみると道元禅師の眼蔵の著述は四七歳で一応終わったことになる、その後、文章の校正をなされたものが数巻ある。しかし四七歳から五三歳までは眼蔵は空白であったというのではない、しばしば眼蔵をご提唱なされたのである。

眼蔵の文体はやわらかい上品な気高い和文である、すらすらと読み下せる流麗な美文である。それでいて文章の格調が非常に高い。それは中国唐朝時代に流行した影略互顕法《えいりゃくごけんほう》や、『源氏物語』ふうの文法や、『左伝』『文選《もんぜん》』（唐末から宋朝に流行した四六駢儷文《しろくべんれいぶん》）や、蘇東坡《そとうば》流等が縦横自在に取り入れられた禅師独創の文章であるから、すらすらと読めるけれども、意味を読みこなすことが難しいのである。

読むことは読んでみたけれども、文意はさっぱりわからない、というのが一般の世評である。眼蔵の研究に二〇年三〇年費やした禅僧でも、「なお灯影辺裡をゆくがごとし」「千尋《せんじん》の谷を探るがごとし」と述懐している。高等学校の国語読本に眼蔵の一文をのせたものがあるが、先生は何と考えてみてもわからないので、結局ごまかすよりほかに手はないという。それほど世界一の難解の書物である。しかし眼蔵は専門家以外の人にでもわかるのである、ただ取りつき難いだけであって、決して皆目手のつけられぬという難渋の書ではないのである。

道元禅師は、初め叡山《えいざん》で天台学や止観《しかん》・坐禅・観法《かんぼう》を九年間学び、のち京都建仁寺《けんにんじ》の栄西《ようさい》・明全《みょうぜん》について臨済禅を修行。二四歳、入宋《にっそう》して天童山景徳寺の長翁如浄《ちょうおうにょじょう》について曹洞禅を参究した。ついに如浄から印可《いんか》証明を受けて面授嗣法《めんじゅしほう》（師の暖かい手から弟子の暖かい手に法を授ける）し、二八歳の春に帰朝した、日本に曹洞禅を正伝《しょうでん》した始祖である。したがって正法眼蔵は、曹洞禅の真髄を鼓吹《こすい》し特異性を提唱するのである。

その主眼は臨済禅の公案至上主義、大悟徹見主義に対して、坐禅を仏行《ぶつぎょう》として自己に生かしてとらえるところにある、大悟を行のなかに発見するのである。普通にいう凡夫禅《ぼんぷぜん》・愚人行を、仏行禅・証上行として即今にとらえて、自己によって生かすところにある。行の哲理、行の宗教を、理念や懺悔の心でなくして最上無上の法楽として自己に受け取って、行取《ぎょうしゅ》し行道《ぎょうどう》するところにある。いわゆる満たされた行である。その行は千変万化して進展してゆくのであるから、そこに万人が合点せねばならぬ眼蔵の真理にぶつかるのである。

かつて思想家、金子白夢がいわく「世界の哲学を統一するものは正法眼蔵である。道元禅師は単に曹洞宗の開祖ではない、世界的な哲学の偉人である」。また橋田邦彦博士は「眼蔵は科学者が科学を創造し発展させてゆく働きの上に、重要な意義を教えてくれるものである。すなわち生きていること、生きてゆくこと、この生きるという生の全機《ぜんき》（全分の生気）の何であるかを眼蔵は解明してくれる尊い箴《しん》だ」、と。橋田博士は生物学をやりながら、「生きていること」「生きること」がどうしてもわからなかった。東西今古の書をあまねく読んだ、けれども納得がゆかなかった。ついに正法眼蔵現成公案巻を読むにおよんで、忽然《こつねん》として氷解したと述べている。

あるものを、あるがままに、あるものとしてつかんでゆく。つかむとは行ずることである、そこに行が生かされてゆくのである、行が生きたことを証《さとり》というのである。だから先人の行を自己の行によって生かしてとらえること、これよりほかに証《さとり》はない。そこに仏の行と自己の行とが一体になって、仏道は無限に進展するのである。これが眼蔵の説く思想である。

二、眼蔵の編集

正法眼蔵は道元禅師の弟子、永平寺二代孤雲懐弉《こうんえじょう》によって浄写し継承せられた。懐弉は道元禅師の滅後、師命によって正法眼蔵七五巻を編集した。当時の眼蔵は都盧《とろ》（すべて）一〇〇巻余あったらしいが、道元禅師が俗弟子らに書き与えて草稿の残っていないものもあった。正法眼蔵八大人覚《はちだいにんがく》の跋《ばつ》に「この後、御病い漸々《ぜんぜん》に重増したまへり。仍《よ》って御草案の事すなはち止《や》む。所以《ゆえ》にこの御草等は先師最後の教勅《きょうちょく》なり。我ら不幸にして一百巻の御草を拝見したてまつらず、尤《もっと》も恨《うら》むる所なり。若《も》し先師を恋慕し奉る人は、必ずこの巻を書しこれを護持すべし。釈尊最後の教勅、且《か》つ先師最後の遺教《ゆいきょう》なり。建長五年（一二五三）正月六日書于永平寺、懐弉記之」（原漢文）とある。

眼蔵はこのほかに永平寺五代義雲《ぎうん》の編集した六〇巻本、加賀（石川県）仏陀寺の大容梵清《たいようぼんせい》の編した八四巻本、さらに道元禅師滅後四百年余、永平寺三五世晃全《こうぜん》が梵清本に祖山《そざん》宝庫に秘在していた眼蔵や、民間や他山にあったものを全部集めて、これを道元禅師の眼蔵撰述の年代順に編集し、年代不記のものは末後に加えて九十五巻の眼蔵を得た、これを晃全本という、現行本がすなわちこれである。

正法眼蔵は曹洞宗の無上の法宝であるけれども、昔からこれを室中の秘書として、みだりに公開することを禁じていた。世間に流布して俗人の手に触れることを恐れたのである。したがって求法の篤志僧がひそかに浄写して、衣裡《えり》に珍襲《ちんしゅう》して伝来したものである。永平寺五〇世玄透《げんとう》が寛政七年（一七九五）九月に、永平寺に晋山上堂《しんさんじょうどう》した。そのときの小参《しょうさん》に「あと七年で開祖道元禅師の五百五十回忌がくる。どうでもこの遠忌《おんき》記念に眼蔵を開版せねばならぬ」と宣言したのである。それ以前に曹洞宗を統括していた天下大僧録の三ヶ寺は、たとい眼蔵の全部はもちろん、抜粋なりとも開版することはまかりならぬと厳しく触《ふ》達《れ》を出していた。ために玄透は徳川幕府に直接訴願したのである。その結果、寛政八年一二月、幕府はこれを允許《いんきょ》したのである。それから穏達《おんたつ》・俊量の二師が全国を行脚《あんぎゃ》して資金カンパにまわった。辛苦経営およそ一五年、文化八年（一八一一）、道元禅師滅後五五九年にして、眼蔵全巻の開版が円成《えんじょう》したのである（この項は玄透禅師項「開版二〇年」に詳述）。

爾来《じらい》、眼蔵拝請《はいしょう》者は必ず永平寺に上山して（白紙の巻は自ら浄写）受けてきたものである。今のようにお金を払い込んだら、書店から送ってくるというような簡単なことではないのである。こんなふうであったから曹洞宗第一の書でありながら、一般の宗侶は眼蔵を敬遠していた。「眼蔵は読むものではない、眼蔵はおがむものだ。つまり床に飾っておいて線香をあげて礼拝しておればそれでよいのだ」というのである。下手に眼蔵を読むと邪禅になるから、さわらぬ神に祟りなしで、眼蔵を読まねば坐禅がつとまらぬわけではなし、無理して脳味噌を使う必要もあるまいと、宗侶の大半はあっさりとあきらめてしまっていたのである。

三、眼蔵の伝灯者

道元禅師が自ら執筆し自ら提唱した眼蔵であるけれども、法孫の者がこのように法罰を恐れてひそかに浄写し伝来していたならば、おそらく眼蔵の大半は煙滅《えんめつ》してしまい、今日に伝わらなかったであろう。ところが、ひそかに眼蔵にへばりついて、一生離さなかった高僧がいたのである。それは名誉や利欲を求めてのためではない、やむにやまれぬ求道の熱烈さがかくならせたのである。

道元禅師の眼蔵を滅後に編集したのは懐弉であるが、眼蔵に註釈を書いたのは道元禅師の孫弟子にあたる経豪《きょうごう》で、その『正法眼蔵抄』三〇巻は懐弉編集の七五巻について書いたものである。実に禅師滅後五六年である、その後三五〇年間、眼蔵の末書としては見るべきものが一つもない。徳川四代家綱の承応《じょうおう》年間（一六五二〜一六五五）以後、曹洞宗は大いに発展したのであるが、その原動力となったものが眼蔵である。万安《ばんなん》・天桂《てんけい》・月舟《げっしゅう》らが第一声をあげ、続いて卍山《まんざん》・損翁《そんのう》・面山《めんざん》らが声をからして提唱し、宗統の復古運動を起こした。このバトンを万仭《ばんじん》・黄泉《こうせん》・蔵海《ぞうかい》・黙室《もくしつ》・月潭《げったん》らが継承した。明治になって西有穆山《にしありぼくさん》が民衆眼蔵を提唱して、俗人に眼蔵を聞かせたのである。ついで丘宗潭《おかそうたん》・秋野孝道《あきのこうどう》・岸沢惟安《きしざわいあん》が大正・昭和の眼蔵を鼓吹した。

一方、京大の西田幾多郎博士、東大の紀平正美博士らが哲学としての眼蔵を主張し、そのあと川辺・秋山・橋田らの博士が続々と眼蔵の新解説を発表するにおよんで、眼蔵は一躍時代の寵児となったのである。岩波文庫の『正法眼蔵』三冊は、駒大の衛藤即応博士の校合によるものであるが、何回増版しても売れてしまって、上中下三巻まとめるのに苦労するという現状である。今では思想家・心理学者・計数学者・科学者で眼蔵を知らぬ学者はないといわれている。

四、眼蔵の読み方

正法眼蔵は道元禅師の人格の流露である。宗教的情熱が高調して思わず筆を執《と》ったという書き方である。だからどの巻でも巻頭の第一節に主題がずばり説かれている、正法を眼前に単提し独弄《どくろう》して称提《しょうてい》（はかりにかける）をほしいままにするのである。普通の文章のように草稿を足るほど練って練り上げて、まず序文、次に正宗《しょうしゅう》（本文）、結語というような筋道の立ったものではない。この独特の文法が、道元禅師のお若いときにお書きになった眼蔵ほどひどいのである。だから眼蔵は宇治興聖寺時代の著作が一番難しい、次が越前吉峰寺時代である、あとは楽に読める。

ところが一般の常識として眼蔵を初めから読もうとする、そこで寄りつけない眼蔵になってしまうのである。若いうちは願心をおこして何くそという元気でかかってみるけれども、なんとしても近寄れない。オレのような頭の悪い者はとても眼蔵はわからない、といって中途であきらめてしまう、曹洞宗侶の大半はこの手で逃げてしまった。昔は眼蔵は有難すぎて、もったいないから読むと眼がつぶれて罰があたるといった。これでは、せっかくの法宝が泣いてしまう。明治一八年（一八八五）、祖山六二世雪鴻《せっこう》が洋装活版本の眼蔵を刊行して普及を計ったけれども、眼蔵のなかに飛び込んできたものは少なかったのである。

明治三五年のある日、村上専精《むらかみせんしょう》博士が汽車のなかで偶然に永平寺貫首、森田悟由《もりたごゆう》と同席した。村上博士は仏教界出身者では、いの一番に博士号を授与された人である、また西有穆山について眼蔵を聞いていた。

「禅師さん、開祖道元禅師が五四歳の若さで亡くなられたことは、日本仏教界はもちろん思想界にとっても痛惜に堪えませんね。もし道元禅師が七、八〇歳のご寿命がおありであったならば、正法眼蔵は九五巻ぐらいの短いものではなく、三〇〇巻ぐらいお書きになっていたでしょうに、惜しいことですね」

「村上さん、曹洞宗は九五巻でたくさんです。あれで足らぬということはありません」

と言って悟由は声を落として、「あれ以上あったら法孫は、それこそ積《つ》ん読《どく》し奉るで手をつける者がありませんよ」

うがった言葉である。三万の宗侶のうち眼蔵に親しむ者は暁天《ぎょうてん》の星よりも少ない現状であるのに、これが三倍にもふくれて正法眼蔵三〇〇巻ということになっていたら、眼蔵参究者はみんな病気になってしまう。また仮に道元禅師がご長命になったとしても、眼蔵は四七歳で一応筆を止められているから、一〇〇巻を少しのり出るぐらいのことであろうと思うのである。

眼蔵に親しむ方法としては九五巻を巻末の方から読み出すことである。すなわち八大人覚・唯仏《ゆいぶつ》与仏《よぶつ》・四禅比丘《しぜんびく》・受戒・道心、というような順に拝読するのである。これらは文章も意味もわかりやすいのである、そうしているうちに眼蔵の癖《くせ》がわかってくる。この癖を知らずにいて頭から食いつくから歯が立たぬのである。

曹洞禅の本領を説く眼蔵、釈尊の正法を説く眼蔵、仏法の進路を標幟《ひょうし》する眼蔵である。曹洞宗侶でありながら読まなくてもすむ、また曹洞宗信者は知らなくてもよいという眼蔵ではいけないのである。

五、家　風

曹洞宗では「あの人は眼蔵家だ」と言って、多少なりとも眼蔵をひねくっている和尚を敬称している、これは尊称ともいえるが反面冷笑とみられる場合もある。物好きに、わかりもしないくせに眼蔵なぞナマかじりしているという冷評である。だからオレらとは少し違うというのである。しかし曹洞宗侶はすべて眼蔵家であるべきはずであるのに、なぜにこんなことを言うのであろうか、これは眼蔵は文字の好きな専門僧に任せておけばよいという安易な考え方である。不立文字《ふりゅうもんじ》、教外《きょうげ》別伝《べつでん》の禅宗だから、文字についてゴテゴテするよりも、一生懸命に坐禅する方がよいというのである。眼蔵家は実際に坐禅をやらないで眼蔵にかじりついている、これでは禅宗の名が立たない。坐禅が主体で眼蔵は従だというのである。その結果が眼蔵参研者を「眼蔵家」と称し、坐禅至上主義者を「禅定家《ぜんじょうか》」と呼ぶようになった。このほかに眼蔵も坐禅もやらないが、三時の看経《かんきん》（おつとめ）はもちろん、庭の掃除や室内整頓を几帳面にする和尚を「綿密家《めんみつか》」と呼んでいる。

「家《か》」とは家風の略で、その人の流儀という意味である、悪くいえば癖である。しかし自己流儀の勝手な癖は許されない、どこまでも曹洞宗侶は道元禅師の癖でなくてはならぬ。その癖の発見ということになれば、否《いや》でも応でも眼蔵を参究するよりほかに手はない。といって眼蔵の研究は片手間ぐらいなことでは、らちが明かない。相手は文字である、一応は文字をこなさなくては勝負にならないのである。ところが眼蔵は文字だから、文字でこなそうと思うと実はこなれない。眼蔵は文字を借りて宗意を説くのであるから、文字の底に流れているものをつかまねばならぬのである。そこで道元禅とは何を説くものであるか、道元禅の真髄はいかなるものであるかという曹洞禅の大意を心得て、眼蔵を読まなければ大変な誤謬《ごびゅう》をきたすのである。道元禅師の真意を掘り下げてゆくのが眼蔵の参究であって、自己流儀に解釈することは、開祖を冒瀆することになる。ために眼蔵に志す者は人知れず苦心して、それこそ眼蔵に捨身して歳月を忘れて参究したのである。一生を眼蔵にささげるという道心が必要である、だから真個の眼蔵家になることは、見聞僧（名誉欲）にはできぬ仕事である。

六、眼蔵家の系譜

眼蔵の見方には口伝《くでん》や口訣《くけつ》がある、これを知っているとたいへん楽に読める。この口訣は実は眼蔵本文にまる出しにしてあるけれども、「ここだ」と言って教わらねば、知らずに通ってしまうのである。そこで参学者は正しい師家《しけ》（師匠）を見つけて、その人について学ぶことが肝要である、これを随身《ずいしん》という。

眼蔵は多くの場合、師家と弟子、あるいは師家と随身によって相続されてきている、これが一番安全であり正しい見方ができるのである。そのために自然に眼蔵の系統というものができている。この系統にもいろいろある、また系統によって見方の違うところもある。だから参学者はこの系統と系統のもつ特色というものを心得ていなければ、とんだ失敗をするのである。しかし本書は眼蔵参究のための本ではないから、ただその系統を略記するにとめておく。

○希玄道元《きげんどうげん》―孤雲懐奘《こうんえじょう》―徹通義介《てっつうぎかい》―瑩山紹瑾《けいざんじょうきん》
　　　　　　└詮慧《せんね》―経豪《きょうごう》

○孤雲懐奘―宝慶寂円《ほうきょうじゃくえん》―永平義雲《えいへいぎうん》

○万安英種《ばんなんえいしゅ》―（月舟宗胡《げっしゅうそうこ》）―卍山道白《まんざんどうはく》―智灯照玄《ちとうしょうげん》―（指月慧印《しげつえいん》）―瞎堂本光《かつどうほんこう》―（安心院蔵海《あじむぞうかい》）

○五峯開音《ごほうかいおん》―天桂伝尊《てんけいでんそん》―無廓鉄文《むかくてつもん》―父幼老卵《ふようろうらん》―心応空印《しんのうくういん》

（　）印は随身

○損翁宗益《そんのうしゅうえき》―面山瑞方《めんざんずいほう》―衡田祖量《こうでんそりょう》―斧山玄鈯《ふざんげんとつ》

○月舟宗胡―徳翁良高《とくおうりょうこう》―黙子素淵《もくしそえん》

○卍山道白―大機行休《だいきぎょうきゅう》―万仭道坦《ばんじんどうたん》―（慧輪《えりん》）―慧亮《えりょう》

○瑞岡珍牛《ずいこうちんぎゅう》―黙室良要《もくしつりょうよう》―（月潭全龍《げったんぜんりゅう》）―（西有穆山《にしありぼくざん》）―（筒川方外《つつかわほうがい》・丘宗潭《おかそうたん》・秋野孝道《あきのこうどう》）
―岸沢惟安《きしざわいあん》―（筆者俊龍）

次に眼蔵に関する主な文献をあげる。

経豪…『正法眼蔵抄』（三〇巻）――七五巻について
天桂…『正法眼蔵弁註《べんちゅう》並《ならびに》調絃《ちょうげん》』（二二巻）――六〇巻について
面山…『正法眼蔵渉典録』（一〇巻）その他数種
面山…『正法眼蔵聞解《もんげ》』（面山講述、斧山筆録）

本光…『正法眼蔵 却退一字参《きゃくたいいちじさん》』——九五巻について
蔵海…『正法眼蔵私記』——九五巻について
万仭…『正法眼蔵傍訓』『三物秘弁』『禅戒鈔』
黄泉…『正法眼蔵渉典続貂《ぞくちょう》』（二〇巻）
乙堂…『正法眼蔵続絃講義』（五巻）
西有…『正法眼蔵啓迪《けいてき》』（富山祖英筆録）
岸沢…『正法眼蔵葛藤集』（侍者筆録）

このほか眼蔵に関する著述は非常に多い。しかし本書は眼蔵に一生を供養した、高僧の苦心を紹介するのが目的である。たとい眼蔵に関する著作はなくても、眼蔵に対して炯眼《けいがん》をもった名僧方の逸話である。

七、名僧のあだ名

稀代の高僧方にあだ名をつけるとは実にけしからん話である。時代を担う生き仏さまに——。

しかしどの社会でも代表的な人物になると、自然にニックネームがつけられている。この場合、愛称的のものと憎悪的のものとある。これは漫画と同じように、その人の特長をつかんで悪用すれば憎悪的になり、愛称的にみれば感嘆詞になるのである。次に掲げる名僧のあだ名は誰の作かわからないが、あまり古いものではない、というわけは猫風外という語があるからである。総持寺貫首、奕堂の師家は風外である、だから明治以前のものであろうがよく風刺していて面白い。

月舟の谷風、卍山の暦悟《こよみざとり》、天桂の地獄悟、面山の婆々禅、道樹の斧《まさかり》禅、指月の階《はしご》悟、本光の雨たれ悟、心越の斧《おの》風、良悟の抜身、隠元の長刀《なぎなた》禅

牛問厚《もんこう》、鬼鞭驥《べんき》、番太珍牛、行司堅光、狼玄楼《おおかみげんろう》、虎仏通、獅子霊潭《れいたん》、猫風外《ふうがい》

書の光心、高泉、洞水、元轟《げんごう》、良寛

画の霊潭、東海、洞水、巨海《こかい》、珍牛、仏乗、風外、寂潭、堅光、風外（本光）、仙英。なかでも風外、堅光の山水、東海の河豚《ふぐ》、仏乗や仙英の人物、珍牛の竹、洞水の蘭等は優秀の作。

これは所持者不明の句草紙に書きつけてあったものである。しかしこれだけの名僧を、しかも曹洞・臨済・黄檗にまたがって拾い上げて特長をとらえた腕前は、なかなかの作者だと思うのである。

第一章　孤雲懐弉《こうんえじょう》禅師

一、頭陀行《ずだぎょう》の人

道元禅師の嗣法《しほう》の弟子は六人ほどあるけれども、厳密にいえば懐弉一人ということになる。これは禅師が天童如浄《てんどうにょじょう》の遺嘱《ゆいしょく》を守って、一箇半箇《いっこはんこ》の第二の道元をつくることに専念したためである。あれほどの宗教的天才でありながら、社会に打って出て教線を張らなかったのは、一つは師匠の命を遵守《じゅんしゅ》するとともに、いま一つは時代を見ぬいていたからである。それは自分の仏法がいかに正伝《しょうでん》正真《しょうしん》のものであっても、時代がそれを受け入れる態勢になっていないのに、それを強いることは、かえって法を粗末にすることになる。それで激揚《げきよう》の時を待つというのが賢明な策である。それまでは正法を正伝する人物を育成しておく、というのが道元禅師のお考えであった。はたして第二の道元が懐弉、第三が義介《ぎかい》、第四の太祖瑩山《けいざん》禅師にいたって俄然として激発して、今日の曹洞宗の大勢を築き上げたのである。

懐弉（一一九八〜一二八〇）は道元禅師より二つ年が大きい。洛陽（京都）の人で鳥養《とりがい》中納言、為実卿の孫である。幼にして叡山《えいざん》横川《よかわ》の円能について剃髪《ていはつ》し天台の止観《しかん》を学んだ。のち倶舎《くしゃ》・三論をおさめること一〇数年、しかしこれらは有為《うい》（学問仏教）の法であることを悟って山を下り、洛東小坂に住庵していた証空《しょうくう》について浄土念仏を修行した。証空は道元禅師の叔父で浄土宗西山派の開祖である。証空の観経（観無量寿経）に対する識見は、当時の常識をはずれて卓越していた、すなわち禅観念仏であった。しかし懐奘はそれにも満足しなかった、さらに大和（奈良県）多武峰《とうのみね》で日本達磨宗を呼称した能忍《のうにん》の弟子、覚晏《かくあん》に師事したのである。この会下《えか》で首楞厳経《しゅりょうごんきょう》の頻伽瓶喩《びんがびょうゆ》の公《こう》案《あん》で悟り、五〇人の会中《えちゅう》の第一座になり、抜群の人材として讃仰《さんごう》せられた。けれども自己の心中は、はなはだ安穏でなかった。道元禅師が宋より帰朝されたことを聞いて、急ぎ京都建仁寺《けんにんじ》に禅師をたずねたのである。問答数番、深く禅師に帰依信伏《きえしんぷく》して早速、弟子にとお願いした。しかし、その折りは禅師に「今は自分が居候の身だから詮方がない。そのうちにどこかに住庵するから、それまで待て」と留められた。懐奘は文暦《ぶんりゃく》元年（一二三四）冬、山城（京都府）深草の庵居に禅師をたずねて弟子入りしたのである。時に禅師三五歳、懐奘三七歳である。

孤雲懐奘禅師像（『曹洞宗全書』）

懐奘はある日、道元禅師から『三百則』のうちの、「一毫衆穴《いちごうしゅうけつ》を穿《うが》つ」の公案の説法を聞いて言下に大悟した。禅師は笑って穿了也《せんりょうや》と印可証明したのである。禅師の会下に義信という秀才がいた、一衆みなその才を認めていた。ところが禅師は宇治興聖寺《こうしょうじ》の結制《けっせい》（江湖会《ごうこえ》）にのぞんで、典座《てんぞ》（台所主任）の職にあった懐奘を第一座（長老）にして、秉拂《ひんぽつ》（説法）させたのである。大衆《だいしゅ》はみな怪しんだのであったが、深草の諸衆、詮慧《せんね》・僧海らが懐奘師こそ我らの教授闍梨《じゃり》（師匠）であると帰伏したので、一衆が改めて懐奘を見なおしたのである。また禅師は、わしの日本国仏心宗開宗結制の半座（首座《しゅそ》長老）は懐奘である、懐奘の頭陀行《ずだぎょう》（十二ヶ条の修行法を毎日つとめること）こそ、正法《しょうぼう》の実践であるとほめたたえた。これは釈尊の一番弟子、摩訶迦葉《まかかしょう》尊者が頭陀第一であったのと同じである。

理論より実行、これが宗教の大切な要素である。理屈で宗教を会得することはできない、信仰は実践躬行《きゅうこう》のところに得られるのである。坐禅の功徳をほめるよりも実際に打坐《たざ》することによって、その心境をつかむことができる。愚のごとく魯《ろ》のごとく、師命に随順して行道《ぎょうどう》する、そこに宗教の生命が躍動して自ら行取することができるのである。懐奘こそその代表的人物であったから、道元禅師は会中の首座にしたのである。

二、棄恩《きおん》入無為《にゅうむい》

懐奘の母は彼の出家にあたって言った、「お前を出家させるのは天台座主《ざす》になったり、官寺に住して宮中に出入する位を持つ僧にならせるためではない。この母の望みは一生天台笠をかぶり、黒《こく》衣《え》をまとうた修行僧で終わる本当の坊さまになってもらいたい。そうでなかったらこの母は死んでも成仏はできない、どうか名誉栄職を捨てた有難いお坊さまになっておくれよ」

藤原末期の宗教界は腐敗堕落の極に達していた。公卿《くげ》の次男三男は職がないから出家して官寺や名刹をねらい、大僧正になって宮中に参内する、あるいは天台座主になって権勢をふるう。宮中の女官と組んで自分の栄達を計る、女官は賄賂次第ではいかようにでもころぶ。あるいは尼となって法印に従い、門跡寺院をねらうという百鬼夜行の醜態であった。このままでは宗教界はもちろんのこと、社会全般が救われないほど、悪に染みこんでいたのである。『沙石集』に「俺《おん》山法師腹黒々々欲深々々あらにくしや娑婆訶《そわか》」、また藤原定家の日誌には「あの悪僧ども」と盛んに書かれている。

もって当時の僧侶が、いかにつまはじきされていたかが、うかがわれるのである。この母にしてこの子あり、懐奘はよく母の箴言《しんげん》を守ったから浮薄な心は毛頭なかったのである。

懐奘が道元禅師の膝下《しっか》に入ったある日のこと、母の里から急使が興聖寺に来た。それは母の病があつく、いつ果てるともわからぬ状態であるから、至急に帰って面会するようにとのことである。肉親の情愛はまた格別なものである、懐奘は急いで里に帰り病みやせた生母に会った、母は床の中で合掌して懐奘を迎えたのである。

「お母さん、私がいて看病してあげたいのは山々ですけれども、興聖寺は只今結制中であります。制中の外出は三日という掟になっております、残念でありますが本日は帰寮しなくてはなりません。どうぞお大切になさいませ」

懐弉はうしろ髪を引かれる思いであったが、世情のために仏法の規則を破ることはできないのであるから、昏鐘《こんしょう》までには興聖寺に帰ったのである。四日五日は無事に過ぎたけれども、また急使が来るので恩愛の情禁じ難く、再度の面接に里帰りをした。懐弉は心の中で懺悔《さんげ》した、棄恩入無為（親の恩を捨て仏道に入る）の出家の身でありながら、かくもせわしく里に出入して母への俗情を深め、興聖寺大衆の修行を悩乱して相済まぬ次第である。とはいえ、やはり生母乳養の恩愛は断ち難いものであった。三度目の使いが母の臨終を知らせて来た、大衆は懐弉の心中を察して急ぎ母のもとに走るようにと勧めた。考えこんでいた懐弉は静かに頭をもち上げて大衆に感謝し合掌していたが、なんと思ったのか一向に腰を上げようとしなかった。大衆の一人がじれったくなってきて、この由を方丈《ほうじょう》（道元禅師）に伝えた、すると禅師のいわく「まあほっておけばよい、おそらく懐弉は行かないだろうよ」

懐弉は決心の眼差《まなざ》しを光らして言った、「大衆のご好意は感謝にたえない。しかし考えてみれば俗縁はいつの日にでも結ぶことができる、これに反して仏縁は逢うことが難い。私はすでに二回外出して母に面会している、今度は臨終とはいえ三回目になる。寺院規則を破ってまで外出して母の喪《も》に逢うたとて、母は喜んではくれないであろう。先回母には充分訣別してきているから、今になって行きたいとは思わない。ついては亡母追薦《ついせん》のために一炷《いっちゅう》（線香一本）の坐禅を行じていただきたい」

言いおいて静かに立ち上がった懐弉は僧堂裡《り》に姿を消してしまった。大衆は懐弉の世を捨て法を重んじて自ら範を示した、その厳然とした態度に、深くこうべを垂れたのである。

三、糞《くそ》かきべら説法

禅を表看板にして正式に行道《ぎょうどう》した人は、道元禅師が日本の始祖である。栄西は顕教《けんぎょう》のなかの禅というやり方であったから、禅は兼役という立場にあった。これに対して道元禅師は正々堂々と、禅をもって正伝の仏法とし、嫡伝《てきでん》の坐禅を主張したのである。これが宇治興聖寺の祝国開堂であった、はじめて見る禅宗の盛儀であったのである。

ある日、道元禅師の上堂説法（須弥壇《しゅみだん》上での演説）を、念仏門の湛空《たんくう》が聞いて驚いてしまった。それは禅師いわく「仏とは乾屎橛《かんしけつ》なり」という説法であったのである。これは唐の雲門大師の語であるが、「仏とは糞かきべら」という教えであるから驚いたのも無理からぬことである。暇さえあれば南無阿弥陀仏と口称《くしょう》念仏している人に、「仏さまかい、仏さまは便所に置いてある糞かき棒だ」というのであるから、まさに奇想天外な話である。湛空いわく「あな恐ろしや禅宗は、たとえるに事欠いて、もったいない。仏さまを糞かきべらとは」と言って、さめざめと泣いてしまった。湛空は法然の門弟で、法眼円能の子。叡山で顕密を学び、その学殖が深く、当時無著《むじゃく》の再来とまで謳《うた》われた人である。のち法然に帰依し、浄土円頓戒《えんどんかい》を受けて一方の棟梁となったのである。

後日、湛空の泣いた話を道元禅師が聞かれた。禅師は「浄土門の湛空上人といえば法然門下の逸材である。多くの人から帰依を受けて俗弟子に円頓戒を授けている戒師さまだ。それほどの有力の人でありながら、乾屎橛の意味を取り違えているとはなんとしたことであろう。わしは湛空が気の毒でたまらない、これがわからぬようでは浄土往生はできませぬぞ」と言って、しばし落涙されたのである（眼蔵行仏威儀抄《ぎょうぶついぎ》、仏性聞解《ぶっしょうもんげ》に出ず）。

これと同じことがある。名古屋八事山《やごとさん》の諦忍《たいにん》（享保年間の人）が禅門の語録を読んだ。諦忍は密・律・浄に通達した真言宗の有名な学僧である（著書、三九種六七巻）。『雲門録』に「いかなるかこれ仏、師答えていわく乾屎橛」とある。これを読んだ諦忍は眉をひそめて、「もったいないことを言う。だから禅宗は栄えぬのだ、罰あたりめ、日蓮の言い草ではないが禅天魔だ」と言って、語録をほうり出してしまったのである。

このくらいのことがわからぬかと言って泣く人、もったいないと言って泣く人、いずれが真いずれが邪か、という問答をしてみたくなる。これは道元禅師の禅の挙揚《こよう》の仕方が変わっているからである、悉有仏性《しつうぶっしょう》というときには仏も仏性、猫も仏性、みみずも仏性というのである。のみならず草《そう》木国土悉皆成仏《もくこくどしっかいじょうぶつ》といったときには、畳は畳如来、雑巾《ぞうきん》は雑巾如来である。糞かきべらは、きたないから成仏できないという法はない、センチ（雪隠《せっちん》？）虫も成仏の姿だというのである。仏とは有難いもので須弥壇《しゅみだん》の上に光っているもの、凡夫はつまらぬもので、それを下からおがんでいる者という、凡聖《ぼんしょう》の二見《にけん》を打破したのである。

自分が成仏したときには尽世界が成仏している、一人の貧窮《びんぐう》無福者はいない、活眼が開けたらいつでもそういけるのである。といって仏も乾屎橛も同一仏性だから、一つにしてしまえというのではない。仏は仏だから須弥壇上にござる、乾屎橛は乾屎橛だから便所に立ててある、これが高所は高平、低所は低平という道元禅の宗乗である。高いものは高いところにいて平等、低いものは低きにいて平等である。平等とはその価値が高所のものも低所のものも同一均等であるという意味である。人間という価値は富者も貧者も同じなのである、仏性という価値は仏も乾屎橛も同一均等である。だから乾屎橛を粗末にしてはならぬ、洗浄の法にしたがって如法に行ずることによって、乾屎橛が生きてくるのである、いな乾屎橛が正法眼蔵を説法してくれる。これを「乾屎橛説法すれば、三世諸仏立地聴《りっちちょう》」という。これが道元禅師の「一法を証すれば一法はくらし」という、一法究尽《いっぽうぐうじん》の教えである。

四、惚《ほ》れて惚れられて

「懐弉よ、さあわしが教えたようにやってごらん」

道元禅師は本堂や僧堂で行なうはじめての儀式は、必ず懐弉を先達《せんだつ》にした。懐弉は一度も見聞したことのない作法をやらせられるので、しばしば赤恥をかいてマゴつくのである。すると禅師は
「そこはこうしなさい、ああしなさい」と親切に教えられるのである。

「禅師さま、私のような不徳の者が、何ごとにかかわりませず行持の先達を仰せつかりまして有難うございます。でもたまには他の者にもおっしゃっていただきたいもので……」

「いやいや、そうではない。この永平寺は正伝仏法の勝地である。法幢《ほうどう》を建て正法を久住《くじゅう》せしめる道場であるから、初めが大切である。お前はわしよりも年長だ、しかし、わしは短命だがお前は長命である。それで長寿の者がわしの仏法を相続せねばならぬのじゃ。わしの仏法はお前によって弘通《ぐずう》するのだから、わしよりもお前の方が大切である。お前がよく覚えていなければいけないからお前を先達にするのだよ」

道元禅師は懐弉を自分の半身のように思って愛育した。また懐弉は禅師を親というか生き仏というか、とにかく一時でも離れていることができなかった。朝参人事《ちょうさんにんじ》（朝夕の挨拶）から夜間の珍重《ちんちょう》礼謝《らいじゃ》を一日も欠かしたことがなかった。禅師の入滅にいたる二〇年間、巾瓶《きんびょう》（おそば）に侍してい

たのである。建長五年（一二五三）の春から道元禅師は病床に伏する身となった。七月に永平寺を懐奘に譲った、その一五日に懐奘は上堂法を修したのである。すると禅師は病中をおして輿《こし》にのり、法堂《はっとう》に現われて懐奘の上堂を見られたのである。懐奘はおどろいてお休みを願った。

「心配するな、法の随喜《ずいき》だ。わしが白槌《びゃくつい》証明してあげるよ」

禅師はニコニコしながら「法筵龍象衆《ほうえんりゅうぞうしゅ》　當観《とうかん》第一義」と白槌したのである。また朝の人事行礼《にんじぎょうれい》には、禅師は自ら立って懐奘に向かい「お早うございます」と低頭されたのである。懐奘は恐れ入って、まあまあと留めようとすると禅師のいわく、「今日以後わしは隠居だ、お前が永平寺住職だ、隠居が住職に人事を交わすのはあたりまえのことだ。これが法の久住というものだ、わしは仏法を行じているのだ。これが行仏《ぎょうぶつ》の威儀《いいぎ》だから遠慮はいらないよ」

師匠は弟子に惚れ、弟子は師匠にぞっこん惚れこんでしまい、師は弟子に蔵身して師の面目はなく、弟子は師匠に蔵身して弟子の面目はない。まったく師と弟子との面目がたおれてしまった、これを二面裂破という、面授相伝というのである。仏法の相続はかくのごとくして行なわれてきたのである。

建長五年八月二八日、道元禅師は示寂《じじゃく》した。看病していた懐奘は京都より遺骨をだいて永平寺に帰り、法堂の横に塔を建て、その霊廟《れいびょう》に侍したのである。道元禅師の真像につかえること生身《しょうしん》のごとく、晨朝《しんちょう》夜間の奉事《ぶじ》を一日も欠かしたことがなかった。そして「わしは禅師の亡くなられた八月に死にたい」と口癖のように言っていた。また「わしが死んだとて別に塔を建てたり、わしの命日だといってお斎《とき》を設けたりすることはいらない。わしは禅師の常随侍者（そばつき）でいるから、禅師の命日には、わしは伴僧して供養を受けさしてもらうから、わしの日だといって香を立ててくれるな」と、くれぐれも弟子に頼んでいた。

弘安三年（一二八〇）四月から懐弉は健康を害していた。弟子たちは心配して医薬を勧めた。懐弉は「わしは八月にならねば死なないから心配するな、薬はいらない」と言っていた。はたして八月二四日夜半、沐浴《もくよく》し坐禅して円寂した。時に年八三である。遺嘱《ゆいしょく》によって葬儀は八月二八日に行ない、遺骨は禅師の侍者位に埋めたのである。

第二章　徹通義介禅師《てっつうぎかい》

一、雪の八丁坂

永平寺三代義介（一二一九～一三〇九）は越前（福井県）武生《たけふ》の人。一三歳、同国波著寺《はじゃくじ》懐鑑《えかん》について得度した、懐鑑は日本達磨宗の三世である。その後八年間、叡山で仏学をおさめ、また浄土教を研究した。仁治二年（一二四一）春、懐鑑の勧めによって深草に道元禅師をたずね、その会《え》に入った。時に禅師四二歳、懐奘四四歳、義介二三歳である。

あるとき禅師が大衆《だいしゅ》に垂示していわく、「世間相のうちに常住の仏法がある。法は常住であるが世間相は生滅してゆく、この生滅の相のほかに常住の仏法はない。だから仏道修行には油断があってはならない。仏法の姿を見せようかな、庭をごらん、天下一色の春で百花が紅に咲きそろっている。また鷓鴣《しゃこ》鳥は喜んで青い柳の枝にとまって鳴いているよ（原漢文）」。この上堂法語を聞いて義介は法のために捨身する決心を固めたのである。さらに僧海首座《しゅそ》が省悟した偈《げ》を聞いて、いよいよその志を固め、どうしても仏法の大事《だいじ》を明らめようと心に誓った。今までの学問勉強と違って実地に身につく道元禅師の教えが有難くなった。天下一の師匠に随侍《ずいじ》し得たことをうれしく思ったのである。

道元禅師が深草を引き揚げて越前吉峰寺《きっぽうじ》に遷《うつ》られた年の冬は、ことのほか大雪で一丈余りもあった。この冬、義介は典座《てんぞ》の職（台所主任）についていた、典座寮は吉峰寺から八丁下の平地にあった。普通でも朝昼の食事を運ぶのは大変なことであるのに、この大雪である、しかし義介は少しも屈しなかった。飯櫃《めしびつ》・汁桶《しるおけ》を持って八丁曲りの大坂を雪をかきわけ踏みのけて、時間通りに僧堂衆に供養したのである。僧堂食は仏供《ぶっく》と同じ取り扱いになっているから、重いからといって担《かつ》いだり背に負うことは禁じられている。いつでも面前にささげて持たねばならぬのである。こうして雪の坂道を登るのであるから、その苦労のほどは思いやられた。でも義介は喜んで、この苦役を三ヶ月間一生懸命につとめたのである。

吉峰寺はあまりに山奥であったから接化《せっけ》に不便であったので、寛元二年（一二四四）の秋、大仏寺建立の工事が始まった。時に義介はその監事となって、昼夜の別なく土木工事の作務《さむ》に追われた。しかも寸暇をみては僧堂で坐禅をした。その工夫と精進には大衆はもちろんのこと、道元禅師は常に感謝していた。修行力も抜群の成績であるから、「義介は真の道人《どうにん》だ、我が宗の法器《ほっき》だ」と言ってほめておられたのである。

懐鑑は深く道元禅師に帰依していた。そこで義介をはじめ義尹《ぎいん》・義演・義準・義荐・義運等の、

自分の弟子はみな禅師にあげてしまったのである。ある日、義介に嘱《しょく》していわく、

「日本達磨宗の祖、能忍は本当の伝法嗣法《しほう》をしていない。いわゆる師匠の仏照禅師は中国育王山にいた。能忍は大和多武峰《とうのみね》にいて、仲を弟子の練中・勝弁がとりもったのだ。だから能忍は師匠仏照の顔を知らない、師匠は弟子の面を知らない、これでは本当の嗣法とはいえない。ところが道元禅師は正しい嗣法をして正法を相伝しておられる。お前もいつかは禅師に嗣法を許されることがあるだろう。もし禅師のご嗣書を相伝して懐に持つ身分になったら、この懐鑑に特におがましておくれよ。不幸にして私があの世の人となっていたら、お前の頂戴したご嗣書を必ずわしの塔にそなえて供養をしてくれ」

徹通義介禅師像（『曹洞宗全書』）

懐鑑は法に親しい人であった。日本達磨宗は三世懐鑑きりであとを相続させる必要はない、ために自分の弟子は全部道元禅師にあげてしまって、ひとり住庵していた。義介は懐鑑の命もあり、また洞宗室中の奥伝である嗣書を早く相続する身分になりたいと思い、勇猛精進、粉骨砕身、衆に先んじて行持《ぎょうじ》をつとめぬいたのである。禅師もそれを認めて「お前は鑑公の長嫡《ちょうてき》だ、我が門の先達《せんだつ》だ、世法におい

ても仏法中にも通達した達人だ」と言って、無上にほめたたえるのであった。

二、濡れた手と手

道元禅師は五三歳の秋ごろから微恙《びよう》(軽い疾病)のきざしがあった。それが冬になるとだんだん重くなって、ほとんど病臥の日が多くなった。義介は一生懸命になって懐弉と力を合わせて病床に近侍した。あれこれと薬餌《やくじ》を求めて勧めていた。義介はちょうど煎薬が出来上がったので、禅師にさしあげようと思い、急いで病室まで来た。すると室内で禅師と懐弉とが何か密談をしていた、義介は室に入るのをしばし躊躇した。

「義介は、よくつとめてくれる、有能の士だ。わしの寿命はそう長くはない、あれの言うことを聞いてやりたい。――と何度も思うてみたが、いやまてまて人情に溺れてしまって法を粗末にしてはならぬ。どこまでも人情は人情、法は法だ。その器《うつわ》でない者に急いで嗣法してやることは本人のためにならぬ、またそれは越法罪《おっぽうざい》になる。だからここは人情を殺して正法を守らねばならぬのだ、そう言うわしの心中は辛いよ。あの子にいま少しく老婆心があったならばな、修行上、日々の行持に老婆心があったら、いや老婆心ということに気がついたら伝法を許してやれるのだけれどもな、惜しいことだよ」

「さようでございます。義介は道心家でありますが知見がたちすぎます。私も何度も注意してやりますが、どうしても一度鼻を打ってみなければ合点のゆかないものとみえます」

禅師と懐丼とが、こともあろうに自分の欠点について話しているのであった。義介は真っ青になって立ちすくんでしまった、あやうく薬土瓶を落としてしまうところであった。我にかえった義介だったが、言い知れぬ熱い涙がとめどもなく頬を伝うのであった。「汝に老婆心が足らない」という禅師のお小言は、これで二度目である。義介がひとり病床に侍していたとき、自分の切ない胸中をうったえて禅師に嗣法を願い出た。すると禅師は「許してはやる、だがしばらく待て。それにしてもお前に老婆心があったら、お前に頼まれなくてもしてやるのだけれどもな。このことは時節因縁が来なければ合点のゆかぬものだから、しばらく待ちなさい」と言われて、義介は平伏してしまったのである。

「義介に老婆心がない」、一体何のことだろう。命をささげて禅師に奉侍《ぶじ》している、仏法のために捨身供養を覚悟した義介である。修行の上でも知解の上でも大衆に負けたことはない、なのに禅師は義介には老婆心がないと仰せられる。どこに老婆親切が欠けているのであろうか、義介は煩悶して自ら足や手を見つめていた。悔恨の涙をぬぐう勇気さえぬけてしまったのである。

かくして疑問の解けぬうちに冬は暮れて春が訪れた、その春も去って夏が来た。禅師の容態はますます悪化してゆくのである、義介はいてもたってもいられない焦慮にかられるのであった。もしものことがあって禅師が……と思うと、眼の先は真っ暗になってしまった、自分の不甲斐なさに泣けてくるのである。京都に駐在している檀越《だんのつ》（檀頭）、波多野義重は道元禅師の病を心配して、早く都に出て療養されるようにと、しばしば使者をよこした。禅師は俗縁に随うのも化道《けどう》の因縁であろうと思い、ついに八月五日に上洛することを決心した。その前晩に禅師は義介を病床に呼ばれたのである。

「義介よ、もっと傍《そば》においで。人の寿命には限りがある、限りがあるといってほっておくわけにもゆかないから、お前たちの世話になって医薬につとめてみた、だが一向によくならない。このたび檀越の勧《すす》めによって上洛はするけれども、この病は治らぬものと思っている」

義介は悲しくなって咽《むせ》び泣きになった。

「たといわしは死んでもこの永平寺はあるのだよ。それは、この永平寺こそわしの仏法の根本道場であり仏法の中心である。だから、たとい、わしが死んでもこの永平寺はお前たちが力を合わせて守護してくれ。それで上洛するについて誰を永平寺の監寺《かんす》（留守番）にしようかといろいろ考えてみた。会中《えちゅう》有力の人はたくさんいるけれども、お前をのけては監寺にあてる人がいない。幸いお前は越前生まれだ、知人も多い。また学問もあり修行もできている、外交も心得ている。お前はわしに随侍して京にゆきたいであろうけれども、懐奘とお前と二人つれて出てしまったら永平寺の留守居がなくなってしまう。どちらにいて奉仕するのも孝行にかわりはない、どうかお前には永平寺の監寺になってもらいたいのだ」

禅師は切々に義介に頼むのである、聞いていた義介は胸のはりさける思いがした。どこまでも随侍してゆきたい、無理に頼んでもついてゆこうと思っていた矢先に、禅師から諄々《じゅんじゅん》と永平寺のあとを遺嘱《ゆいしょく》されたのである。義介は泣きはらした眼をしばたたいてお答え申し上げた。

「日ごろ、わがままを申し上げまして誠に相すみません、今日のご命令よくわかりました。永平寺のこと不肖先達《せんだつ》となって守護いたします」と。

禅師は床から頭をもち上げて義介の手を握った。その握られた義介の手に禅師の熱い涙がぽとりと落ちたのである。

「よく言ってくれた。これでわしも安心して療養に出かけることができる。義介よ、あとを頼むぞ。決して他人《ひと》の寺と思うてはならぬ、自分のお寺だと思って、他出してもすぐ永平寺に帰ってきおくれ。大衆と力を合わせてわしの仏法を守っておくれよ」

義介はわっと泣き出してしまった、その義介の涙が禅師のやせた手に落ちたのである。あわてた義介は衣の袖でそれをぬぐおうとした、すると禅師は義介に向かって合掌していわく、

「わしが存命で永平寺に帰って来たならば、お前の日ごろの願いをかなえてやる。それは早くて来年の春になろうよ。しかしね、わしはどうも今生の寿命がきているように思われて……」

禅師の言葉は咳にむせんで、あとは消えてしまうのであった。

かくして建長五年（一二五三）八月五日、禅師の一行は永平寺を出発した。そのときの禅師の詩

に、

十年飯を喫す永平場　七箇月来病床に臥す

薬を人間にたずねてしばらく嶠《きょう》を出ず　如来手を授けて医王に見《まみ》えしむ（原漢文）

義介は途中までお見送りした、このまま京都までお供したい心で一杯である。一里二里とつい知らずお駕籠に供奉《ぐぶ》して木ノ部《こめ》峠まで来た。すると禅師は駕籠を止めさせて義介を呼ばれた。

「いつまで送ってくれても別れるときがない。世間の人情はつらいものだね、これが餞別の句だ」

と言って、禅師は短冊を義介に渡した。その句は、

草の葉にかどでせる身の木ノ部山　雲に路あるここちこそすれ

「あとをよろしく頼むよ」

駕籠から首を出して禅師は、この一言を残して急いで峠を下っていったのである。途中つつがなく八月一四日、一行は京都の俗弟子、覚念の宅に安着した。翌一五日の夜は、ことのほかさえきった美しい名月であった。禅師は眠られぬままに縁先に出て中秋の名月をあかずながめていた。

またみんと思ひしときの秋だにも　今宵の月に寝られやはする

一句口吟して感慨こもごもなるものがあった。ついに八月二八日夜半、五四歳で入滅されたのである。

三、老婆心

道元禅師が亡くなられてから一年半すぎた建長七年正月七日、義介は朝の粥後の坐禅を励んでいた。永平寺は大雪に埋もれて僧堂は冷蔵庫のように冷やかであった。突然、庭の大松の雪がばたっと落ちた。この音に我にかえった義介は、胸のすくような思いがして身体が急に暖かになってきた。

「先師道元禅師のお仰せになった身心脱落《しんじんだつらく》！　ああ脱落身心！　そうだそうだ」

義介は道元禅師に「汝に老婆心なし」と言って再三叱られていた。けれどもその意味がどうしてもわからなかった、それが今とけたのである。今までは義介の身体のほかに、別に仏法があると思っていた、だから身体の外《そと》に仏法を求めていたのである。それが仏法とは自己の身体のことである、身体で行なうところのお寺の行持、これ以外には道元禅師の仏法はないのである。自己の身心を殺して仏法の身心に脱落させる、そこに脱落した自己の身心が現成《げんじょう》してくる。身心脱落行、脱落身心行、これが禅師の生命であったのである。

義介はうれし泣きに泣いた。と同時にもっと早く気づいていたならば、病弱の禅師にご苦労をおかけしなくてもよかったであろうにと思うと、悲喜こもごもと胸にせまるのであった。直ちに方丈に登って懐弉に自分の所感を述べたのである、懐弉はことのほか喜んでこれを印可したのである。

二月二日、義介は懐弉に朝参に行った。そのついでに、しみじみとして語るのである。

「先師が発心《ほっしん》以後、またさらに発心せよ、それでなかったら修行が純熟してこないぞと、仰せられていたが、まったくその通りですね」

義介は禅師のお言葉をそのまま信じて仏法を志求していた、けれどもこの信じ方が自分の了見に基づく信じ方であった。だから叢林《そうりん》の進退作法のほかに、別に仏法があるものと思っていた、仏法は道元禅師の室中に奥手がおさまっていると思っていた。ところが気がついてみると真実の仏法とは今の叢林の作法以外にはないことがわかった。この作法は道元禅師ご在世中の作法も、滅後の作法も同じことである。

「何ごとでも時節因縁が熟してこなければわからないものですね。先師ご在世中は私は有所得心《うしょとくしん》で修行していました、早く伝法したいという一念があったのです。それがあるがために仏道の行法について老婆心が欠けていたのです、このごろ、そのことに気がつきました」

「義介の言う通りだ。無量の仏道といっても今日の叢林の作法威儀のほかにはないのだ、これを一色《いっしき》の弁道と申すのだよ」

懐弉はやさしく諭すのである。

「今日の叢林の作法進退のほかに、永平の仏法があるのだというような邪説をたてる者があったならば、義介はどこまででも行って説破してやります。それがせめてもの先師への報恩であります」

義介は力強く言いきるのである。二月一四日、懐弉は義介の入室を許して嗣法を了畢《りょうひつ》したのである。

四、命より仏勅《ぶっちょく》は重い

「山を愛するの愛は初めよりもはなはだし」と、こよなく道元禅師が愛された永平寺の山も、長い冬の眠りから覚めて、どうやら春のきざしが見えかけてきた。

「先師がお亡くなりになりましてから、早いもので五年たちますね」

義介は先師在世当時の思い出に耽りながら感慨深く言った。

「それについて義介に一つ頼みがあるのだがね」

懐奘は深い溜息をついた。

時は正元《しょうげん》元年（一二五九）春である。道元禅師ご在世中は、何ごとにつけても禅師の仰せにしたがっていればよかった。ひとたび大黒柱を失ったあとは、何ごとにつけても懐奘が責任者になってしまった。さて叢林の日々の行持、行法について疑問が次から次へとわいてくる。それをただすべき文献類は先年の興聖寺火災で焼けてしまった。たずぬべき師なく、求むべき書籍もない。これは懐奘にとって大きな悩みであった。

「義介よ、大願心を発して宋朝禅林の風規を研究してきてくれないかね」

懐奘は心から懇請した。

「何ごとをするのも親孝行であります。叢林《そうりん》の清規《しんぎ》を研究して永平寺の仏法を興隆することが、先師へ対する報恩行持であります。私は命にかけても入宋《にっそう》いたします、師匠の命令は仏勅と心得ております。命は軽い、仏勅は重うございます」

義介の顔には決死の色が見えて、眉毛一つ動かさなかった。

「二人力を合わせて永平の仏法を一興《いっこう》したいのが、わしの誓願だ。義介、頼むよ」

懐弉は合掌して義介をおがむのである。

義介は自室に白木の壇を新造して如意輪・虚空蔵の二菩薩を安置して、白壇に願文《がんもん》を墨黒々と書きつけた。

「我は先師の願を成就したい。それは日本国中に永平の仏法を弘布《ぐふ》することである。これから身を万里の波涛にまかせて入宋します。二菩薩力を合わせて大願を守護したまえよ。もし途中海中に身を没したならば再来して願を果たします。誓約を記するためにワザと白壇にして打敷《うちしき》をかけません。無事に帰朝の後は壇を荘厳《しょうごん》いたします。発願主　義介拝」

かくして旅装を整えた義介はまず洛陽（京都）の建仁・東福の禅寺をたずね、さらに足をのばして鎌倉の寿福・建長の禅刹を調べた。そして九州に下り宋に向けて出発したのである。

義介は在宋四年、宋の五山十刹をたずねてつぶさにその規模を克明に筆写して、二巻の巻物につくり、弘長二年（一二六二）に無事に帰朝したのである。そして永平寺に山門を建て、回廊を造り、仏殿に三尊仏を安置して、永平の規矩《きく》を一興した。鐘鼓分明、香灯不断の永平寺に仕上げたのである。それから五年目の文永四年（一二六七）四月八日、懐奘は義介に永平寺の席を譲った。義介の晋山上堂《しんさんじょうどう》は盛大なものであった。道俗が声をそろえて永平中興と称讃したのである。

義介将来の「五山十刹図」は金沢大乗寺にあって国宝である。この図を見た今の建築家が驚嘆していわく、「あの測量具のない時代、しかも手に取ることのできない天上の枡組《ますぐみ》や彫刻を、よくも間違えずに写したものである。しかも将来図の寸尺は縮図であって、でたらめではない。あの寸法によって再現することができる」と。人間の精神力は偉大なものである。しかも水車で米を搗《つ》く様子や、位牌の図柄まで模写しているのである。——筆者は永平寺所蔵の五山十刹図を、仙台泰心院の可山和尚が模写したものを拝観した。

第三章　詮慧《せんね》・経豪《きょうごう》・無著《むじゃく》各和尚

一、のまれた蝦蟇《がま》――詮慧和尚

正法眼蔵七五帖を編集したのは懐弉《えじょう》であるが、この七五帖に註釈を書いた人は、詮慧とその弟子の経豪である。眼蔵の末書《まっしょ》の第一号は詮慧の『御聴書《おききがき》』であり、次が経豪の『正法眼蔵抄《しょう》』である。ゆえに眼蔵に志す者は、まずこの二書を拝覧せねばならぬ。

詮慧（生没年不詳。鎌倉時代）は江州《ごうしゅう》（滋賀県）、源氏の子である。幼にして叡山横川《えいざんよかわ》に登って剃《てい》髪《はっ》し天台の顕密を学修した。生来鋭敏な子であったから、学業大いにあがって人と論議して負けたことがなかった。ために叡山中に我に敵するもの無しという気概をもつようになった。ところが洛陽（京都）深草に道元という和尚が宋から帰朝し、禅宗を伝えて異説をたてているという話を耳にした。「はなはだ怪しからんことだ。道元はもと叡山で出家し叡山の仏飯《ぶっぱん》を喫して世話になりながら、その恩を忘れて叡山に反旗を翻すとはまったくの仏敵である。邪法を粉砕して正法《しょうぼう》に帰せしめることが仏恩報謝である、よし道元に面会して彼の邪説を看破してやろう」という意気をもって、ある日、深草に道元をたずねたのである。

深草では道元禅師が上堂して大衆《だいしゅ》に説法中であった。詮慧はどんな説法をしているのかと盗み聞きをした。道元禅師いわく「法界の量は大きいのでも小さいのでもない。しかるにいまだ春夢のように大小吉凶を論じている。塵を破して経を出だす、これを紅粉で佳人を飾るという。非夢の真覚を照了すれば法界は大に非ず小に非ず、両すでに実ならず、何にかよらん。咄《とつ》。井底の蝦蟆《がま》が月にのまれてしまった。腹のふくれた天辺のお月さまは雲の中に眠っている」

この説法を聞いた詮慧は、愕然として驚きかつ恐れてしまった。自分の想像してきたものとはまるで違った世界を説法しているのである。天台の悪口を言っているのかと思っていたのに、自分らの想像もつかぬ高踏的世界観を説いている。稀有というか奇異というか、これは大した道元禅師であると深く信伏してしまい、ただちに天台の衣を捨てて道元禅師の弟子になり、つねに巾瓶《きんびょう》に侍《じ》して禅師の説法を聴聞したのである。

詮慧は道元禅師の深草の草庵時代から興聖寺《こうしょうじ》・越前（福井県）吉峰寺《きっぽうじ》・大仏寺・永平寺と二〇数年間随侍《ずいじ》していた。禅師の滅後は『永平広録』の編集に力をそそいだ。巻一・九・一〇巻は侍者詮慧の編集である。また禅師の椅子下にあって禅師の正法眼蔵のご提唱を拝聴した、そのときにメモをとっていた。禅師の滅後はそのメモに手入れして、『正法眼蔵御聴書』一〇巻を編したのである。檀越《だんのつ》が洛陽に永興寺《ようこうじ》を開創して詮慧を請《しょう》して開山となした。道元禅師のお弟子がみえたというので、京都の道俗は永興寺に大波のようにおしよせて説法を聴いたのである。道元禅師滅後一〇年ごろの弘長年間（一二六一～一二六四）に遷化《せんげ》した。

二、雪をかぶった寒椿──経豪和尚

正法眼蔵末書の最高峰は何といっても『経豪抄《きょうごうしょう》』である。道元禅師が眼蔵のご提唱をなされたときに、椅子下にあって聴いた人はたくさんあったのであるけれども、それを筆録した人は一人もいない、わずかに詮慧がメモした程度である。道元禅師が永平寺で眼蔵のご提唱をなされた当時に、経豪は二〇歳前後であったと思われるが、詮慧の弟子になって禅師のご説法を師匠と同座して聴いていた。そして禅師の滅後は師匠について永興寺に移り、師資ともに正法眼蔵を一生の間、参究したのである。

『経豪抄』の底本となった正法眼蔵は、道元禅師が寛元二年（一二四四）から四年にかけて再治なされたことがあるが、その当時の原典を用いられたと思われる点がある。つまり眼蔵本文の原形を示すものであるから、最も古い型である。『抄』は眼蔵七五巻にわたっているが、その文体は談義的註抄で、一節々々について丁寧に説示した古体文である。禅的な見識でとばしたものではなく教者らしい筆勢である。「先師の意はかくの通りであった」というような書き方で、さながら道元禅師の暖皮肉《だんぴにく》に接する思いがして有難い。しかも師匠詮慧の『御聴書』を引き合いに出して証明文としている。粗雑なものではなく、巻数三〇におよび六ヶ年の星霜を費やして撰述した力作である。

経豪（生没年不詳。鎌倉時代）の出生はわからない。平家の再興に最も力を入れた平経盛（清盛の弟）の子、経俊の息男であって経豪は俗名であるともいわれている。身を隠すために仏道に入ったのであるが、のちには本物の道者になったのである。詮慧の亡きあとは永興寺二世となり弟々子の実智、示真らとともに永平仏法の興隆につとめた。かたわら正法眼蔵を道元禅師の遺身舎利として敬礼し、コツコツと参じていたのである。

道元禅師滅後五一年目の乾元二年（一三〇三）春、経豪は七〇何歳かになっていた。五〇年間正法眼蔵を身辺から離さなかったのであるが、もはやいつ無常の風にさそわれるかわからない年ごろになった、入息は出息をまたない。近ごろは特にそう思われるので、意を決して眼蔵の抄を書きとめようと思い、四月一五日に筆をおこしたのである。爾来《じらい》、暇をみては遮眼《しゃがん》三昧に入った。かくして六年後の延慶《えんきょう》元年（一三〇八）一二月二二日に、『正法眼蔵抄』三〇巻を著作したのである。自らは「愚昧《ぐまい》了見の一筋、粗注是を置く者也、後学嘲《あざけ》り笑うことなかれ」と謙遜している。大願を成就して、坊さまに生まれた役を果たした気がすると述懐している。「この功徳を六道群類に施して速やかに高々峰頂に登り深々海底を行かんことを」と、眼蔵有時《うじ》巻頭の言葉で奥書を結んでいる。

この『抄』を書き終わったときは旧一二月の末であった。寒風が吹きすさみ小窓をゆさぶり、小雪が庭一面に降って寒椿が雪の中から可愛らしい紅の唇を開いていた。経豪の手はヒビが切れて血がにじんでいる、深いしわのよった額に落ちこんだ眼頭からは熱い涙が光っていた。経豪は八〇に近い老僧になっていたのである。

三、『御抄』の疎開——無著《むじゃく》妙融《みょうゆう》和尚

『正法眼蔵抄』を経豪の弟の実智房が読んで、わしと同じ意見だといって喜んでいる。当時の永興寺は化風《けふう》大いに上がり、すこぶる盛大であったが、智信を経て禅信首座《しゅそ》の代になって檀越と不和を生じて寺門が衰頽《すいたい》した。加えて世は南北朝の争いから足利の戦乱時代であったから、なおさらのことである。明峰《めいほう》の弟子大智《だいち》が、元から帰朝して永興寺をたずねたときはすでに無住であった。そのときの漢詩に「空堂ただ見る緑苔の封ずるを。法席人の祖宗を補するなし。満樹の落花春すぎてのち、杜鵑《とけん》血に啼いて夕陽紅なり」とある。あたら名刹も見る影もないことになっていたのである。経豪が一代の全挙力《ぜんこりき》を注いで書き上げた『正法眼蔵抄』三〇巻が、このまま無住の永興寺に埋もれたならば土になってしまったのであるが、ここに護法神が現われて『御抄』をひそかにかついで疎開させたのである、その功労者は無著妙融（一三三三～一三九三）である。

　無著は大隅（鹿児島県）の人だ。一九歳、日向《ひゅうが》（宮崎県）大慈寺剛中について落髪した。日中一食、夜間不臥の猛修行をした。のち宇治興聖寺に三年安居《あんご》した。香煙が仏鉢の形になって上るのを見て小悟した。二七歳、薩摩（鹿児島県）皇徳寺開山の無外圓昭に三年師事して大悟した。その後、

諸国修行行脚《あんぎゃ》の旅に出た。遠く出羽国（山形県）羽黒山にまで登ったのである。――出羽には半郷に安養寺という古刹がある。この寺はもと律院であったが、住職が行脚僧の無著にほれこんでしまい、是非にと請せられて一、二年いて曹洞宗に改めたのである。現在は安養寺の直末と孫末とで、山形県下に三〇〇ヶ寺もある――帰途、伊勢廟にお参りした。宮司《ぐうじ》の希望でしばらく止住して仏戒を説いた。

行脚中に無著は洛陽（京都）永興寺に、経豪の筆になる『正法眼蔵抄』があることを耳にした。当時は三〇年も戦争が続き世情が乱れていた。宗門に正法眼蔵の名のみ聞いて、眼蔵そのものを拝覧した和尚の少ない時代であった。無著はこれをこのままにしておいたならば、法宝『御抄』は煙滅《えんめつ》する危険のあることをさとった。そこで急ぎ京都に出て永興寺の『御抄』を背に荷《にの》うて、一番安全な九州に運んだのである。これは応安年中（一三六八～一三七五）のことであるから無著が三六、七歳のころである。

無著妙融禅師像（『曹洞宗全書』）

無著は大分県横手に泉福寺を開創して、そこの開山堂の奥深く『御抄』をおさめてしまった。その開山堂を自己の室中として可中室と号したのである。『御抄』完成六〇年後に洛陽から九州に、唯一にして無二の宗宝は移管されたのである（大智は一三六六年に遷化）。その後永興寺は、時の太守、名越太郎源義仁が復興しようと思い、越後（新潟県）から太源宗真の孫弟子、傑堂能勝《のうしょう》を請してやりかけたが、戦乱のために太守がたおれてしまい、ついに挽回することができなかった。

無著は九州の玉林・大聖・泉福・永泉・願成の開山であり、皇徳二世である。明徳四年（一三九三）八月一二日、六〇歳にして泉福寺で示寂した。九州曹洞宗草分けの偉僧である。法嗣《はっす》十六人が各々九州に教化の根を張った。ちなみに山形安養寺は無著の弟子、大空融仙が開山で無著は開闢《かいびゃく》祖になっている。

第四章　義雲《ぎうん》禅師

一、牛と犬の街坊

義雲（一二五三～一三三三）は正和三年（一三一四）永祖滅後六二年、義雲六三歳、北条高時時代）に、越前（福井県）宝慶寺《ほうきょうじ》から永平寺五代として昇住した。永平寺は先住義演代に火災に罹《かか》り諸堂を失っていたので、火災復興を引き受けて義雲は出世したのである。在住十五年余、堂宇《どうう》をおこし清《しん》規《ぎ》を復古した永平寺中興の祖である。雲州大守藤原通貞は義雲に帰依して、財政の援助を惜しまなかった。晩年は弟子曇希《どんき》（永平六世）に席を譲って、自らは東堂となり永平寺を監督した。永平寺勅使門の両側にある巨杉群は、五代杉といって義雲の植えたものと伝えられている。正慶二年、八一歳で示寂した。

義雲の編集した眼蔵を六〇巻本という。これは永平寺焼跡からようやくにして六〇巻を拾いえたというのである（一説には朝廷に献じたので官本ともいう）。永平二代懐弉《えじょう》は永祖の意を体して七五巻本を編集したのであるが、その後また散失してしまい、義雲代には六〇巻しか見つからなかったのである。義雲は六〇巻の一巻ごとに題釈と頌《じゅ》を附した、これを「品目頌《ほんもくじゅ》」という。一巻の大意を端的につかんで著語《じゃくご》したもので、義雲七八歳（嘉暦四年―一三二九）の著作である。

義雲禅師書「正法眼蔵涅槃妙心」（永平寺蔵）

義雲は京都の人、初め洛陽の教院で華厳・法華経を勉強していた。二四歳のとき自ら嘆じて「金鱗は龍と化すべく、なんぞ煩わしく教網にかかわらんや」と言って、奮然として京をたち、越前大野の山奥にいる宝慶寺寂円《じゃくえん》について衣を替えたのである。初め寂円は受けつけなかったので、自ら発願文《ほつがんもん》をつくって寂円に示した。寂円はその志に感じて侍することを許したのである。それから採薪《さいしん》・汲水、刻苦精励すること二〇年、ついに堂奥《どうおう》を許された。寂円の家風は嶮絶でなまやさしい道心では居ることができなかった。雲水は一、二年で逃げてしまった。しかるに二〇年余も随侍《ずいじ》した、その純密な道心には感じ入るのである。のち寂円の遺嘱《ゆいしょく》で宝慶寺に住した（四八歳）。

二、寂円和尚

師匠寂円は宋の人だ。安貞元年（一二二七）、道元禅師の徳を慕い禅師について来朝した。禅師滅後は懐弉に随侍して懐弉の印可を受けたのである。藤原氏の帰依を受けて大野から三里山奥の山林をもらい、そこに宝慶寺を開創した。今でも大変な山奥であるから、寺のできたころはどんなふうであったか想像もつきかねる。宝慶寺では牛と犬とを街坊《がいぼう》（使者）にしていた。牛の角に用件の手紙をくくりつけてやると、牛は大野町に出て諸用の品物を背中にのせてもらい、宝慶寺に帰って来るのである。大急ぎの場合は犬、荷物があるときは牛という具合であった、人徳には畜生もなびくのである。今は三〇戸ばかりの宝慶寺村がある、ほとんど炭焼き渡世である。

これについて思い出すことは、中国牛頭山《ごずさん》にいた五祖法融《ほうゆう》の庵所には二頭の虎がいた、大空・小空と名づけていた。某僧が牛頭山をたずねたときに、二頭の虎がウォーとうなって出て来たので驚いていると、法融が庵室から顔を出して、「尊公には心に殺生心が残っているな。畜生は正直なものだよ、その人の息をかいでその心を知るものだ」と言いながら、大空・小空の頭をなぜていたという。また法融には鳥獣が三時の供物を持って来てくれたといわれる、しかし法融が四祖大医道信《だいいどうしん》について修行し出してからはそれがなくなった。これは鳥獣に魅せられているうちはまだ本物ではないのである、鳥獣に自己の境地を知られているうちは、まだまだ修行のカスが残っているのである。

第五章　万安英種和尚《ばんなんえいしゅ》

一、指で掘った池

曹洞宗は開祖道元禅師入滅二百年（足利義尚の時代）以後、徳川にいたる百五、六十年間は暗黒時代であった。足利は一五代まで続いたけれども次第に威令は行なわれず、足利のあとは織田信長らの戦国時代になった。世の戦乱を避けてエライ坊さまは遁世して山に隠れてしまった、これを「山居長老《さんきょちょうろう》」という。これは曹洞宗に限ったことではないので各宗とも振るわなかった。剣を持たない僧侶は、山に避難して弁道するよりほかに方法がなかったのである。したがって宗乗の拈提《ねんてい》もあまりなかったから、曹洞宗にはこの間に宗乗の著作を残した人は一人もない。もちろん正法眼蔵という名さえ知らない人が多かったのである。

臨済禅と曹洞禅とどう違うのやら、宗学の基礎がどこにあるのやら、曹洞宗の安心はどうしたらよいのやら、一向にわからないのであるから気楽な話である。ただ一、二の道心家が坐禅して自然に自悟した、それをもって最上無上の禅だと称していたのである。ちょうど大日能忍《だいにちのうにん》の大和禅のようなものである（能忍は天台律を厳守して自然に禅観を得た）、背骨のない曹洞宗になってしまった。なのにどうして曹洞宗が続いてきたのかといえば、それは伽藍法《がらんほう》を維持したためだ。一ヶ寺の住職になるのには、先住の法を嗣《つ》がねばならぬという南北朝時代にできた嗣法上の便法が、そのまま踏襲されてきたからである。だから、どうやらこうやら室中三物《しっちゅうさんもつ》（伝法の証）だけは相続してきたのである。この伽藍法は二五〇年間、元禄一六年（一七〇三）まで続いた。この時弊を嘆じて救宗の第一声をあげた人が、万安英種（一五九一～一六五四）である。

万安は天正一九年（豊臣秀吉の時代）江戸に生まれた。九歳、父の喪にあい出家の志がやまず、一一歳、江戸起雲寺源室（万安の叔父）について得度した。ある日、往来の一老翁が万安の骨相が尋常でないのを見て、「この子は出家してよかった。俗なら盗賊の大親分になるところだった。どうか出家の親分になってくれ」と言って喜んだという、童子時代からすでにその気魄がうかがわれたのである。一四歳、諸方に遊学した、関東の知識を参問したが得力の人はいなかった。嘆じて「尋ぬるに師なし。諸方の叢林《そうりん》は義学を

万安英種和尚「慧可画賛」（愛知県・花井寺蔵）

もって禅と称し、情識をもって公案をさばいている。口頭禅を唱えて大事了畢《だいじりょうひつ》と大言壮語している。古人のように実参し実悟した知識は一人もいない」と口をきわめて罵倒し、宗風の地に落ちたことを慨《なげ》き、これを救わんとする英気に燃えていた。ところかまわずに悪口雑言するので下総《しもうさ》（千葉県）総寧寺鉄山《そうねいじてつざん》の耳に聞こえた、鉄山は大いに怒り彼をこらしめんとした。

万安は、鉄山が大応寺にいた時分にしばらく安居《あんご》していたことがある、だから鉄山の怒るのも無理からぬことである。万安は鉄山に謝罪しようと思い（一時的にせよ恩師家《おんしけ》を悪罵したことについて。しかし万安は天下の知識を総称して売僧坊主《まいすぼうず》と言っていたのである）、総寧寺に登った。ところが鉄山は万安の懺謝《さんじゃ》を受けないばかりでなく沙弥の列に落としてしまった。つまり寺男同様に取り扱ったのである、水くみ飯たき、コエ汲み、下水掃除などありとあらゆる雑役を命じた、万安は慎んで命のままに働いた。それでも鉄山は怒りが解けなかったとみえて、「本堂前に一丈四方の池を掘れ。自分の指で掘れ、金具類は一切用いてはならぬ」と、厳しく言いつけたのである。万安はこれに従順にしたがって、暇をみては大地に挑んだ、その純心と辛苦のほどは思いやられる。万安の両手の指の爪は、ために脱けてしまったが、染血の指をもって、なおもいとわず池を掘り続け、三ヶ月にしてようやく池を造ったのである。時に万安一八歳、後人は万安の血を流した苦辛を察して英種池と呼んだ。この池は今も現存している。

二、興聖寺の復興

鉄山の許しを得て起雲寺に帰った万安は、たまたま大慧《だいえ》の書を読んだ。「千疑万疑、只是一疑、話頭上に千疑万疑を疑破すれば一時に破す」という句を見て大いに喜び、これだ、これだと決心した。以後、書を見ず、横臥せず、二六時中ただ狗子無仏性《くしむぶっしょう》を拈《ねん》ずること数年、一日、本堂の前机を掃除して香炉を動かした拍子に疑滞が氷解したのである。しかし人には話さなかった、ただ自らが湛然《たんぜん》としてうけがっていた。

二八歳、駒込（東京都）吉祥寺に洪州が欽命によって晋住《しんじゅう》した。その初会《しょえ》に万安は選ばれて第一座になったので、はじめて雲水が万安を見なおしたのである（この年に月舟は生まれた）。のち源室の歿にあい起雲寺に住した。三二歳、総持寺に瑞世《ずいせ》した、帰ってきた万安は同志とともに寺に蟄《ちっ》居《きょ》したのである。宗風の衰廃を慨《なげ》き切歯扼腕《せっしやくわん》して円悟の必要を講じ同志を啓発したが、痛罵が激しいので、しまいには同志らも「あぁ惜しむべし、安師狂せり」と言って寺を出てしまったのである。万安はただひとり六年間、閉門していた。三七歳の秋、起雲寺を退院して雲水の身となった。閑雲野鶴の万安はまず相模《さがみ》（神奈川県）の大山の下に隠れた、けれども参徒があとをつけてきて随うので、それを厭《いと》い居を舟田山の奥に遷《うつ》した。それでも雲衲《うんのう》がかぎつけて五〇人も集まってきた、もちろん食物はないので文字通りに草根木皮を食って飢をいやしていた。

鉄心らがまず随徒の頭になった。諸方から万安を請してきたが、万安は「涼徳の者が大刹《だいさつ》に住する資格はない」と言って、頑として応じなかったのである。のち美濃（岐阜県）の水晶山に隠れ、さらに摂津（大阪府）の霊松に茅屋《ぼうおく》を結んだ。四六歳の秋、丹波（兵庫県）に遊んだが、そのとき、ころよい廃寺を見つけた、瑞巌寺《ずいがんじ》という。その閑寂を愛して居を遷した、四方の雲水が食料持参で万安の『碧巌集《へきがんしゅう》』の提唱を聴いた（この時代に月舟は随身した）。五五歳、鈴木不白居士の請によって摂津南の住吉に遷った、これを臨南寺という。

五八歳秋、山城国（京都府）淀城主、永井信濃守尚政が万安の徳風を聞き、城中に迎えて法話を聴いた。そのあとで城主は「宇治の興聖寺は永平道元禅師初開の道場であり、本朝禅規の濫觴《らんしょう》の地である。しかるに四〇〇年来廃頽《はいたい》して今ではそのあとかたも残っていない。あなたはその末裔である、これを何と思われるか」とつめよった。そして、おもむろにいわく「幸い私の食邑《しょくゆう》の地であるから、あなたが復興なされるのでしたら一臂《いっぴ》の力をお借し申そう」と。万安は大いに喜び、その翌日から工を起こした。自ら陣頭にたって大衆を督励《とくれい》し、丘をくずして窪地を埋め、石を運び材を集めた。城主も力をそそいだので、その翌年には興聖寺が落成したのである。すぐに晋住《しんじゅう》して古風の禅規に則り宗風を挙揚《こよう》した。六〇歳の元日に示衆《じしゅ》していわく、「朝日山頭に瑞気を呈し、宇治橋下に清湾を抱く。興聖の古禅刹を興隆して、新歳に重ねて向上の関を開く」

万安は気宇寛大で賢愚を等しく容《い》れたので、いたるところ雲水が群をなして集まった。その会《え》に鉄心・懶禅《らいぜん》・龍蟠《りゅうばん》・月舟らのごとき傑出した人物ができたので、万安を中興の第一祖と尊敬した。

晩年に江戸の諸寺が関三刹《かんさんせつ》（天下録所の総寧寺《そうねいじ》・大中寺《だいちゅうじ》・龍穏寺《りゅうおんじ》）の僧司と、宗義について論争して官衙《かんが》に訴えた。そこで幕府は興聖寺万安と蔭凉寺《おんりょうじ》鉄心を証人に喚問した、両人は出府して仲裁の役を果たしたのである、このために万安の名は、さらに一世に轟くようになった。承応二年（一六五三）冬、江戸起雲寺に寓して病にかかった。道俗は心配して起雲寺の門前は万安に面会する人で市《いち》のようになったという。山城淀城主はしきりに帰山をうながしたが、万安は死期を知って動かなかった。翌三年八月、興聖寺を懶禅に譲り二一日に示寂した、年六四歳である。万安が復興した寺は三〇余に及んでいる。

三、龍袖法界に振るう——鉄心・懶禅・龍蟠各和尚

曹洞宗侶の惰眠《だみん》に対して覚醒の警鐘を打した万安の会下《えか》からは、傑出した人物が簇々《そうそう》と生まれた。鉄心・月舟・懶禅・龍蟠等である、のち龍蟠は懶禅の弟子になった。龍蟠の弟子に梅峰竺信《ばいほうじくしん》、月舟の弟子に卍山道白《まんざんどうはく》ができた。臨済の白隠は深く鉄心の道風を慕い、鉄心の滅後わざわざ泉南（大阪府）の蔭凉寺に安居《あんご》して鉄心の遺風をたずねた、時に白隠二九歳であった。遺弟《ゆいてい》寿鶴に参問して鉄心の平常底《てい》を聴いたのである。万安は臨済宗中興の祖愚堂、雲居・大愚らと道交を深めていた。鉄心は長崎に隠元をたずねて契悟《かいご》の偈《げ》の証明を求めた、隠元は「了了了の時了すべき無し」と証明した。この時代は臨済・曹洞ともに滅却していたので何が何やらわからなかったのである。

鉄心道印（一五九三～一六八〇）は伯耆《ほうき》国（鳥取県）東郷の人だ。一二歳、松崎龍徳寺の松庵について落髪した。東海・関東の禅席をたたいたが見所のある人がいなかった。そこで舟田山に隠れていた万安に数年随身した。のち播州（兵庫県）全久寺の天外梵舜《ぼんしゅん》と機縁合して嗣法した。信州（長野県）大昌寺、美濃（岐阜県）全久寺、参州（愛知県）龍渓院、加州（石川県）天徳院に住した。晩年に泉南に隠棲した。河村居士が財を捨てて、そこに蔭涼寺を建立したのである。鉄心が若いとき、趙州戴鞋《じょうしゅうたいあい》の公案をもらったが、どうしてもわからないので、あちこちを持ちまわった。三州（愛知県）大沢山に安居中、永祖の正法眼蔵をはじめて拝覧した、そのうちに日ごろの疑著がとけたのである。等覚・桑山・蔭涼の三刹を開創して延宝八年（一六八〇）八八歳で坐化した。鉄心は末期《まつご》に門弟に示していわく「諸人は真参実悟せよ、せつに小を得て足ると思うことなかれ。大休大歇《だいきゅうだいかつ》して自ら了を知る」と。常に宗弊を慨き、死にいたるまで大衆とともに坐禅して後学を励ましていたのである。

懶禅舜融《らいぜんしゅんゆう》（一六一三～一六七二）は薩摩（鹿児島県）の人だ。八歳、護国寺で得度。一七歳、東遊、東関の諸老宿に参じたが意気が合わなかった。そこで美濃の水晶山に万安をたずねたのである、万安は一見して器なりと知った。爾来、万安に師事して化《け》を助けた。南泉斬猫《なんせんざんみょう》の話で苦しめられたが、数年ののちにぶちぬいたのである。万安の遺嘱《ゆいしょく》によって興聖寺に住した。そのときの晋山の法語に「諸仏の出世、天華を雨ふらす。興聖今日出世、何の祥瑞かあらん。払子《ほっす》を竪起《じゅき》していわく還《かえり》て会《え》すや。日は孤峰を照らし、月は渓水に臨む」と、淡々とした境涯である。

龍蟠松雲《りゅうばんしょううん》（一六〇六～一六八二）は奥州の人。一一歳、禅龍寺傑山に従って薙染《ていぜん》（出家）した。一六歳、修行に出て万安を丹波の瑞巌寺にたずねた、だが、どうしても万安の平常の道がわからなかった。七年間随身してその後は諸国行脚に出た。四〇歳、郷に帰り龍淵寺で首座《しゅそ》となった、ふたたび瑞巌寺に安居した、時に懶禅が住していた。龍蟠は誠を傾けて去々来々不可得の法を問答した、懶禅は一喝して龍蟠をたたき出したのである。口をあけようとするとまた打つ、かくすること数番に及んだ。ついに龍蟠は大事を了畢《りょうひつ》したのである。

懶禅は五年にして興聖寺を退院したので、龍蟠（五四歳）は興聖寺に晋住《しんじゅう》した。それから一八年間、興聖寺に住して寺門を整備した。檀越《だんのつ》大江尚政は弟子の礼をとり授戒を受けたのである、このとき黄檗隠元《おうばくいんげん》は興聖寺に来て随喜《ずいき》した。あとで龍蟠が答礼のために黄檗山をたずねたとき、隠元は大雷鼓を打して歓迎した。二人対坐したとき、隠元いわく「谷深くして龍の出ずること遅し」と。龍蟠は笑って、「何ぞ遅速を論ぜんや、龍袖法界に振るう」と応酬したのである。

龍蟠が興聖寺に住した一二年目に月舟は加賀（石川県）大乗寺に出世した。時に天桂二四歳、損翁二三歳、宗風の復古がようやく見え出したのである。天和二年（一六八二）、七七歳、東林院で示寂《じじゃく》した。

第六章　月舟宗胡《げっしゅうそうこ》和尚

一、厠《かわや》で悟る

興聖寺《こうしょうじ》万安《ばんなん》が曹洞復古の第一祖であるならば、月舟は第二祖である。二祖というよりも本格的な復古運動を着々と進めた点からいえば、月舟こそ実践運動の第一祖である。しかも万安がただ漫然と宗風の衰頽《すいたい》を慨《なげ》いて大声叱咤《しった》したのに対して、月舟は曹洞宗とはいかなる宗風か、永平の古規とはどんな風規かという根本問題と取り組んで、開祖道元禅師の宗風を鼓吹《こすい》した。「曹洞正宗《そうとうしょうしゅう》」の第一人者は月舟なりという自信をもって、復古運動を推進していったのである。

今までは臨済宗と曹洞宗の区別がつかなかった。当時の禅宗の和尚は新輸入の黄檗宗《おうばくしゅう》にほれて馳せ参じていたのである。月舟が大乗寺に晋住《しんじゅう》する一〇年前の九月に、黄檗山万福寺が落慶開堂したのであるからやむを得ない事情もあった。だから月舟は曹洞宗風の特異性、つまり臨済・黄檗と一線を画する何ものかを発見せねばならぬ立場にあった。そこで月舟は永平古道場の昔に返ることを主張して、古清規《こしんぎ》を宣揚し実行することに骨を折ったのである。

月舟（一六一八～一六九六）は肥前（佐賀県）武雄《たけお》に生まれた。初め密宗の快義に従って童子となったが自ら感ずるところがあって、一二歳、禅門の円応寺華嶽について得度した。生来才能が群を抜いていたので、一六歳、天下に知識を求めて行脚《あんぎゃ》に出たのである。九州から江戸まで善知識をたずねて問答しながら行脚したが、どこにも師と頼むほどの人がいなかった。そこでどこまでも善知識にめぐりあうまで行脚を続けるという意気で、関東をめぐり茨城県下妻の多宝院に安居《あんご》した。ある日、大衆《だいしゅ》が「無心是れ道」という問題で商量しているのを聞いて、大いに疑団を起こした。「如《いか》何《なる》か無心、如何か道」、これを徹見せねば道人にあらずと感づいたのである。よし坐禅して徹見してやろうと決心した月舟は、打成一片《たじょういっぺん》の日常に入った。明けても暮れても坐禅ばかりすること数年、寝食を忘れて「如何々々」と究明した。

ある朝、厠《かわや》にのぼって用をたしていたが、あまりに一生懸命に拈提《ねんてい》究明していたので、自分が厠にいることも忘れてしまった。突然風が吹いて厠の戸がキイーという音をして開いた、そしてまた閉じた。この戸の開閉の音

月舟宗胡和尚頂相（愛知県・長円寺蔵）

で厠にいた月舟は、忽然《こつねん》として多年の疑団を打破したのである、実に有難い厠戸であったわけである。月舟は歓喜この上もなかった、早速、所得を師家役寮《しけやくりょう》に呈したが、誰一人として可否を決してくれる者がなかったのである。がっかりした月舟は江戸に上って師家をたずねて問答してみたが、ここでも証明も否定もしてくれなかった。月舟は悲しくなってしまった、広い曹洞宗であるけれども法が衰えてしまった、自分の得悟に対して意見を述べてくれる知識が一人もいないとは、あわれなるかな曹洞宗よ、と悲嘆にくれたのである。

そのうちに万安という傑僧が、丹波（兵庫県）の瑞巌寺《ずいがんじ》で大衆を提撕《ていぜい》しているという噂を耳にしたのである。月舟は急いで西下して万安に相見《しょうけん》した、万安は一見して大器なりと覚って、懇ろに勉励琢磨を加えた。月舟は良き師にめぐりあったと思い、瑞巌寺に留錫《るしゃく》することにしたのである。「お前の契悟《かいご》は小悟だ。悟道には小悟・中悟・大悟とある、まだその上に大休大歇《だいきゅうだいかつ》という失悟がある。修行は実践だ、悟道は日々だ」と万安に策励せられたのである。

一日、山作務《やまさむ》に出た月舟は、足を踏みはずし、すべって顛倒した。大地におもいきり身体をうちつけて、〝あっ痛い〟と思ったはずみに、なるほどと合点した。「無心是れ道」とはここだ。徹底無心の山作務こそ仏道の現成《げんじょう》である、無心とは作務に徹することであると悟った、無心の桶底《つうてい》を脱却したのである。またある日、衆寮にいたところ、隣りで小僧さんが「証道歌《しょうどうか》」を読んでいた。「了了としてみるに一物もなく、また人もなく仏もなし。大千沙界海中の漚《あわ》、一切の賢聖は電《でん》の払うが如し」という句を聞いて、忽然《こつねん》として従来の障礙《しょうげ》を払拭《ふっしょく》したのである、時に月舟三一歳である。そのときの偈《げ》にいわく「一口に四大海を吸尽して、身をかくす処なし娑竭龍《しゃがりゅう》。洞水逆流して流れつきせず、唯今日あって吾が宗に契《かな》う」と。万安これを見て印可したのである。

しばらく摂津（兵庫県）有馬宅原寺に悟後の修行をしていたが、三八歳、三河国（愛知県）板倉周防守《すおうのかみ》に招かれて貝吹（西尾市）長円寺に住した。寛文一一年（一六七一）、大乗寺白峰玄滴に懇《こん》請《せい》せられて、五四歳のとき加賀（石川県）大乗寺に出世した。玄滴は「オレの弟子は月舟だ。今に月舟が来る」と言って、親が子を待つ思いで待ちこがれていた、これが本当の師資の機縁である。大乗寺に住すること九年、席を弟子卍山《まんざん》に譲り、山城（京都府）の廃寺を興して禅定寺《ぜんじょうじ》と号して隠棲した。元禄九年（一六九六）正月一〇日、七九歳で示寂《じじゃく》した。月舟は学徳ともに高く、祖綱《そこう》を整えて宗風を復古した功績は筆舌に尽くされないのである。また弟子に卍山・徳翁・雲山・洞雲ら十二人の逸材が出て各々一方に化《け》を張って復古調を昂揚《こうよう》したのである。

月舟は遺言して「オレの滅後に語録なぞ編集する必要はない」と言って、数々の事跡の記録はその度ごとにホゴにしてしまったといわれている。古人の陰徳の深さにはただただ頭が下がるのである。

二、正法眼蔵の発見

月舟は天下一の名僧であったから、諸方面から書を求められた。しかも能筆であるうえに墨跡が誠に雄渾である。当時流行の竹筆で書いたから筆勢がなおさらよく出た。扁額を多く書いたが、その額の肩印に「曹洞正宗」と押している、もって月舟の気魄がうかがわれるのである。

永祖の古風を慕うといっても、当時としてはこれは容易なことではなかった。宗風廃頽《はいたい》の極に達していたから文献も見つからない、「正法眼蔵」という名は聞いているが、その眼蔵はどこにあるのやら一向にわからない。また道元禅師にいかほどのご著述があるのか、それさえ判然としていない。まったくの暗黒で、暗闇から物を探るようなことであった。ある日、月舟は大乗寺宝庫の反古《ほご》紙《し》のなかから、正法眼蔵安居《あんご》巻を発見した。「ああ眼蔵が見つかった」と感激した月舟は、シミだらけの眼蔵をおし頂いて拝覧した。拝覧しているうちに「あぁ」と思わず声をはずましてしまった。食い入るように安居巻の「十仏名《じゅうぶつみょう》」を読んだのである、「永祖の十仏名があったあった」、感涙が止めどもなく頰を伝うのであった。先には総持寺開祖瑩山《けいざん》禅師の『瑩山清規《けいざんしんぎ》』を発見し、今また永祖の暖皮肉《だんぴにく》に接した月舟は、法幸無量の喜びに言葉も出なかったのである。

当時の僧堂では、念誦《ねんじゅ》の十仏名は釈道安《しゃくどうあん》作の十二仏名を称名していた。十二仏名には他土摂取《せっしゅ》の西方無量寿仏阿弥陀仏がある、このことについて月舟は疑問をもっていた。曹洞宗の他土とは、法《ほっ》身仏《しんぶつ》の常寂光浄土のことであって、弥陀の西方極楽浄土ではないはずである。すなわち法身仏常在の浄土であるから、縁に随い感におもむいて普現するけれども、もと出没のない浄法界身仏の住する浄土である。しかるに西方十万億土の弥陀浄土を念ずることは宗意に合わない。おかしなことだと疑念を抱いてはいたけれども、それを文献によって正すべき何ものも見つかっていなかった。しかるに仏天の加護によって、永祖の安居巻の十仏名が見つかったのであるから、言いようのない感激にひたったのである。

十二仏名を始めた道安は東晋代の人だ。経典の註釈をもっぱらにした学僧で持律厳粛な人であったから、数百人の弟子に、食時に十二仏名を称念することを教えたのである。のちに南山の道宣《どうせん》律師が、道安の説をとりあげて盛んに流布したので中国全土に普及したのである。ところが曹洞宗の十仏名は中途断絶してしまって、唱える人がなかった。そこへ黄檗隠元が来朝して道安の十二仏名念誦をやり出したのである。これにならって洞宗の僧侶も唱えだしたのであるから、宗意に合う合わんを考えている暇もなかったわけである。また黄檗禅には多分に弥陀念仏思想がふくまれていた。

黄檗五世独湛《どくたん》は日に弥陀経四十八巻を読み、仏号を持してやまず、西面念仏して瞑目したのである、あまりに念仏が強すぎたので後来は非難された。彼は二七歳、隠元に随伴して来朝したが、すでに中国の禅林に念仏称名が流行していたのである。このことについて、のちの眼蔵家本光は月舟の警告をあげて、宗侶に永祖の十仏名を宣伝したのであるけれども、依然としてあまり実行されなかった。わずかに永平五十世玄透《げんとう》の『小清規《しょうしんぎ》』に随喜する者が、永祖の十仏名を唱えていたのである。十二仏、十仏名、両説が混沌としたままに、明治二三年（一八九〇）の『行持軌範』制定まで続いたのである。

永祖の安居巻には土地堂念誦の十仏名、大清規の赴粥飯法《ふしゅくはんぼう》には十一仏名となっているが、これを区別して唱えることは難しいので、『軌範』はいつの場合でも十一仏名ということに決めたのである。道安の十二仏名も実は十仏名と呼ぶ、それは最後の「諸尊菩薩摩訶薩、摩訶般若波羅蜜」の二句は、結句であるから仏数には入れないのである（拙著『洞上室内切紙研究』七〇頁、十仏名科参照）。

三、月舟の宗風

月舟は多年にわたる洞上の積弊を改めて、古規を復古し自ら実践躬行《きゅうこう》した高僧であったが、人に接するや温容春のごとく慈悲心があふれていた。しかし法のことになると秋霜烈日のごとく一歩も許さなかった、懐かしいようでいて恐ろしい人であった。

『月舟和尚遺録』が二巻ある、これは孫の滴水《てきすい》が編集した。滴水は月舟に二〇年間随侍《ずいじ》していたので、その間にひそかに上堂法語を筆録したのである。滴水のことを紙衣道者《しえどうじゃ》という。これは紙衣を着て法堂《はっとう》に出て月舟の法語を紙衣に速記したのである。それは前述したように月舟は自分の法語を書きとめることをしなかった、また弟子らが筆記することも禁じていた。人のヘドを写しとって何にするのか、自分は自分で自己の力量だけの法語を作れ、というのである。だからあたり前の手段では筆記がとれないから、滴水は『雲門録』の故智にならったのである。――雲門も月舟と同じく滅後語録を出版することを禁止し、会下《えか》に筆記させなかった。そこで香林澄遠《こうりんちょうおん》は雲門に一八年間随侍していたが、常に紙衣をまとうていた、そして雲門の法語を書きつけたのである。『雲門広録』三巻の基本となったものは遠侍者の紙衣であった、彼を紙衣道者という。――月舟遷化《せんげ》後一〇年に刊行した。語録の一部であるから遺録というのである。

『遺録』にいわく、「曹洞宗を知らんと要すや、ただ揀択《けんじゃく》を嫌う、これを以って家風を立つ。有無ともに脱するところ平等に合う。背触《はいそく》ともに非なり、異同を絶す。正に安居調度の制にまかす。直に実相住持の功なって、事に存し理に応ずる時節、本末すべて究竟して融ずるなり。諸人如何が会《え》すや。良久《りょうきゅう》して曰《いわ》く、一二三四五六七、石火電光も通じ易からず」。これは五位の旨訣《しけつ》を述べたあとでの法語である。

曹洞宗では悟りがあっても揀択したらもはや悟りではない。愛著し欣求《ごんぐ》して、離すことのできない悟り、それは悟執である。有無を超脱して有無に縛《ばく》されない、そこに法の平等がある、妥当性があるのである。そむいてもダメ、ふれてもいけない。小は小で絶対、大は大で絶対である。草も絶対、木も絶対、人間も絶対、仏も絶対である。異同を論ずる必要はない、だから典座寮《てんぞりょう》（台所係）は苦役であって、知殿寮《ちでん》（本堂係）は上品ということはない。高所は高平、低所は低平である。配役された行に自己を生かしてゆくこと、そこに仏道は開けてゆくのである。仏道とは何ぞや、それは一二三である、五六七である、といえば簡単なようであるけれども、そこに通達して無礙《むげ》自在を得たというまでには二〇年の修行を要するのである。これが月舟の演説法である。

五里霧中であった曹洞宗に、曹洞の禅風はかくのごとしといって旗色を明らかにしたのである、「曹洞月舟」と呼ばれ、「復古月舟」と尊崇《そんすう》せられるゆえんである。また正法眼蔵を拝覧することを強く勧めた、これによって曹洞正宗《しょうしゅう》の信念を植えつけたのである。これが動機となって宗門に眼蔵熱が出てきて、元禄以後、卍山・天桂・面山等の宗学の泰斗が簇々《そうそう》と登場して、未曽有の眼蔵華が咲いたのである。

ところが、おかしなことに曹洞宗天下大僧録の関三刹《かんさんせつ》は、宗風の宣揚はよいが眼蔵の流布は喜ばなかったのである。というわけは眼蔵は永祖の室中秘書である、秘書を公開することは非法である、眼蔵をひそかに室中で参究する程度ならばよろしいが、堂々と机をならべて浄写すべきものではない。そういう非法をあえてすると必ず法罰があたると主張して、眼蔵の閲覧に反対したのである。

関三刹制というのは、徳川家康が慶長一七年（一六一二）五月二八日付けで下総《しもうさ》（千葉県）総寧《そうねい》寺《じ》、武蔵（埼玉県）龍穏寺《りゅうおんじ》、下野《しもつけ》（栃木県）大中寺《だいちゅうじ》の三刹をもって「天下大僧録所」となして、全国の曹洞宗寺院を三刹が分担して取り締まる制度をしいたのである。――別に上野《こうずけ》（群馬県）双林寺は四個国、遠江《とおとうみ》（静岡県）可睡斎《かすいさい》は三個国の僧録頭――そして諸国に僧録寺を設置した。幕府は一応宗門の問題は僧録所で処理させたのである、いわゆる役所寺である。また永平寺には三刹の住職が昇住することになっていた。

この肝心の総取り締まりの録所寺が眼蔵普及に邪魔を入れたのであるから、月舟の復古鼓吹はいわば違反行為ということになった。いつの時代でも進歩学者や新興思想に反対するのが為政者の常であるから、月舟の復古運動は役所寺からは白眼視されたのである。しかし月舟の説に同調する宗侶が次第に多くなってきて、天下の雲水は大乗寺におしかけるように集まったのである。

四、勤行をしなさい

月舟は壮年のころ、阿那律《あなりつ》尊者の勇猛精進力を聞いて、自分も負けまいと決心して不眠不臥の修行をやりぬいたのである。暑中といえども袈裟をはずさず、玉なす汗が流れても拭《ふ》かず、扇子を持たず、また寒中も手を袖《そで》にせず、火鉢に手をかざさず、坐禅・誦経《ずきょう》・作務《さむ》等は常に衆に先んじていた。大衆はその熱烈な修行に心をうたれた、この人は将来棟梁となる仁徳を具しているといって崇敬していた。

阿那律尊者とは遺経《ゆいきょう》に説くアヌルダのことで、仏の十大弟子の一人、天眼《てんげん》第一である、仏の従弟にあたる。かつて仏前にあって坐睡した、仏に呵責《かしゃく》せられて深く悔悟した。以後、徹宵《てっしょう》眠らず、奮勉修行すること久し。仏、彼の身の損せんことを心配して、これを誡めたけれども聞かず、のち眼病となったので耆婆《ぎば》医をして治療せしめたがなおらず、ついに失明した。されどアヌルダはさらに修行に励みて心眼を開いた。仏滅後は三蔵結集《さんぞうけつじゅう》の長老になった人である。

月舟は三二歳、播州（兵庫県）雲龍寺で立職した。有馬の廃寺を開いて宅原寺となしてその閑寂の風致を愛した。三八歳、板倉周防守の菩提寺、三河（愛知県）貝吹長円寺に住し、岡崎城主が深く帰依した。四七歳、長円寺を辞して大沢山龍渓院に一ヶ年輪住し、その後は足に任せて村落山野に仮寓していた。摂津（大阪府）の禅徳院、住吉の興禅院が月舟を請して開山とした、しかし、そこにも長くは住しなかった。寛文一一年（一六七一）金沢大乗寺の請に応じて晋住《しんじゅう》したのである。

宗風回復の意気に燃えていた月舟は、延宝二年（一六七四）『雲堂常規』を制定した。大乗寺に出世して三年目の夏である、これは僧堂の一日の作法行持を決めた清規《しんぎ》である。今から思えば何でもないことのようであるが、当時としては画期的な制度であった。朝の暁天坐《きょうてんざ》・朝課《ちょうか》・喫粥《きっしゅく》・日中《にっちゅう》諷経《ふぎん》・飯後坐・晩課・夜坐ときちんとした僧堂生活の一日を定めたのである。この制度は宗侶に大きな反響をよんだ。一般のお寺の住職も『雲堂常規』にならって朝・昼・晩のお勤めと掃除を、時刻を決めてしなくてはいけない、という反省心がおこったのである。ために全国津々浦々にいたるまで、朝夕のお勤めをするようになったのである。

ところが後日、大乗寺宝庫から『瑩山清規《けいざんしんぎ》』が発見されたのである。「太祖の清規が見つかった」と月舟は驚いた。永祖の大清規も、太祖の清規もわからない時代に、まったく僧堂の規則のない時代に作った月舟の『雲堂常規』は、けだし青天の霹靂《へきれき》であったのである。三時に諷経《ふぎん》することは瑩山清規が制定している、しかしこれは粥了・飯後、晩課は随意というやり方である。それで後にできた面山の『僧堂清規』や玄透の『永平小清規』は、『瑩山清規』にならって朝課を粥了諷経にした。しかし一般の寺院は朝食前にお経をあげる方が都合がよいというので、粥前朝課を勧めていたために明治の『行持軌範』には一般にならって粥前朝課にしたのである。月舟は一般の住職に向かって、せめては朝のお勤めと掃除ぐらいは定時にしなさいといって勧めたので、「禅自堕落」といわれた禅宗が、「禅掃除」の合言葉に変わったといわれている。

五、天狗が惚《ほ》れる

月舟が大乗寺を退いて隠棲した宇治田原の禅定寺《ぜんじょうじ》は、もと東大寺の平崇上人が開創した寺である。ここに宇治興聖寺の僧が病気療養のために静養していた、するとある日、一異僧が夢枕に立った。「この寺を復興しようとする和尚は今までたくさんあったが、本尊の観音さまの気に入らぬ和尚ばかりであった。近いうちに真実の道人が来るから、その人によって復興してもらうのだ」と告げたという。病僧はその旨を村人に伝えて去ってしまった、そうこうしているうちに大乗寺を退いた月舟がたずねて来たのである。村人は、これこそ本尊観音菩薩のお待ちかねのお方であると大い歓喜して、月舟を迎えた。月舟も喜んで教を改めて禅院となし、補陀洛山《ふだらくさん》禅定寺と号して開山にな

月舟宗胡和尚書「達磨不会禅」（愛知県・花井寺蔵）

ったのである。

ある日、不思議なことが起こった。月舟が方丈で休息していると一天にわかにかき曇って、今にも大夕立がやって来そうな険悪な天気になった。すると天上からドスンという何か大石でも落ちたような物音がした、とたんに月舟の右腕が何者かにギューとつかまれてしまった。

「誰だ」

月舟は別に驚いた様子もなく平然としてたずねた、すると天上で声がした。

「ウン、オレは天狗だ」

天狗が月舟に惚れこんでしまって月舟に腕を貸してくれという。しかし腕を取られては困るので、月舟は「いくらでも貸してはやるが、オレの腕をつかって何をするのだ」と聞いた。

「オレは、お前さんの字に惚れぼれしてしまった、それで腕を貸してもらいたいのだ。しかし腕を取って逃げるのではない、お前さんの腕にしばらくつかまらしていてくれたらいいのだ」

と言って天狗は月舟の腕をつかんでいた。

「いや有難い、これでオレは満足した」

と言って天狗は天上に飛び上がった。

月舟の腕につかまったお礼に、月舟の文字のあるところはオレが守護すると言って昇天し、あたりの雲は晴れて、もとのすがすがしい天気になったのである。このことがあってから月舟の文字は魔除けや火防せになるといわれて、諸山から山号の扁額を求められたのである。月舟は求めに応じてすらすらと書いて与えた。巧拙はさらにかえりみず、書きなおすというようなことは絶対にしなかった。天性気宇寛大の月舟は思うにまかせて雄渾な筆勢を振るったのである。

月舟には小さい文字は少ない。これに反して弟子の卍山には小さい文字が多い。卍山は「師匠が一代にあまりたくさん書きすぎたから、それを真似してワシまでが書いてしまったら、法孫の書く紙がなくなるからワシは小さい紙に書く」と謙譲していた。こんなことは科学的にはわりきれないバカらしい話のようではあるが、卍山の陰徳を重んじた心情は、なんともいえぬ暖かい味があるのである。

六、和尚の魚つり

月舟がまだ雲水時代に、東海道三河刈谷《かりや》を通りかかったとき日暮れになったので、あたりにお寺はないかとたずねたら、近くに平僧地の正雲寺《しょううんじ》が見つかったので、これ幸いなりと思い、恭しく拝宿をお願いした。住持は五〇がらみの和尚であったが、雲水行脚《あんぎゃ》の僧に対する応対がなかなかやかましいのである。

「暮れ四ツ時を過ぎたら拝宿は頼まれぬぐらいの心得はあるはずだ。すでに四ツ半刻だ、拝宿はまかりならぬ」

和尚は厳しく言い離してしまい、いくら事情を話して懇願しても受け入れてくれないのである。そのうちにあたりは暗くなってしまった、やむを得ないので月舟は引き下がった。だがどこに行くというあてもないので、今宵は山門の軒下で雨露をしのごうと思い、袈裟行李《けさごうり》をおろして坐禅したのである。正雲寺の和尚は要領がよいのである、四ツ時刻前に申し出ると「まだ早い、若い雲水のくせに横着だ、もっと修行に歩け」と言って追い出す。結局、早くても遅くても拝宿は許さない方針をとっていたのである。

真夜中頃、正雲寺の山門の扉がスーと開く音がして、月舟は坐睡から眼が覚めた。見ると浴衣がけに頬被りをした者が、竹竿らしいものを持って出て行った。妙な姿の者が出て行ったわい、と思っていたら、今度は本堂の前の戸が開く音がして、誰かコトリコトリと木靴をはいて歩いて来るのである。寺には和尚一人だと思っていたのに不思議なことがあるものだ、と月舟はいよいよ目を覚ましてて気を配っていると、また山門の扉が開くのである。今度の者は赤顔をして拄杖《しゅじょう》をついて身には衣をつけている。

「オイ、雲水僧、先刻ここを出た者を見なさったかい」

「ハイ、見ました」

「見なさったか、見られたら仕方がない。打ちあけるが、実はアレはここの住職だ。アレに悪い癖があって、夜半に魚つりに出ないと眠れないのじゃ。前世の宿殖善根《しゅくじきぜんこん》とアレの師匠の福徳との因縁でここに住職しているが、ワシも困っているのじゃ。この秋には退院させるから、あとしばらくのことだ、我慢してくれ。ついてはお前さんに頼みがある。このことを口外してくれるな、魚つり和尚が追い出されるのはかまわないが、寺が荒れるからじゃ」

老僧は小さい声だが力を入れて言った。

「承知いたしました、絶対に他言はいたしません。しかし、あなたはどなたでいらっしゃいますか」

月舟が念をおすように言うと、老僧は「当寺開山じゃ開山じゃ」と言うが早いか、門の内に消えてしまい、あとはもとの静けさに返ってしまった。

月舟が三河貝吹の長円寺に住職したときに、昔の行脚時代のことを思い出して正雲寺の様子を聞いた、そして骨を折って正雲寺を法地寺院に昇格さして自ら法地開山になった。月舟はこのことについてつくづく因縁ということを深く感じて、仇を恩で返して正雲寺山門の繁栄を祈ったのである。

本尊と住職とは深い因縁があるのであって、勝手なことはできない。本尊と住職と一体になっている寺は自然に山門繁栄するのである、それは檀家が住職に帰依僧《きえそう》になるからだ。帰依僧されたいと思えば住職は帰依仏することだ、帰依仏の供物は帰依法宝である。このように三者一体のときには山門大吉祥となるのである。

七、忘れた悟り

月舟が七七歳のとき随身たちが集まって喜寿のお祝いをした、そのときに月舟が修行時代の昔話をした。

「ワシは一六歳のときから行脚に出た。諸方の知識に相見《しょうけん》して遍参した。常陸《ひたち》（茨城県）の多宝院に安居《あんご》工夫中に悟った、この悟りをもって関東中を持ちまわったが誰も相手にしてくれなかった。丹波瑞巌寺の万安和尚にはじめて証明してもらった、そのときは、とってもうれしかった。しかし、この年にもなると、もはや昔の悟りなぞ忘れてしまった」と。

この話を聞いた随身のある者が「大切な悟りを忘れてしまうようでは月舟さんもボケてしまった」とつぶやいたのである。ところが道明《どうみょう》という弟子がご丁寧にも、年賀に行ったついでに、月舟に白仏言《びゃくぶつごん》（内密に言う）した。聞いた月舟は「バカめ、いつまで悟りを持ち歩くのだ」と言って道明を叱ったということである。八〇近くになった月舟に若い時代の悟りが残っているようでは、曹洞月舟といわれる人にはなれない。悟上の上にさらに得悟する、得悟の上に得悟を重ねてついには失悟する。この失悟があってこそ、真個の迷中《めいちゅう》又迷《うめい》の行ができるのである。肩をいからして、悟りは我一人がもっているというような面付きをしていたのでは、衆生済度の同事行《どうじぎょう》はできないのである。

月舟が病気で寝ているところに、三河からお授戒の戒師に来てくれという招待状が来た、早速月舟は承知してしまった。侍者和尚らはびっくりして、病中の月舟禅師は本当にそれまでには全快されるだろうかと心配した。月舟は大乗寺を退院している卍山《まんざん》を呼んだのである。

「三河のお授戒の戒師にお前が行きなさい」

驚いた卍山は、まだ授戒の啓建《けいけん》には日数もあることですから、ゆっくり静養なさって月舟禅師自らお出ましになるようにと、お勧めした。

「いやいや、ワシは戒師を受ける気で承知したのではない。お前に行ってもらうつもりで受けたのだからお前が戒師さまだよ」

と頭からおっかぶしてしまった。卍山がなおも固辞すると、

「ワシは元気になっても授戒には行かないよ。ワシが見込んでお前に頼むのだ、行きなさい。しかし戒師は戒弟の罪を全部引き受ける覚悟がいるから、それについて明朝口訣《くけつ》を伝えてやる」

侍者に命じて紅幕を卍山に持たせたのである。代理戒師ではない。戒師卍山和尚だといって三河には通知を出したのである。

卍山が五六歳、大乗寺を退くと、月舟は山城禅定寺をしりぞいて卍山を請して禅定二世にして、自らは住吉（大阪府）興禅寺に移った。のち卍山は洛北の源光庵に隠棲して、月舟に禅定寺に帰ってもらったのである。それは興禅寺は便利が悪いのと気候もよくない、禅定寺の方が老体の月舟には適地であるというのである。師匠は弟子を思い、弟子は師匠を思う、この親密さはうらやましいほどであった。禅定寺にもどってきた月舟は大いに喜び、

「老僧、身心疲労す、当山は老僧の終焉の地だ。老僧の開創した寺は当山をもって本寺となして本末仲良くたすけあい、法門を護持し、わが法をして興隆してくれ」

いかにもうれしそうに言った。そばには卍山・雲山・徳翁らがいた。月舟は左右をかえりみて、

「ワシはいい弟子をたくさん持った。今日の一会《いちえ》は霊山《りょうぜん》の一会に勝るともおとらぬ」

と言って子供のようにはしゃいで喜んだのである。

八、一〇〇万石なら

月舟の母は、懐妊すると近くの観音さまに日参して安産を祈った、「もし男子であったならば観音さまのお手伝いをさせます」と言って祈願をこめたのである。月満ちて元和四年（一六一八）四月五日、朝日の昇るとともに生まれた。母は観音菩薩への誓いを守って、八歳のとき真言宗の快義法印に童子としてあげたが、感ずるところがあって、一二歳、禅宗の円応寺華嶽について得度した。

性はなはだ賢資英邁《えいまい》であったから、日ならずして日用のお経は憶えてしまった。それである日、華嶽は月舟を里帰りにやったのである。

二年ぶりに親里に帰った月舟はうれしかった。母もまた観音さまへの誓いをたてて寺にやったとはいえ、愛情の切なるものがあったので喜んで迎えたのである。「それでは久しぶりにお前の好きな蕎麦をうってあげましょう」というので、母は襷《たすき》がけで忙しくしていた。

外に飛び出した月舟は、踏んだ足も覚えぬほどに浮き浮きして幼なじみと遊びまわった。やがて遊びつかれた子供らは、庭石に腰をおろして面白く語りあうのである。

「月舟さん、お前、坊さんなんかやめてしまえよ。オレはね、大きくなったら一〇万石の知行取りになるんだよ」

仲間での頭分らしい子供が、きたない両手をひろげてみせた。

「ウン、でもオレは一〇万石では坊さまやめないよ」

月舟も負けてはいなかった。

「そうか、そんなら、おらぁ三〇万石の知行取りだ」

次の子が指を三本出してみせた。

「三〇万石でもいやだい」

「月舟さん、お前は坊さまのくせに、ずいぶん欲深《よくふか》だね。おらぁ今は三〇万石さ。でももっともっと大きくなったら五〇万石のお殿さまになるんだよ」

するとー番小さい子が、とんきょうな声をはりあげて、

「お前さんらは胆が小さいよ、オレは一〇〇万石の大殿さまになるんだよ」

と言いながら、月舟の眼の前に一〇本の指をつき出して見せた。

「そうだね、一〇〇万石なら坊さまやめてもいいいな」

月舟は眼を輝かして小さい子供の手を見つめていた。

「月舟や月舟や」

母は、わが子を家に呼びこむのであった。

「お前、今なんと言いましたね。一〇〇万石ならお坊さんをやめてもいい……」

坊さまは四天下を統治する輪王の位よりもすぐれている、さればお釈迦さまは王位を捨て出家得道したのではないか。世縁を離れて仏道のために修道する、これが沙門の修行である。そして得道の暁には貴賤老若、貧富をいとわず平等に憐愍の慈悲心をはこんで済度してゆく、これが観音菩薩の誓願である。そのお手伝いをさせるために出家さしたのであるのに、世俗の禄高に眼がくらんでしまうとは、なんとしたいやらしい心になったのであろう。

「円応寺にお帰りなさい。もう子でも親でもありません」

母は涙を流しながらコンコンと諭した。

「お母さん、おらぁ悪かった、許して下さい。二度とあんな心はおこしません」

月舟は涙にぬれた手をついて、母親にあやまるのであった。

「許しません。たとい一度でも仏の心にそむいたことは、この母は決して許しません、早くお帰りなさい」

言い終わるや月舟を閾《しきい》の外におし出して、入口の戸を閉めてしまった。

「お母さん、許して下さい」

月舟は扉にもたれて泣きじゃくりをするのであった。しかし、いくら頼んでも扉は鉄のように固くおりてしまい、容易に開く様子も見られぬのである。

外は日暮れになってねぐらに急ぐ小鳥の声が悲しく聞こえてきた。月舟は悪いことを言ってしまった、せっかく二年ぶりに里帰りをしたのにお母さんを怒らしてしまった。もう許してもらえぬのだ、お母さまのおっしゃる通りに本当のお坊さまになる、これがせめてものお母さまへの恩返しであろう。

とぼりとぼりと月舟は考えながら、暗い夜道を円応寺へと帰っていった。たまりかねた母親は泣きぬらした顔をふりあげて、月舟のうしろ姿を見送るのであった。母は知らず知らずに月舟のうしろ姿にひかされて、見えつ隠れつしつつ円応寺の近くまであとをつけたのである。

一六歳になった月舟は諸国修行へと行脚の旅にたった。そしてあらゆる苦修練行《くしゅれんぎょう》の末に、仏祖の大道を証悟したのである。五四歳、ついに迎えられて加賀金沢一〇〇万石、前田藩主のお膝元《ひざもと》、東香山大乗護国禅寺の住持になった。名僧北陸に出現すとの報に、天下の雲衲《うんのう》はあらそって会下《えか》に参じたのである。

ある日、月舟は肥前の老母を大乗寺に迎えようと思い、使いを九州に走らした。老母は月舟が一〇〇万石のお殿さまの大寺に出世したことを聞いて、うれし泣きに泣きくずれてしまった。しかし老母は月舟が修行に出発して以来、毎日、観音さまに涙を流しながら観音経をあげて、月舟の無事とその成功を祈っていたのである。そのせいか年とともに両眼が盲目となってしまったのである。

「大乗寺ご住職の母がこの姿では、かえって月舟に恥をかかせることになりますから、ご厚意はかたじけなく受け取ったと伝えて下さい」

母は月舟の迎えをこの上もなく喜んだけれども、請《しょう》には応じなかったのである。この話を聞いた月舟は、今度は駕籠を用意して再度の使者を母里に行かしたのである。日ならずして駕籠が大乗寺に帰ってきた、みれば早駕籠である、しかも中はからであった。二度の使いが九州に到着したときには、老母はすでにこの世を去っていたのであった。

委細を聞いた月舟は顛倒せんばかりに驚き、かつ悲嘆にくれたのである。早速侍者に命じて亡母追薦《ついせん》の上堂をした。須弥壇上に登った月舟は、恭しく薫香して法語を唱えんとしたが感慨無量である。声が咽喉につまって出てこない、ついにむせび泣きに泣き伏してしまい、拄杖を投げ出してうずくまってしまったのである。

九、陀羅尼《だらに》で試験

これは後日の物語である。寛政七年（一七九五。徳川一一代家斉の時代）は月舟禅師の百回忌にあたった。――この年に武蔵龍穏寺玄透が永平五〇世として入山した、その翌年には眼蔵開版を幕府に上願した――一般的に眼蔵参究の熱意が宗内に湧いていたので、天下の雲水は宗風復古の祖、月舟禅師の遺徳を偲びその法会《ほうえ》にあやかりたいというので、加賀の大乗寺へ大乗寺へと掛搭《かた》（入寮）志願をして安居を申し出たのである。今のように前もって手紙で連絡して、許可を得てから上山するのならば文句はないのであるが、昔はそんな便法はない。ところが昨日も今日も雲水が、大乗寺の玄関に坐りこんでしまうのである。雲水接客の知客《しか》和尚は困ってしまった、「当僧堂は満衆につき掛搭お断わり」と威丈高《いたけだか》になってどなりつけても、雲水たちは平気な顔して土下座していて動かないのである。僧堂安居のしきたりとして、掛搭志願に来た雲水には昼食は出してやらねばならぬ、これは庭の隅で握り飯を食うのである。夕方になっても雲水どもは動かない、やむを得ないので知客和尚は警策《きょうさく》を持ち出して、雲水をむりやりに山門外に追い出して扉を閉めてしまった。

翌朝、大開静《だいかいじょう》の鳴り物がすんだので山門の扉をあけた。さだめし昨日の雲水は安居をあきらめてどこかに退散したであろうと思って見ると、あにはからんや山門に夜坐をして坐りこんでいる。どうあっても安居が許されるまでは、テコでも動かぬという熱心さである。朝粥が終わるとゾロゾロと山門の雲水が表庭に坐りこんでしまう。そのうちに今日も新米雲水が掛搭にやって来るという仕末である、さしもに広い大乗寺の庭も雲水で一杯になってしまった。大乗寺では二〇〇名の雲水を安居さしているので、それ以上は入れられないのである。なのに五〇余名の新到雲水が詰めかけてきたのには、知客和尚も弱ってしまった。知客は新到雲水に対しては絶対の権限をもっているのであるけれども、多勢に一人では負けてしまった。追い出しても逃げないからといって、五〇余名の余分の雲水を安居させるわけにもゆかない。そこで維《い》那《の》和尚に相談して考えついたのが雲水の掛搭試験である。

「掛搭安居志望の雲水たち、よく聞かっしゃれ。本年は当山中興の祖、月舟禅師のご法要が勤まる。ついては当山に安居を志すぐらいの雲水ならば、ご法要に読むお経が何であるかぐらいは心得ているはずだ。よってこれから一人一人、知客寮の庭に呼び出してそのお経を読ませる。滞りなく読んだ雲水は特別をもって安居を許す」

知客和尚はもったいぶって言い終わるや、一人一人庭に呼び出したのである。試験官は維那和尚である。雲水たちはハテどんなお経を読ませるのだろうとヒヤヒヤしながら試験官の前に坐った。維那和尚は恭しく楞厳咒《りょうごんしゅ》を取りあげて「ワシが一句唱えるから後をお前さんの方で続けて読みなさい」

楞厳咒というお経は陀羅尼経でしかも長文である。おまけに「ケラコー」という同文の言葉がたくさん出てくる。「キラヤーミー」というのも数が多い、だからお経本を持っていても間違えるのである。それを経文《きょうもん》を持たずに暗誦せよ、ソラ読みせよというのであるから、さすがの腰の強い安居熱望の雲水もまいってしまった。それでも三人ほど試験にパスした、そのパスした雲水の読み方の速いこと速いこと、維那和尚がお経本をめくる暇を与えぬほどのスピードであった。これには試験官の維那和尚の方がまいってしまった、この雲水こそ楞厳咒の達人であったのである。しかも大乗寺では楞厳咒に太鼓を入れて合わせたという。法堂では経柱（楞厳会で楞厳咒を読むときの音頭とり）以外の者は楞厳咒の経本を持たずに読んでいたということである。

第七章　卍山道白和尚《まんざんどうはく》

一、仏子《ぶっし》の誓願

寛文四年（一六六四）、二九歳の卍山（一六三六〜一七一五）は淀川を船で下った、船中に若い僧侶が三人乗り合わせたので話を始めた。卍山は「大般若経に『仏弟子はよろしく発願《ほつがん》すべし、大願なき者は菩薩にあらず、これ魔類の徒なり』と説いてある。諸師らも願をおもちのことと思う、ついてはお互いに話し合おうではないか」と呼びかけたのである。すると早速、鉄眼《てつげん》（三五歳）は「わしは長崎に明僧隠元《みんそういんげん》をたずねて西下する途上だが、わが国は仏国といわれ、伽藍堂塔は整い、名匠碩徳《せきとく》も少なくはない。ただ惜しいことには釈尊の一代蔵経が完全に刊行されていない。これはまことにわが国仏法における欠点である。お経に『菩薩万行《まんぎょう》の中に法宝を流通《るずう》すること、これ最高の大功徳なり』とある。わしはこの身を尽くして大蔵経《だいぞうきょう》出版の聖業をなしとげて、早く衆生に勝縁を結ばしめたい、これがわしの誓願である」と眼を耀かして語った。

三人のうち一番年が若い一七歳の公慶《こうけい》は「わしは東大寺大喜院英慶の弟子である（一三歳出家）。

卍山道白和尚木像（京都・源光庵蔵）

毎日、大仏さまのお姿をおがむたびに涙が出る」と言って、しんみりと語り出したのである。

「そもそも大仏は天平勝宝四年（七五二）四月開眼供養したが、約一一〇年後の斉衡《さいこう》二年（八五五）五月、仏頂が自ら落ちてしまった。それは長い間、露坐仏にしていたためである。そこで真如法親王が六ヶ年かかって修復し、大仏殿を建立して貞観《じょうがん》三年（八六一）に落慶供養をした。ところがそれから三二〇年後の治承四年（一一八〇）に平重衡《しげひら》の兵火によって、大仏殿が焼かれて仏像が大破した、そこで約一〇年後に源頼朝がこれを修理した。それから足利一三代義輝の永禄一〇年（一五六七）に松永久秀の乱で、また大仏殿を焼かれてしまい大仏も破損したのである。初め二回は修復する人があって、原型を保つことができたのであるけれども、三回目の災火後はこれを修理することができなかった。約一四〇年間破損のままに露坐仏となって今日にいたってしまった。わしは一代の念持力で大仏さまを元のお姿になおしたい、これがわしの願である」。公慶は熱をこめて語り終わるや、自らの両手を握りしめるのであった。

静かに聞いていた卍山は「二師の大願、まことに尊くまた有難い発願である。さればわしの願を話す番となったが、若僧の大願は地味でござる」と前置きした。

「曹洞宗開祖道元禅師の正法眼蔵嗣書《ししょ》の教えにしたがえば、嗣法の師匠は一人でなければならぬのである。だから単伝《たんでん》といい面授という。一師の印証という。しかるに宗門の現状は寺によって法系を替えている（伽藍法《がらんほう》）。だから二ヶ寺三ヶ寺と転住する人は、誰の弟子というのが正しいのやらわからなくなってしまう。釈迦牟尼仏から嫡伝《てきでん》した正法《しょうぼう》を受けつぐ師匠は一人である、これが正しい嗣法である、今のような伽藍法のやり方は畜生道である。わしはこの法の乱れを正して、開祖のお示し通りにして本源に返したい。これが一生の念願である」

聞いていた鉄眼は感じていわく「われら二人の大願は、大願ではあるけれども水到りて渠《きょ》なるがごとくで、勧進帳《かんじんちょう》さえ順調にゆけば叶《かな》う仕事である。しかるに卍山師の誓願は金銭ではできない、しかも天下録所寺はみな反対しているということだから、なおさら難しい。曹洞宗の法系を改革する大仕事だからこれは容易ではない。卍師よ、幸い自重して努力せられよ、我らもまた卍師の大願成就を祈ってやまない」。三人は船中で互いに励ましあうのであった。やがて船は港に着いた、いつしか月は山の端に昇って小波がきらきらと光っていた。

延宝八年（一六八〇）秋、月舟は大乗寺を退院したので、卍山（四五歳）は師匠の命にしたがって大乗寺に昇住した。住すること一二年、元禄四年春（一六九一。五六歳）隠居した。ずいぶん若い隠居であるが、これは卍山が自分の大願を成就せんために、早く寺を離れてしまったのである。

その翌年に天下大僧録、下野《しもつけ》（栃木県）大中寺《だいちゅうじ》の交易《こうえき》が、卍山を後席に推して退院した。それは卍山の所望を容易ならしめるためには、天下大僧録所寺の住職にすえた方がよいという好意からであった。しかし卍山はこれを断わっていわく「卍山が役所寺に住職して、その権力で宗弊を改革したといわれては末代の恥であるから、ご好意はかたじけないがお受けはいたしません。ただ一介の僧卍山でこの大業を必ず成就します」と。その後、名古屋万松寺から招待されたが、これも断わってしまった。ただひそかに機の熟するのを待っていたのである、かくして九ヶ年は空しく過ぎた。もはや老年、無常の風にいつ果てるかもしれないので元禄一三年五月、卍山（六五歳）は興聖寺《こうしょうじ》閑居、梅峰《ばいほう》（六八歳）と手をたずさえて江戸に向かったのである。

江戸瑠璃光寺に拝宿した卍山・梅峰の二老は相談した。この件は関三刹の天下大僧録を相手に話してみても、らちが明かないから、思いきって国法を侵して幕府に哀訴するよりほかに道がない。当時の規則として幕府宛の願書には、必ず大僧録所寺の添書を必要とした、しかし録所から添書の出る見透しはない。しかし一応はというので、七月一六日付けで宗門大僧録の三刹に出願した。八月四日、二老は幕府祠部《しぶ》（社の守り役）飛騨守の衙門《がもん》（役所）にまかり出て懇願したのである。当時の幕府は宗門上のことは三刹の僧録にまかせていたので、僧録の奥書のない書類は受け取ることはできない。しかし二老の熱願にほだされて本日の受付簿に名前を記入しておくということにして、上願書は返却されたのである。

一方この話を聞いた天下の寺院は、従来通り伽藍法によって法を伝えるを可とする者と、これを否として卍山らの人法に与《くみ》する者とがやかましくなってきて、それらが各々の思いを官衙に訴えるのであるから、天下は轟々《ごうごう》たる騒ぎになってきた。城中の会津藩主や松平筑後守らは卍山に帰依して弟子の礼をとった。またお経や祖録の講釈を願い出る者などがあって、卍山らの名は江戸城中に知らぬ諸侯はないという有名な人物になったのである。はがゆくなった瑠璃光寺田翁《でんのう》は、二老の出願書を懐にして官衙にのりこんだ、そして反対派と白洲で討論して対決せんことを願い出た。これが許されるまでは坊主頭の首が飛んでも動かない、という決死の覚悟で座りこみ戦術に出たのである。こうなると官も捨てておくわけにはゆかなくなったので、田翁の書類を受けつけてなだめて帰したのである。

元禄一六年春、飛騨守は騒擾《そうじょう》の罪という名目で、卍山・梅峰二老を呼び出して調べ始めたのである、そして田翁の所陳を聞いた。幕府は二老らはまったく法のために身を挺していることを知った。そこで幕府自ら台宗密宗の僧統を呼び、また関三刹の大僧録、および永平・総持両本山主、その他全国有数の録所寺を呼んで丹念に調べあげたのである。ついに元禄一六年八月七日付の御朱印をもって、永平・総持両本山、関三刹大僧録に対して「爾今《にこん》以後洞宗の伝法は嗣書は一師印証、師資一枚、面授相伝の永平開祖の軌範を濫《みだ》すべからざること、血脈《けちみゃく》・大事は伽藍重授」という条目を下した。卍山は大乗寺を隠退してから一二年、江戸に出てから四年、素願発意の年から四〇年という長い歳月を費やして、ようやく大願を成就したのである。——卍山六八歳、梅峰七一歳。

一方、鉄眼は宇治地方の飢饉にあって、集めた金は難民救済にあててしまった。再度の勧募をしたが、またまた畿内の地震のために、浄財を散じて難を救った。三度目の勧財で資を得て寛文八年（一六六八）京都に印房を置き、刻苦経営すること一〇余年、天和元年（一六八一）にいたり、北蔵による六七七一巻の大蔵経翻刻の大願がなったのである、これを黄檗鉄眼版という。初発願より一八年目に完成した。

また公慶は龍松院に遷《うつ》って盛んに三論・華厳・天台の講義をしていたが、天和三年諸院らに大仏殿再興の計画を話した。公慶（三七歳）は、その翌年、いよいよ決心して諸国勧進の旅に出発したのである。まず勧化帳《かんげちょう》の付け初めを道端の乞食に頼んだのである、乞食は怒って逃げ出した。そのあとを追うてなおも懇願した、かくすること三里余におよんだ。ついに乞食が根に負けて、畑に一文銭を投げ捨てたのである。公慶はそれをおし頂いて洗って衣嚢《えのう》に納めて懐ろから勧化帳を取り出して、「一金一文也　行乞《ぎょうこつ》菩薩」と記入した。「わしの大願はこれで成就する」と言って、深く乞食に向かって合掌礼拝したのである。元禄五年（一六九二）三月八日、九ヶ年目に仏像の修復が完成した。公慶（四五歳）は諸国行脚《あんぎゃ》以来横臥せず、常に坐睡していたが、弟子らの勧めで四月九日、はじめて寝床に入って横臥した。勧募の苦心と決心のほどが察せられるのである。

それから次の大事業である大仏殿再建のために、また諸国行脚に出た。元禄七年九月、五代将軍綱吉は、諸国勧化の便利のために人別奉加を許し、越えて一二年に綱吉は天下の諸侯に封禄一万石に対し一万疋《びき》以下の寄附を命じた。かくして宝永二年（一七〇五）四月一〇日、大仏殿上棟式をあげたのである。この間一三年の辛苦であった。前後を合して二二年の勧化である。同年六月将軍に謁して恩を謝した。くつろいだ公慶（五八歳）は同月二七日急病におかされて江戸に歿した。現在の大仏殿は公慶上人の汗の結晶で出来上がったものである。

二、母の願い

卍山は備後（広島県）河地に生まれた。三人兄弟の中の分である。幼いときから仏事のまねが好きで、掌を合わせて「ののさん、ののさん」とおがんでいた。両親はこの子は仏の申し子に相違ないと感じて、七歳のとき龍興寺照山の童行《ずんなん》にあげた。賢い卍山はかたわらの僧がお経を読んでいるのを聞いて、自然に憶えてしまうので特別に教える必要がなかった。一〇歳のとき照山が歿したので後席に一線道播が住持した、それで一線について髪を落とした。

一三歳の春、大福寺で生家の先祖祭りがあった、このとき卍山は母とともにお寺まいりをした。別れに臨《のぞ》んで母は卍山の頭をなでながら、「お前は坊さまが好きであったからお坊さまにしてあげましたが、決して大寺や名藍の住持になって、名誉や地位を得させようというのではありません。

ただ正法《しょうぼう》を護持して仏道のために仏道を修行しておくれ。そして一生涯、天台笠をかぶった坊さまになっておくれ。これがお母さまの願いでありますよ」と諭したのである、ところがこれが最後の別れになってしまった。母はその秋九月に突然亡じたのである、卍山は七歳のとき父を喪い、今また母を亡くしたのである。母の訃を聞いて大福寺で先日、母の言った教訓がそぞろ思い出されて、涙が自然に湧いてくるのであった。

一日、一線は白楽天の詩を示した、「少年老い易く学なり難し。一寸の光陰軽んずべからず。未ださめず池塘《ちとう》春草《しゅんそう》の夢。階前の梧葉已《すで》に秋声」。卍山はこれを見て大いに感じた、人生は虚幻空華のごとし、今日あって明日がわからない命である。寸陰を惜しみて励むこと、これ以外に仏道を成就する方法はない。時は金なり、時は成仏道なり、と深く反省したのである。爾来、卍山は白楽天の詩を座右の箴《しん》として生涯守り通したのである。

一線が龍興寺を退いて関東に赴いたので卍山は随侍した。東海道を骨鎖観《こっさかん》で道中した。骨鎖観とは坐禅上の工夫で、男女の相を見ず、ただシャレコウベに見るのである。山川草木は死かばねの山と見る。そして第二念の起こらぬようにする、坐禅上の観想である。

武州（埼玉県）高秀寺文春《もんしゅん》についた卍山は、昼夜精勤、寝食を忘れて坐禅すること二年、ある夜、月が清空に耀《かがや》いているのを見て忽然《こつねん》として従来の漏尽《ろじん》（煩悩）を脱したのである、身心を透脱することを得た。そのときの感想を「夜深うして雲断じ天洗うが如し、遍界《へんかい》に塵の眼光をさえぎるなし」と言っている。世界と自己とが一つにひらけた悟境をいうのである。

武州（埼玉県）雲堂寺にいたある日のこと、一線は小僧をつれて外出したので、卍山はひとり留守居をしていた。すると雲堂寺檀家の者だという老人がたずねて来た。「某家の主人で三右衛門という者です。卍山さまが来て仏事をつとめて下され」と言って去った。そこで翌日、三右衛門宅をたずねた。すると家主が出て来て「三右衛門は私の父でありますが、すでに三年前に死亡しております」と言う。おかしいので昨日、三右衛門が寺をたずねて来た旨を話すと、家主はびっくりしてしまい、厚く卍山を礼して懺悔するのであった。それは三右衛門は生前、高利貸をして貧民をいじめていた、ために良心の呵責《かしゃく》にせめられて、死後三年たってもなお迷うていたのである。卍山はこれを憐んで法要をいとなみ、亡者と家族とに説法したのである。

ある日（卍山、二八歳）、永平開祖道元禅師の正法眼蔵嗣書を拝写した。それによれば仏祖正伝の嗣法は、はじめて嗣法した師匠が永久に自分の師匠でなくてはならぬ。今時のように寺によって師匠を次々に替えるようなことは天魔外道である。だから宗門にとって一番大切な伝法ということは、どうしても開祖道元禅師の教えにしたがって正しい嗣法をせねばならない。しかし伽藍法が実行されている現在では、これを昔に返し「人法」にして、師匠は初めから一人ということを遵守させることは容易なことではない。しかし知らないときならいざ知らず、正しいことを知っていて自ら犯すことは死するよりもつらい。さてどうしたものかと煩悶懊悩すること半年に及んだ。

思いきって他宗に転じてしまおうかとまで思いつめたのである。このままでは進むことは絶対にできない、といって宗統を復古するといっても、自分にはそれだけの力がない。だからといって他宗に転じてしまうことでは信念のない坊さまになってしまう、それであったら坊さまを廃業した方がよい、いっそのこと自殺した方がましである。しかし卍山が自殺したとしても洞宗の嗣法が正しくなるわけではない。進退ついにきわまってしまい、食事もろくろくとれないようになってしまったのである。

茫然自失していたある日のこと、背中から「卍山、卍山」と呼ぶ声がする。ふりかえってみれば、あの懐しい母である。思わず「お母さん」と声を出そうとするけれども、のどがひからびてて出ない。渾身の力をこめて「お母さん」と叫んだ、その声にフト目が覚めた、卍山は精魂つきて思わず寝ていたのである。「あぁ今のは夢であったのか……。お母さまが、あのとき何と言われた。大寺の住持になるより正しい仏道の修行をしなさいと。そうだそうだ」、卍山は小なりといえども、一代の全挙力《ぜんこりき》をあげて宗統復古の大業と取り組んでいこう。正法に生きぬくこと、これこそお母さんが卍山を坊さまにしてくれた願であったのだ、願に生きる坊さまになるのだ、卍山は心に堅く誓ったのである。久しぶりに彼は坐を立った、そして庭に出た。夜はふけていた、空には星がピカピカと美しく耀いているのであった。

三、長すぎた住職

卍山の名が次第に叢林《そうりん》（僧堂）に知られてくるにしたがって武州（東京都）の鳳林寺・高林寺、上州（群馬県）の普済寺、備後（広島県）の宗光寺等から後席に招待された。しかし彼は受けなかった。四一歳のとき熊谷の集福寺一線の命によって、弥藤吾《やとうご》観清寺に監住した。伝え聞いた雲水らは卍山をたずねて、観清寺にむりやりに居候雲水になってしまうので、小さい寺はたちまち雲衲《うんのう》で一杯になってしまった。延宝六年（一六七八。四三歳）には雲衲五十員という盛会であった。この秋、一禅客が来訪して「いま加州大乗寺に月舟宗胡《げっしゅうそうこ》という偉い坊さまが住持して、盛んに復古の禅風を提唱している」ことを知らせたのである。聞いた卍山は月舟和尚こそ、我と思想信仰を同じうする宗匠である、わしの師匠が見つかったと、思わず東に向かって三拝した。わが曹洞宗に祖風を吹きこむ人は月舟であると、すぐ北陸路へと旅立った。わが心は龍天護法善神のみ知ってござると口ずさみつつ足軽に出発した、かくして一〇月初旬にはじめて大乗寺月舟に面謁《めんえつ》したのである。

初相見《しょしょうけん》のとき、月舟いわく「我の汝を得ること青原《せいげん》の石頭《せきとう》を得たるがごとし。これはこれ世尊も知らず、迦葉《かしょう》も知らず、ただ我のみ知る一大事因縁なり」。卍山がまだ相見の拝の終わらぬうちに月舟から言われたのである。これを平たく言えば「卍山、お前は月舟の弟子だぞよ。わしはお前の師匠だ。お前の来るのを待っていたぞよ」ということである、師匠と弟子の機縁は不思議なものである。卍山は観清寺以来自分を慕うて離れぬ雲水三〇名をつれて、大乗寺に安居《あんご》したのである。

月舟は大乗寺に九年間住職した。そのあとを受けた卍山は一二年住持した。このことについて卍山は「わしは業の深い人間で、大乗寺に一二年も住職した。師匠の月祖は九年間だが、それでも師匠は住職が長すぎた。早く隠居したいと言っておられた。しかるにわしは師匠より三年も長く住職したが相すまぬことをした」と述懐している。

卍山七九歳のとき、霊元太上皇がつとに卍山の高風を聞こしめして、宮中に参内《さんだい》して法筵《ほうえん》を開くことを命ぜられたのである。しかし卍山は有難いおぼしめしではあるけれども、病中だからという理由で固辞した。上皇は非常に惜しまれて純綿布一疋《いっぴき》を賜った。

宝永五年（一七〇八）六月、卍山は突然倒れたのである。無病の病という病だから薬はいらぬと言って飲まなかった。八月になってますます衰弱が加わったので弟子らに遺言をした。

「わしの死後は弟子だけ集まって葬儀をしたらよい。多数の者を煩わしてはならぬ。全身を鷹峰庵に入塔せよ。また忌辰《きしん》の法会《ほうえ》は一汁一菜を供えたらよい。昨夜、歌を作った――、

露の身の消ゆるまつまに思いきや　今宵の月に照らされんとは」

と口ずさみ、一九日未明に起きて坐禅をした。そして「汝らよ、努力せよ」と言い終わって入寂した、時に八〇歳である。塔を復古塔という。寺を開くこと八ヶ所、弟子をうること三〇人、鷹祖、復古老人と尊称せられるのである。

四、孫を呼び捨てにするな――明州・密山和尚

卍山終焉の地、洛北源光庵には開山卍山道白和尚の木像がおまつりしてある。この木像は卍山が五九歳（大乗寺を退院して三年目）のとき、弟子たちが開山像として造ったものである。これは月舟七六歳のとき卍山が月祖の寿像を造り、月舟の開山である宇治田原の禅定寺《ぜんじょうじ》に安置した例にならったものである。月舟は七九歳で示寂したから月舟・卍山の木像は生前の寿像である。これを拝観してみると、なるほど卍山の若いときのお姿である。一見したところ、おとなしい尼さまふうに見える、しかし眉宇《びう》寛大、眼元口元に凜気《りんき》が溢《あふ》れている。そして行持綿密の家風が全体にみちている有難い尊像である。

卍山が大乗寺を退いて摂津（大阪府）興禅寺に隠棲した年の秋に、月舟は宇治田原禅定寺を卍山に譲って、自分は興禅寺に入った、いわゆる交代したのである。これは月舟が卍山を禅定寺二世にすえるためにワザワザ入替したのである、いかに月舟が卍山を信頼していたかがうかがわれる。住すること三年、月舟は七八歳の高齢になり老衰の色が濃くなってきた。そこで興禅寺は山中であるから療養に不便だというので、月舟を禅定寺に再請して卍山は洛北に源光庵を開いて退いたのである。月舟は大いに喜んで禅定寺に還った、そして「老僧身心ともに疲労す、残庚（年齢）久しからず、この地は老僧終焉の処なり」と言って、大いに喜んだのである（その翌年正月一〇日、月舟は示《じ》

寂《じゃく》した。七九歳）。年からいえば月舟と卍山は一七しか違いはないのであるけれども、師資の仲の親密さはかくのごとく美しいものであった。

　大乗寺は卍山の後住《ごじゅう》は徳翁《とくおう》であったが、実際の後住は卍山の弟子明州珠心《みんじゅうしゅしん》（一六三六〜一七一四）である。大乗寺はもと城下にあった、ために騒々しくて修行道場としては不適当である、そこで明州は城外の長坂（現在地）に遷《うつ》した。このために明州は勧化僧《かんげそう》となり遠く関東まで足をのばして、浄財を集めて伽藍を新築したのである。明州の後席は弟子の密山道顕《みっさんどうけん》（一六五二〜一七三六）だが、これは師匠の代だけでは寺門が完備しなかったので、明州は弟子にそのことを命じたのである。ために密山は東北地方を勧化してまわり、大乗寺に仏殿、三門等を建立して山門の威容を整えた。

　卍山が洛北源光庵で病勢頓《とみ》に悪化していることを聞いた密山は、お見舞いに馳《は》せ参じた。これは大乗寺住職としてではなく卍山の孫弟子という意味で、黒衣《こくえ》を着て伴僧なしでお伺いしたのである。病床に侍していた弟子らが何気なく「密山が参りました」と言った。聞いていた卍山は「密山和尚は大乗寺住職だ。お前らが呼び捨てにすることはならぬ」と言ってたしなめたのである。年は六四の密山ではあるけれども、法の上からは卍山の孫だというので、かく呼んだのであろう。それを咎《とが》めたところに卍山の細かい行持綿密な家風があるのである。というわけは当時、三禅師といわれ、永平・総持・大乗の三ヶ寺住職は、和尚と呼ばずに禅師と尊称することが慣例になっていたからである。

密山は元禄一二年（一六九九）から宝永六年（一七〇九）まで九ヶ年、大乗寺に住職した。だから師匠明州の残した仕事を完成して、七堂伽藍の完備した大乗寺に仕上げたのである、けれども自分に中興の呼称を絶対に許さなかった。大乗寺を退いた密山は五ヶ所に寺をひらいて開山となった、なかでも河内（大阪府）の大黒寺は大黒さまをまつった寺として有名である。世寿八五、法﨟《はっす》五七員、学者であり禅定力があり、特に字が上手で扁額の名手といわれた名僧である。

五、ノラキンジの穴

洞門に「規矩大乗《きくだいじょう》」という言葉がある。宗門行持《ぎょうじ》のやり方は大乗寺流が正しい、大乗寺が規矩の手本であるという意味である。それは月舟が大乗寺に出世してはじめて「雲堂常規」を作って天下に号令し、月舟の後席に出た卍山は『椙樹林清規《しょうじゅりんしんぎ》』二巻を編集して叢林《そうりん》の清規を完成した。この清規は卍山が月舟の旨を受けて、五山十刹の図及び諸家の清規を参酌し、自ら実際問題について工夫研究して大成したものである。いわば月卍合作の著だ。『椙樹林清規』は禅門に清規らしいもののなかった時代であるから、諸山が豁目《かつもく》してこれを写しとって宗門行持の規範にしたのである。——大乗寺は詳しくは東香山金獅峰椙樹林大乗護国禅寺という。椙は杉の国字。

加賀金沢大乗寺は、弘長三年（一二六三。北条長時の時代）富樫家が創建して澄海阿闍梨《あじゃり》を請した。ところが澄海は正応二年（一二八八）永平三代の徹通禅師に帰崇して、禅師を請して開山としたので密院が禅寺に変わったのである。観応二年（一三五一）、足利尊氏の祈願所となり、また後柏原天皇（足利一一代義澄の時代）の祈願所となった。もと加賀国石川郡富樫村にあったが、明徳四年（一三九四。足利三代義満の時代）に火災に罹《かか》ったので金沢市に再建した。それを元禄一四年（一七〇一）卍山の弟子明州が、市外長坂の現住地に遷したのである。昔から名僧が住持に請せられていたが、月舟・卍山らの偉僧が出世して以来は、復古の道場として天下に威をふるい、両本山と対等の勢力を持つ大寺になったのである。ために天下の雲水は一度は大乗寺の僧堂を踏まねば、一人前ではないように言われたものである。

大乗寺の法堂《はっとう》には「ノラキンジの穴」というのがある。これは大悲心陀羅尼経《だいひしんだらにきょう》（大悲咒《だいひしゅ》）で殿行《でんなん》が回向双紙《えこうぞうし》を出すときに、大乗寺流は「ノラキンジ」のところで磬子《けいす》を打って殿行が内陣から大間に一歩踏み出したのである、これに対して永平寺流は「チリシュニノー」で出た。規矩大乗といわれるだけあって、大乗寺の法堂は非常にやかましいものであった。いずれの殿行が三宝をもって踏み出しても、必ず同じ畳の同じ場所に足をつけたのである。しかも大乗寺は内陣が一段低いのであるから、一歩上って大間に出ることになる。自然に足に力が入る。そんなわけで法堂西側の畳に殿行の足跡の穴が開いたのである。それならばノラキンジの穴でなくても殿行の足穴といえばよさそうなものであるが、昔のお経は大悲咒が主なものであったから、ノラキンジで殿行は練習したのである。それで俗称をノラキンジの穴というようになった。

昔は法堂殿行の配役を受けることは、雲水にとっては名誉であり出世であった、安居五年以上にして操行綿密の者にこの役を仰せつけたのである。ひとたびこの役を受けたらさあ大変である、一ヶ月ぐらいは猛練習をさせられた。まず自然に立ち自然に坐ること、歩くとき足袋の裏を出さぬこと、二本の足を一本調子にして真っすぐに間隔をあけずに小走りに歩くこと、腰から上は手以外は動かさぬこと、畳一枚を六歩に、あるいは七歩、あるいは八歩に自由に歩けること。これは普通は五歩で歩くのであるけれども、三宝は六歩、見台は七歩、警策巡香《きょうさくじゅんこう》は八歩というように決められているのである。だから殿行は手に持つ品物によって、歩く歩数が変わるのである。すべて水の上を歩くようにして、足跡のつかぬ歩き方をせよと殿行頭が教える。ぐずぐずしていると向脛《むこうずね》を警策で払われる、殿行の習いかけには足の裏が腫《は》れあがったといわれている。

今の若い者にはこんな経験はないから昔話のようなことである。能狂言の歩行は法堂殿行の歩行を真似たもので、波に千鳥という歩き方である。青畳の上を左右の白足袋足が交互に飛ぶようにして進行して行くさまを、海原の千鳥にたとえたのである。

第八章　梅峰竺信《ばいほうじくしん》和尚

卍山《まんざん》の壮年時代からの大願であった面授嗣法《めんじゅしほう》、一師印証（嗣書を授かる師匠は一代に一師）は、興聖寺《こうしょうじ》梅峰の熱烈な荷担によって成就したのである。元禄一三年（一七〇〇）春、卍山・梅峰の二人は手を携えて江戸に向かった。そして足かけ四年間苦労して元禄一六年夏、ようやくこの大業がなったのである。曹洞宗の伝法を眼蔵嗣書の教えに復古したのであるから、両老の業績は偉大なりといわねばならぬ。

梅峰（一六三三〜一七〇七）は大阪城下の人である。三歳で屏風の字を読んだという、八歳のとき漢塾に学び、一一歳、播州（兵庫県）別所安養寺の長屋《ちょうおく》について得度した。一五歳、南都に出て経論を研鑽したが、感ずるところがあって宇治興聖寺の万安《ばんなん》に参得したのである。万安は洞上《とうじょう》中興第一祖といわれ、興聖寺を再興して永平の家風を宣揚した豪僧である（会下《えか》から懶禅《らいぜん》・鉄心・龍《りゅう》蟠《ばん》・月舟らの傑物を打出《たしゅつ》した）。

梅峰はその後、関東に遊んだが、有力の人が見つからないので後がえりして懶禅についた。懶禅は山崎に廃庵をおこして不言庵と称して隠棲していた。懶禅の指示で興聖現住龍蟠に師事し、それより朝参暮請《ちょうさんぼしょう》おこたらず、大いにつとめたのである。ある日、龍蟠に問答した。

「和尚久しく新豊古曲《しんぽうこきょく》（洞山大師が新豊山にて作った七言の古体詩・五位説）を唱う、還《かえ》って会中《えちゅう》に和するものありや」

「ウン、あるぞ、軒の雨滴声だ」

「案外同調する者は少ないようですね」

「梅峰、お前一曲唱和してみよ」

すると梅峰は坐禅した、これを見た龍蟠はうなずいた。坐禅は古曲であり、また新豊でもある。一切のお経は坐禅と唱和しているからである。また次の日に龍蟠が問うた。

「趙州《じょうしゅう》和尚はわらじを頭にのせて僧堂を出た、すると猫の命が助かったというが（南泉斬猫《なんせんざんみょう》公案）、梅峰お前だったらどうするか」

「鉄牛が黄金の角を戴いています」

「そうか、龍蟠はそうではないぞ」

「和尚の尊意如何」

すると龍蟠は持っていたうちわを頭上にのせたのである。これを見た梅峰は、

「やっぱり鉄牛が黄金を戴いていますよ」と。

龍蟠は大いに喜んで「できた、できた」と言った。梅峰がお礼の礼拝をすると「梅峰、梅子熟せり」と印可した、ついに龍蟠の法を嗣《つ》いだのである。仏性《ぶっしょう》の上からいえばわらじも仏性、うちわも仏性、猫も仏性、鉄牛も仏性、黄金角も仏性、都盧《とろ》平等に仏性の全体現成《げんじょう》であることを証得したのである。

播州田中の護生寺で長老となり、のち北陸に遊びまた播州安養寺に帰った。長屋は大いに喜んで迎えて早速、住職にした。のち但馬（兵庫県）豊岡養源寺に昇住した、豊岡城主京極は梅峰の徳を慕い外護《げご》を厚くした。四三歳、永井氏の請に応じて宇治興聖寺に住したのである。住すること八年、五一歳春、興聖寺を退院して墨江（大阪府）臨南寺に隠居した。五四歳秋、水戸黄門が遥かに梅峰の徳を聞いて耕山寺（茨城県）に請した。梅峰はやむことを得ず水戸に行ったが居すること三年、病と称して耕山を辞したのである。

梅峰竺信和尚書「鉄一団」（愛知県・花井寺蔵）

梅峰は臨南寺にあって、曹洞宗の院によって嗣法を替えている現状を嘆き、この宗弊を改革せんとして、ひそかに機の熟するのを待っていたのである。そして鷹峰源光庵の卍山と計り、ついに元禄一三年春、二人は江戸に出発した。それより前に梅峰は『洞門劇譚』を著して、改革の急なることを述べている。また元禄一六年に官裁が下ってからも、大和（奈良県）興禅寺にあって『林丘客話』を著して革弊解惑《かくへいかいわく》を説いているのである。宝永四年（一七〇七）七五歳秋、あらかじめ棺を作り自ら入ってみて「よしよし」と言った。筆を求めて「古渡人なし、白雲自在」と遺偈《ゆいげ》を書き終わって一一月一九日、眠るがごとく坐化《ざけ》した。興禅寺に全身入塔し、塔を霊源と名づけたのである（丹後正印寺、因幡多聞寺開山）。

第九章　徳翁良高《とくおうりょうこう》和尚

一、上堂がたたる

梅峰《ばいほう》・卍山《まんざん》二師の一師印証、面授嗣法を側面から援助した人に西来寺徳翁良高（一六四九～一七〇九）がある。徳翁は元禄四年（一六九一）春二月、先住卍山道白の推薦を受けて大乗寺に晋住《しんじゅう》（四三歳）し、同年三月五日、祝国開堂の式典をあげた。時に海衆一五〇〇人、法席の盛んなることは比類なく秋には大満衆になって、雲衲《うんのう》を入れる余地がまったくなくなった、住すること五年。

元禄八年（四七歳）春三月、月舟《げっしゅう》（七八歳）老人が久しぶりに宇治田原の禅定寺《ぜんじょうじ》に帰った。愚《ぐ》白《はく》・卍山・徳翁等の弟子にかこまれて月舟は大満悦であった。「老僧身心はなはだ疲労す、余齢久しからず、今日の一会《いちえ》ははなはだ希有《けう》」と言って後事を托したのである。それは各々の寺の規約の遵守を命じたのである。したがって大乗寺の移転について徳翁に遺嘱《ゆいしょく》があった。

当時の大乗寺は金沢城の近くにあって、修行の道場としては適地ではなかった。だからもっと町を離れた閑寂の地に寺を遷《うつ》したがよいと、かねがね月舟は言っていた。この思いが通じたのであろう同年六月に藩主から城南の勝地を与えるから、寺をそこに移転してはという内示があったのである。徳翁は大いに喜んで、これこそ月舟老人の思わく通りになったと歓喜して、即日喜びの上堂式をあげ、翌日は城中にまかり出て藩主に恩を謝したのである。大乗寺は金沢市にあったために、しばしば兵火に焼かれて、地を遷すこと再三におよんでいる、ために境内もせまい。だから月舟・卍山らも住持中に寺の移転を願い出たが許されなかったのである。二、三代前からの懸案が実現したのであるから、徳翁の喜びははかりしれぬものがあった。早速、雲衲をつれて城南の移転地に合宿した。徳翁は自ら山野のいばらを刈り、石を引き土を運んで整地作業を始めた（現在の大乗寺の境内地）。一方、道俗に呼びかけて、伽藍建立の勧募を始めたのである。

好事魔多し、徳翁はその翌年二月には大乗寺を隠退せねばならぬことになった。すなわち元禄九年正月、月舟は七九歳で示寂《じじゃく》したので、その葬儀を如法に修して、二月一日に退院したのである。そのときの偈《げ》に「錯々々《さくさくさく》、六年間の夢怨債を結ぶ。春風一陣たちまちふいて醒《さ》む。拄杖子《しゅじょうす》なんぞ嶺石によらんや」と心中をうたっている。大乗寺を退いた徳翁（四八歳）は弟子睡翁をつれて禅定寺に行き、月舟の師塔に礼謝した。さらに京都洛北の鷹峰に登り、師兄《すひん》卍山老に陳謝した。そして九月、備陽（岡山県）の西来寺に入ったのである。

大乗寺移転ではずみきっていた徳翁がなぜ急に退院したのであろうか。また大乗寺聯芳志《れんぽうし》には徳翁は脱牌《だっぱい》になっている、つまり寺の世代数に加えてないのである。「徳翁和尚は大乗に住すること六年、しかれども事によって退院す。末山檀越《だんのつ》衆議の結果、住持数に数えないことにした。けだし故あるなり」とある。

このことについては宗門内にいろいろ取り沙汰せられている、それについて筆者の思うところを言ってみよう。当時の宗制は伽藍法時代であるから、現住は先住の弟子ということになる。だから大乗寺先住は卍山であるから、徳翁は卍山の弟子ということになる。しかし徳翁は月舟の嗣法をしているから卍山とは実は兄弟である。月舟も卍山も院によって法を替えることは違法である、と言って大いに時弊を嘆いていたのである、徳翁も卍山らと同感であった。それで大乗寺の移転地をもらった喜びの上堂に、本師月舟大和尚と呼称したのである。これを聞いた小人どもらが「徳翁は宗制を破った、少なくとも大乗寺住持中は本師は先住の卍山であり、月舟ではない」と、いきりたってつめよったのである。これは小人らの奸策にのせられて、徳翁が本師月舟大和尚に嗣承香《しじょうこう》を焚《た》いたのであろう。ために天下大僧録にせめられ、また末山の者どもにやんやん言われたのである。このために大乗寺移転工事は整地さえ未完成

徳翁良高和尚頂相（静岡県・旭伝院蔵）

のまま退院したのである。このあとを受けた大乗二八世明州《みんじゅう》（卍山の弟子）が土木工事を完成して伽藍の建立にかかり、次の二九世密山（明州の弟子）が伽藍を完成したのであった。

元禄一六年（一七〇三）七月、幕府は梅峰・卍山二師の訴願について、永平・総持・関三刹大僧録および洞門の大寺院住職を官に呼んで、一師印証について飛騨守が取り調べたとき、初めは可否相半ばして官は判断に苦しんだということであるから、当時は伽藍法礼讃者がいかに多かったかということがうかがわれる。したがって徳翁が一存で、一師印証の所信を上堂という公式の式場で演じたことについて、相当の激しい非難を受けたことは想像せられるのである。

昔は嗣承香は一代に一回しか焚かぬことになっていた。わしはこれ以上出世しない、栄転しないという見通しがついたとき、つまり最後の住職地での晋山《しんさん》上堂に焚いたものだ。また梅峰・卍山らの一師印証は元禄一六年に幕府から裁可になったのであるから、元禄八年の上堂で徳翁が一師印証を表明したことは少し早すぎたのである。

二、二兎を追うな

徳翁は字は道山という。父は野州（栃木県）宇都宮の出身であるが江戸に在住していたので、徳翁は慶安二年（一六四九）に江府（江戸）で生まれた——この年に面山の師、損翁《そんのう》誕生。一一歳の夏六月に父を失なったので、母は赤坂盛徳寺の傍に移住した。徳翁は僧侶の姿に心をひかれていたので、母の許しをえて一三歳、駒込吉祥寺離北良重《りょうじゅう》の童子となって余暇に経文をならった。そして一五歳春、四月八日の仏誕日を期して祝髪して、名を良高と改めたのである。一七歳、盛徳寺で禅者の維摩経《ゆいまきょう》の講義を聞いて、はじめて出家ということの意味がわかったという。さらに「父母《ふぼ》未生以前《しょういぜん》」の話に参じて坐禅した。二一歳八月、品川海雲寺で黄檗鉄眼の楞厳経《りょうごんきょう》を聴いた、聴衆一〇〇〇人余という盛会であった。秋に寂川禅人とともに遠州（静岡県）の初山に登って、独湛《どくたん》に一冬師事したのである。

独湛は中国福建省の人で、隠元について坐禅して印可を受け、のち隠元と一緒に来朝した。隠元が宇治黄檗山に開堂したときには、独湛は西堂に任ぜられて隠元の化を助けたのである。のち語石居士の請に応じて、遠州の初山を開き宝林寺開山となった。独湛は禅のかたわら浄土教を修して日に阿弥陀経四八巻を誦《じゅ》し、弥陀礼仏三〇〇返、常に弥陀仏号を持して死に至るまでやめなかった、ために念仏独湛といわれている。また『作福念仏図説』等の著述がある。宝永三年（一七〇六）正月二四日、「昨夜浄土に神遊す」と言って西方を礼すること一一拝、そして二六日に面西し念仏を称えながら七九歳で入寂した。

独湛は二七歳で入朝して隠元を助け、三六歳で宇治黄檗山の西堂職にあてられたのであるから傑物である。五五歳、請に応じて黄檗山の四世となり、一一年間在住して接衆につとめた。遠州初山は彼が三七歳の年に開いた道場である。徳翁はこの影響を受けた人であるから、禅者でありながら最後の寂滅にいたって弟子らに念仏を称《とな》えさしたのである。修行の出発点、最初の師家《しけ》というものが、いかにその人に深い印象を与えるものであるかということをしみじみと感ずるのである。

徳翁二二歳の春、黄檗山にいたり隠元を礼し、さらに堂頭《どうちょう》木庵《もくあん》の戒会《かいえ》についたのち摂津天王寺快円律師の梵網経《ぼんもうきょう》の講義を聴いた。墨江（大阪府）興禅寺に月舟を礼して教えを乞い、泉南（大阪府）の陰凉寺に鉄心をたずねて禅要を聞いた。鉄心の懇情によって一冬を掛錫《かしゃく》（安居《あんご》）して参究したのである。二五歳二月、江府（江戸）大慈庵に潮音道海（木庵の弟子）をたずねて師事した。たまたま潮音が戒会を修するあたって、徳翁は引請師《いんじょうし》（直壇《じきだん》）を命ぜられた。戒会衆一〇〇〇人、その雑踏におどろき、かつ坐禅のつとまらぬことをいとうた。この冬、無字の公案に参じた。一夜、おぼえず無々と叫んで通身から汗を流した、胸中朗々として雲が開けたような気がしたのである。すぐに潮音に所解を呈したが、潮音は百尺竿頭《ひゃくしゃくかんとう》に坐する底《てい》の者として許さなかった。そこで寝食を忘れて工夫した。一夜、聖僧《しょうそう》前に長跪《ちょうき》して手に線香をはさみ三昧に入った、香の火が指頭にふれて「アッ」と思った拍子に、従来の疑滞がとけたのである。

二七歳の秋、月舟老人が加賀大乗寺に住して化《け》の盛んなることを聞いたので、急いで月舟のもとに行った。おること二年、月舟は「お前は曹洞と黄檗に参じているが、もとを正せば源は曹洞宗である。洞宗で得度したのだから、うろうろするな」と注意をされたのである。月舟のやり方は隠密禅である、独湛や潮音のように激しい室内ではなかったので、徳翁にとっては何となくものたらぬ思いがしたのであろう、徳翁は月舟のもとを去って武州（神奈川県）の一庵にかくれて終日兀坐《こつざ》していたのであるが、三二歳秋、濃州（岐阜県）智勝寺で秉払《ひんぽつ》した。三三歳、駒込吉祥寺で衆のために『碧巌集《へきがんしゅう》』を講じた。この冬、潮音を江府の真光庵にたずねた、潮音は大いに喜び終日清談した。潮音いわく「汝は縁が洞宗にあるから、洞家にあって宗風を一興せよ」と。三五歳正月、月舟を三たび禅定寺に礼した、ついに月舟の室に入り伝法したのである。この年五月に母を失い、七月に受《じゅ》業師《ごうし》良重の遷化にあったので、法華経を一字一礼して写経してその冥福を祈った。

四一歳夏、下総《しもうさ》（千葉県）正泉寺から備中（岡山県）定林寺に昇住。新たに僧堂を建て、永祖・瑩祖の二規を遵行《じゅんこう》した。雲衲一〇〇〇衆、入室請益《にっしつしんえき》が盛んであった。かくして翌々年には卍山のあとを受けて大乗寺に出世したのである。

三、雉《きじ》の鳴き声

徳翁の開山所西来寺は、元禄一〇年（一六九七。四九歳）夏、現在の地、岡山県新見市新見に移遷した。そして五〇歳の夏に大殿・庫院《くいん》を建立して、月舟を開祖とし自らは二世となった。大乗寺を退いた徳翁は西来寺を根拠として、その後は遊化応請《ゆけおうしょう》の身となった。五一歳、備後（広島県）法雲寺の西堂となった。清衆《せいしゅ》八〇余員という。五三歳、駒込吉祥寺学侶のために戒師となった、戒弟道俗六〇〇〇余という大戒会である。ちょうど梅峰・卍山らが江戸に上った当時であったので、二師に面接してその労をねぎらったのである。

一旦、西来寺に帰ったが、五四歳、四国にわたり化をしいた。その後、伯耆《ほうき》（鳥取県）に遊び、ふたたび江戸に出て駒込喜雲寺の戒師となった。五五歳、この年が元禄一六年（一七〇三）である。幕府が一師印証について裁断を下さんとして洞門の名僧を呼んで調べていたので、徳翁は杉並高円寺・鳳林寺に仮寓して卍山らの訴願に大いに荷担したのである。ついに八月七日に裁断が下ったので、徳翁は喜んで梅峰・卍山らとともに幕府にお礼を言上した。そして『護法明鑑』を著して、このことを記したのである。

その後、越後（新潟県）雲洞庵に遊び、さらに種月寺に南英謙宗の塔を礼し、佐渡にわたり戒会を開いた。帰途、越後天樹寺の請によって戒師となった、このときの稟戒《ぼんかい》四衆一〇〇〇余員という。さらに奥羽地方に遊び、白河を経て日光山に登った。そして信州（長野県）に出で松本で冬を過ごし、信州で二ヶ所戒会を開いて今度は伊勢参りをした。かくのごとく諸国の名勝、高僧の遺跡をたずね、いたるところで戒会を開いて回国すること五年におよんだ。

宝永六年（一七〇九）、六一歳春正月、身体に浮腫ができて勢力が衰えかけた、ひそかに死期を告げたのである。しかし身は作州（岡山県）にあったので正月一七日に法華山に登り、姫路をすぎて玉島に帰った。緇素《しそ》道俗が医薬を勧めたけれども、これを斥《しりぞ》けてしまった。そして坐禅端坐して見舞客に応待していた。暇があれば経文を読誦《どくじゅ》し、つかれると横臥した。二月六日いよいよ命の迫ることを知って、弟子を集めて遺誡《ゆいかい》した。

「わが宗、古来兄弟《ひんでい》の座位はあるいは戒臘《かいろう》、あるいは瑞世《ずいせ》の前後、あるいは支派の尊卑、寺院の格式等をいうて論がたえない。これはかえって不和のもとである。わが弟子は嗣法の遅速をいわず、ただ時宜に随え。時弊に堕せず大法を以って念となせ。常に和合僧に住して道義を失わず、これらに反する者はわが徒にあらず。至嘱《ししょく》々々、われ一生世事に管せず、唯だ法のために心を尽くすのみ。汝らよく護念せよ、わが滅後は亡僧の例にならって葬儀をいたせ」

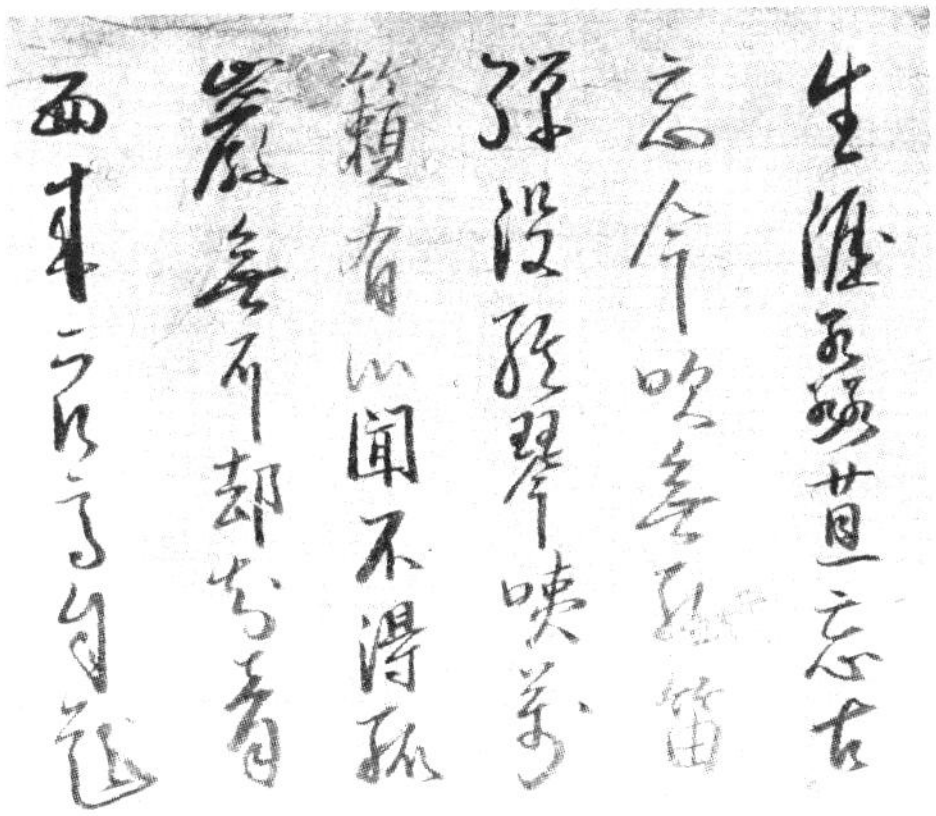

徳翁良高和尚書（静岡県・旭伝院蔵）

かく遺言して三尊仏前において、自ら経咒《きょうしゅ》を唱え左右に唱和せしめた。徳翁、自作の願文《がんもん》を唱えて、いわく「沙門良高、一生なすところの悪業《あくごう》を仏前に懺悔す。また一生修するところの微善をもって西方浄刹《じょうせつ》に回向す。ただ願くは大慈大悲の加被力《かびりき》を蒙《こうむ》って悪趣に堕せず、速やかに本願力に乗じて早く平生の志を遂げん。臨終正念決定《しょうねんけつじょう》往生、還《かえ》り来たって世間一切衆を度《ど》せん」、終わって寝についた。七日朝、目を覚まして端坐した、弟子らが末期《まつご》の句を求めた。徳翁いわく「老僧、平生諸人に示すところ、さらに何の句かあらん」

と筆を擲《す》てた。しかし左右の者がしきりに求めるので、やむなく筆をとり「大地山河、一堆塵埃《いったいのじんあい》、今日消尽、分明無跡」と鮮やかに書いたのである。

早朝に円通寺境内に雉《きじ》が飛び来たって、しかも徳翁の病室の軒に近づいて三声鳴いた。側近の者は顔を見合わせてあやしんだ。というわけは備中（岡山県）湯川寺《ゆせんじ》境内には昔から雉は来なかったが、開山玄賓僧都《げんぴんそうず》は「わが再来のとき、必ず雉が飛んで来る」と遺言していた。徳翁が定林寺に住して、たまたま湯川寺に遊んだとき、たくさんの雉が来たので村人は驚き、かつ恐れて徳翁は玄賓の再来だと言ったのである。玉島円通寺には雉は来なかったのであるが、今、徳翁の末期にあたってやって来たのであるから一同奇異に感じたのである。

徳翁は兀坐《ごつざ》していたが、ぱちりと目を開いて、左右をかえりみて「今、何時ごろかな」と聞いた。「ハイ、午前一〇時であります」。しばらくしてまた眼を見開いて一同を見まわした。眼をつむると同時に息を引いたのである。村人がかけつけて「今、お寺の屋根上に白い一条の光線が上がった。これは徳翁さまが遷化《せんげ》なすったのだ」と口々に言いながら集まってきた。龕《がん》を留めること三日、火葬にして西来・円通・玉泉の各開山所に納骨したのである。『徳翁和尚年譜』出版については、百余人の道俗が寄進している。もって、いかに応化《おうけ》の殷盛《いんせい》であったこと、その徳望の高かったことがわかるのである（ちなみに徳翁派を西来下という）。

第十章　損翁《そんのう》宗益《しゅうえき》和尚

一、心経は辛経なり

洞上《とうじょう》の宗統復古と眼蔵参研を鼓吹《こすい》して、月舟《げっしゅう》・卍山《まんざん》に協力した人に損翁宗益（一六四九〜一七〇五）がある。損翁は月舟に随侍《ずいじ》して卍山と同参ではあるが、卍山より年は一回り小さかった。損翁は出羽国（山形県）米沢の人で家は代々医者であった。慶安二年（一六四九。徳川三代家光の時代）に生まれた（慶安元年には天桂伝尊が生まれている）。眼に重瞳《ちょうどう》があった、このことは後代まで伝えられて損翁の画像は重瞳である。重瞳の者は人相学の上から傑出した人物になるといわれている。一二歳、同国禅林寺蘭洲について薙髪《ちはつ》した（損翁六歳のとき興聖万安遷化《ばんなんせんげ》）。蘭洲は坐禅をこのみ、衆のために参禅の工夫を垂誡することとしばしばであったから、損翁も自然に坐禅に親しむようになった。しかし蘭洲は正師《しょうし》につかず独禅であったから、禅の内容が空莫《くうばく》としていた。

当時、宇治黄檗山《おうばくさん》に隠元《いんげん》が出世して（損翁一三歳）、黄檗禅を盛んに説いていたのである。蘭洲はこれに魅惑せられて黄檗山に走り、衣を改めたのである。蘭洲は一四歳の豆小僧損翁も宇治につれてゆくつもりであった、ところがこの豆小僧はしっかりしていて、師匠の命に従わなかったのである。永祖《えいそ》道元さまの衣鉢《えはつ》をつけた以上は、勝手に法を替えることはできないという信念であった。当時は永平の宗風は地を払い禅がなくなっていたので、洞宗僧の黄檗禅に鞍替えする者が数多くあったのである。師匠においてけぼりをくった損翁は一六歳、同国館山寺の要山に師事した。時に寛文四年（一六六四）である――淀川の船中で卍山・公慶・鉄眼等が出家の誓願を語り合った年だ。

館山寺の衆僧が損翁の智慧をためしてみようと思い、一日、彼に般若心経の講釈をやらせた。日ごろ怜悧といわれる損翁小僧も、これには頭を下げるだろうと思っていたところが、彼は承知したのである。いわく「よろしい、およばずながら講釈いたします。だが下調べをしますから明朝までお待ち下さい」と返事をした。さてどうするのかと衆僧の方が心配していた。翌朝大衆《だいしゅ》の前に着坐した損翁はエヘンと咳払いして、「心経とは真経なり、信経なり。小僧にとって心経の講釈は辛経である。さて摩訶とは般若なり、般若とは心なり、心とは経なり、観自在菩薩は深行なり、深行は波羅蜜なり、波羅蜜は五蘊《ごうん》なり、五蘊は色なり、色は空なり云々」と弁説流るるがごとく、少しもおくするところなしにサラサラとやってのけたのである。これには聴いていた大衆が呆然《ぼうぜん》としてしまい、その深智におそれをなしたのである。

一九歳、江戸に遊学して、鉄眼の楞厳経《りょうごんきょう》の講義を聴いて大いに啓発するところがあった。生母が廃寺を復興する話を聞いて、急いで故郷に帰り母を助けて大いに土木工事に励んだ。昼は土工となって汗を流し、夜は母の臥床につかえて暑いときには団扇《うちわ》で母の眠るまであおいだ。そして夜中ひとり外に出て、岩石の上または樹下に坐禅して暁にいたることがしばしばであった。ある夜、空中に笛の声を聞いて豁然《かつねん》として大事を悟ったのである。

二五歳、最上の寺で禅戒会《ぜんかいえ》があることを聞いて戒を受けた。爾来《じらい》、十重禁戒《じゅうじゅうきんかい》を文字通りに厳守して持戒堅固であった。しかし自分の契悟《かいご》に対して証明してくれる師匠がないので、悟りをかついで諸方の知識をたずねまわった。だが一人として批判し、または印可してくれる師家《しけ》がなかったのである。「あぁ曹洞宗も末法になった。オレの大事発明について、是不是を言うてくれるお師家さまを探しているのに、一人も見つからないとは情けない曹洞宗になったものだ。しかしながら広い宗門だから、どこかに名師家がござるであろう」と、半ば失望しながら東北道から関東を歩きまわった。たまたま上州路（群馬県）にさしかかったとき、ある僧から加賀国（石川県）大乗寺に月舟宗胡《げっしゅうそうこ》という名僧が出世して、盛んに永平の家風を吹唱《すいしょう》しているという話を聞いたのである。これこそ仏祖の照鑑であると小躍りして喜んだ損翁は、急いで北陸路に足

損翁宗益和尚像（『曹洞宗全書』）

を向けたのである。

二、人形を拝す

月舟に拝謁《はいえつ》した損翁は、この人こそ日ごろ求めていた正師《しょうし》であると感服した。「如何《いかん》がこれ参禅弁道」と問話した。月舟いわく「参禅はすべからく第二念に落在せざらんこと要す」「如何がこれ第二念」と損翁はつっこんで問うた。「汝の日ごろの見解、これ第二念にあらずして何ぞや」と月舟にたたかれたのである。

月舟も若いころ悟りをもち歩いた、それを証明してくれる者がなかった。ようやく丹波（兵庫県）瑞巌寺《ずいがんじ》に万安をたずねて印可を得た。かかる経験のある月舟であったから、損翁の心境を知って悟りをとりあげてしまったのである。損翁は深く月舟に服膺《ふくよう》して、無師独悟を恥じて弁道にこれつとめたのである。ちょうど大乗寺会中《えちゅう》に仙台泰心院可山洞悦《かさんどうえつ》が、西堂職にあって助化《じょけ》していた。可山は万安や龍蟠に師事した人で機峰もするどく、また豪爽な師家であった。損翁は可山に入室して、宗乗について大いに激発をこうむったのである。

損翁は大乗寺僧堂に掛錫《かしゃく》したことを大いに喜んで修行に精進した。自ら指血をしぼって大悲神咒《だいひじんしゅ》を一〇〇返写経し、また掌に油をついで手灯をもやし、臂《ひじ》にて香を焚《た》いて自己の宿業《しゅくごう》の消滅と弁道の増進を観音菩薩に祈願したのである、その勇猛精進と純一の弁道には頭が下がる。損翁は同参と道を歩くとき、決して人の影を踏まなかった。ある人がそのわけを聞くと、彼は「形と影と別にあるのではない。僧はこれ大乗の菩薩僧だ、影だからといって足蹴《あしげ》にはせられぬ」と答えた。この行履《あんり》を聞いた月舟は「損翁こそ、真個の大乗菩薩僧だ。大衆の亀鑑だ」とほめたのである。

延宝八年（一六八〇）秋、月舟（六三歳）は大乗寺を退いて宇治田原禅定寺《ぜんじょうじ》に移った。損翁（三二歳）は月舟に随侍《ずいじ》した。翌年の夏、損翁は正法眼蔵の浄写を発願して、門内の庵室で懸命に筆写三昧にひたっていた。ある日のこと突然、月舟老人が庵室をたずねた、そして展坐具《てんざぐ》して三拝されるのである。驚いた損翁は何さまへのお拝であるかと見れば、そこにほったらかしにしてあったお人形に向かって、月舟が丁寧に三拝しているのである。損翁にはいかに美しい人形であってもそれには用事はない、ただ一生懸命に眼蔵の浄写に専念していた、人形のころんでいることさえ気づかなかったのである。人形は子供の玩具だから粗末にしてもよい、仏像は仏体だから大切にせねばならぬ、という真と俗とが別々になっていた。俗諦《ぞくたい》がすなわち真諦《しんたい》であり、真諦は俗諦のほかにあるのではない。坐禅がすなわち弁道であり、弁道とは発菩提心《ほつぼだいしん》である。眼蔵の浄写という発菩提心が弁道であり参禅である、否な成仏道である、成弁道である。成仏道と浄写とは一枚である。浄写が全仏道であり、尽眼蔵《じんげんぞう》である。

損翁は真俗二諦のかけかねがはじめてはずれたのである、作務《さむ》と弁道とが一枚であることを悟ったのである。月舟のお拝されるのを見て、背中にすっかり冷汗をかいてしまった。思わず立って月舟老人を礼拝した。時に月舟は微笑して「正法眼蔵の浄写、すでに円成《えんじょう》し畢《おわ》んぬ」と言って、自ら損翁の浄写本に「正法眼蔵」と題号を太く書かれたのである。損翁は深く月舟にお詫びを申し上げた。すると月舟は「修行は時期がいたらぬと円熟せぬものじゃ、尊公にしてしかりだ。いわんやその他の者においておやじゃ、聖胎長養《しょうたいちょうよう》せよ」と証明を与えたのである。一二歳の初発心《しょほっしん》から修行に志し身命を賭《と》して苦修練行《くしゅれんぎょう》した損翁は、二〇年間という苦しい歳月を経てはじめて月舟によって真個の印可を得たのである。

三、浄血で建てた仏殿

損翁は三八歳冬、出羽東源寺で立職した。翌年夏、加州大乗寺に卍山をたずね、洞上五位《とうじょうごい》について請益《しんえき》参研した。時に卍山示していわく「損中益あり益中の損、損益兼ね修して道学全《まった》し。ために正偏回互《しょうへんえご》の要を示す、三畳五変ともに幽玄」と。損翁は今日日用の左之右之《さしうし》が五位の幽玄、正偏回互の宛転であることを悟ったのである。ついで仙台泰心院可山の請によって結制随喜《ずいき》に行った、その会《え》で『碧巌録《へきがんろく》』を講じた。洞済の龍象、台密の学僧が集まった、一同は損翁の博学とその弁舌に聞きほれたのである。可山は「久しく奥州の仏法地を払って振わず、これを勃興するの任は損翁長老にあり」と言って大いに喜び、衣法《えほう》を損翁に伝授した。元禄一〇年（一六九七。四九歳）可山の後席に請せられて泰心院に住した。

可山和尚は禅堂を建立して規矩《きく》をたてて雲水の世話をした人だが、いまだ仏殿が完成していなかった。住職の衣資も不足、常住も不如意、檀越《だんのつ》もくたびれていて思うにまかせなかった。損翁は泰心院に住持して以来、師の志をついで仏殿建立を成就しようと思った。そこで法華経八巻を一字一字紙に書いた、墨を用いず自らの指を刺して浄血を出し筆に受けて書いたのである。それを十方の信者に施与していくらかの浄財を集めた。さらに暇をみては法華経の要文をとりあげて開示したのである、かくすることが春から秋まで続けられた。「余の身血は妙法華経なり、法華八万四千の法門は余の八万四千の毛孔《もうく》なり。お前たちがささげてくれた信施は余の身血だ。余は余の身血をそそいで仏殿を建立するのだ」と熱心に説法した、みるみるうちに財施は山をなしたのである。その翌年春、立派に仏殿が落慶した、そして両側に架を設けて一代蔵経を納めた。「円伊殿」の扁額は卍山の書である。

ある年、永祖の報恩講を修した。ちなみに損翁は「わしは仙台泰心院に住持してから十四年になる。この間、隣峰および諸山を見るに永祖のお木像を安置していないお寺がある。それでわしは発願して、毎年報恩講には永祖のお木像を二体新造して慇懃丁重《いんぎんていちょう》に法供養をし、お木像のないお寺に奉安してもらっている。これは僧侶が正法眼蔵に親しまないから、永祖の正伝の仏法の有難さがわからないのである。それでわしはお木像を奉安してもらった寺では、今後毎年開祖の報恩講をしてもらうことに話しているのじゃ。お前たちもわずかなことでもよいから、報恩の行持《ぎょうじ》を心がけるようにしなさい」と示した。もったいないくらいに有難い損翁の報恩行持である。

四、日本の釈迦牟尼仏

損翁、一日垂示して「日本の一向宗や日蓮宗はもと天台から出て天台の本義を失っている。また看話禅《かんなぜん》は、もと達磨の遠裔大慧《えんえいだいえ》から出たのだが達磨の本旨を失ってしまった。末法になると法が弱く魔が強くなる。近世にいたっては我慢強く他を罵り警策《きょうさく》を振りまわして、大声をあげて他を誹謗する者をもって、悟りの見識となしている。これらはまったく達磨大師の壁観坐禅からは遠く離れてしまった。看話のほかに仏々《ぶつぶつ》の要機、祖々の機要あることを知らない。ただ七仏正伝《しちぶつしょうでん》の蒲団上に安坐して身心脱落《しんじんだつらく》をうることは、永祖の正法眼蔵の教えあるのみだ。幸いにして我らはその児孫《じそん》となったことを喜ばねばならぬ」と落涙数行、歓喜して大衆を励ましたのである。面山はことのほか感涙にむせんだのである。

ある日、損翁が仏殿に上殿する途中、衆寮を点検した。すると机の上の『正法眼蔵』弁道話の上に『論語』がのっていた。損翁はすぐさまそれをコツではね落とし、方丈に帰り大衆を集めた。「永祖道元禅師は単なる曹洞宗の開祖ではない、日本に現成《げんじょう》なされた釈迦牟尼仏である。いかに西天の釈迦仏、中国の達磨大師があっても、道元大禅師が日本に生まれられなかったならば、釈迦牟尼仏のご真意、正伝の仏法を嫡伝《てきでん》されることはなかったであろう、と思えば道元禅師こそ日本の釈迦仏であり達磨大師である。その道元禅師のお書きになった正法眼蔵は日本の経典である、釈尊のお経と同価値の眼蔵である。そのものを俗輩の書の下にするとは何ごとか、かかる無道心の者は一刻も泰心院に置くことはできぬから即刻下山せよ」と厳命を下したのである。

机は益光上座のものであった、真っ青になった益光はおろおろしながら維那《いの》和尚にとりすがるのであった。しかし損翁は許さなかった。「下山せよ、そして毎日門前から懺謝に来い。仏祖・歴代祖師・永平高祖に三千拝をせよ」と命じた。言われるままに益光は陳謝三千拝をし、七日目に至ってようやく許されたのである。このことは西有穆山《にしありぼくさん》禅師もやかましかった、それほど古人は正法眼蔵を尊重したのである。

またある僧が「某寺開山大和尚は力量がある、今にいたっても霊験がある。衆僧に不如法の者があると夜中に拄杖《しゅじょう》で打つ、開山の木履には時折り土がついている。それで大衆は開山堂にお参りするときには真剣である」と話していた。これを聞いた損翁は笑って「その開山木像は俗流の邪師だ、野干子《やかんす》だ。なんとなれば自ら開いた功績を未だに忘れず、死後にいたってもその山に執着し、妄識を残して盲蛇の巣窟となった。もし有力の漢が出たならば、その木像をたたきこわして焼いてしまうであろう。お経にいわく有漏《うろ》（煩悩）はもとよりのこと、無漏国中（清浄世界）にも住しない、月華（浄土世界）の影にもいない。直に十方世界に普賢色身《ふげんしきしん》（定・行の姿）を示現する底《てい》が、無上の尊宿の行履《あんり》だ。諸人は誤って頑蛇窟《がんじゃくつ》を礼拝してはならぬぞ」と示誨《じかい》した。これを聞いた甲州の達玄長老は、未曽有《みぞう》の慈誨をこうむり尽未来際《じんみらいさい》魂に銘じますと言って、損翁の膝元に頭をたたきつけて何返も礼拝したのである。

損翁は仙台藩にたのみ斬罪者には乞うて戒名をつけてやった、そして位牌を立てて戒を授けた。落命の日から七日間、大衆に命じて水を供え、昼夜不断に金剛経を読誦《どくじゅ》せしめて冥福を資助《しじょ》し、結願日には添菜《てんさい》して供養した。その戒名は必ず金剛経からとった。いわく如是信士《にょぜしんじ》・我聞《がもん》信士・一時居士・仏在居士等である。損翁いわく「彼らの全身はこれ金剛般若なり、仏智の正体なり、一時般若をくらまして犯罪者になった、可哀相なものじゃ。だから般若をもって般若に回向《えこう》す、あたかも旅人が故郷にかえるがごとし。この功徳によって帰家穏坐《きけおんざ》して仏果を成ずるであろう」と合掌した。有難い篤行《とくぎょう》である。

五、渋くなかった青柿

損翁壮年のころ武蔵（埼玉県）の龍穏寺に掛錫《かしゃく》した。龍穏寺は関三刹の大僧録所で武蔵・信濃・越後・佐渡から中国・九州全般を統治していた。寺が権力をもっていたから雲水もたくさん安居《あんご》していたので、食料は充分でなかった。日に一合のお粥と草餅二個で腹を満たしていた。若い者がこれだけでは満腹感の出ようはずがない、足らぬところは水を飲んで修行せよというのである。

ある日、大衆とともに五里も離れた田舎に遠鉢《えんぱつ》に出かけた。重い袋を首にかけて暗くなってから帰って来た、典座寮《てんぞ》が気をきかして草餅を三個宛添菜《あててんさい》してくれた。夜中目が覚めた、それは小便をもよおしたためではない、お腹が空いて堪えられなくなって目が覚めたのである。人間は満腹すぎると寝苦しくなるものだが、反対に空腹では眠れないのである。損翁は僧堂単《そうどうたん》のかしわ蒲団の中で寝返りをしているけれども、どうしても寝つかれない。時刻を告げる線香の火はどうやら午前一時過ぎである、朝までにはまだまだ時間がある。寝床でゴロゴロしているうちに一案を考えついた、早速、外に出て様子を知っている衆寮前の柿の木に這い上がり、手探りでおよそ十個ばかり柿をもぎ取って懐《ふとこ》ろにして帰った。寝床の中で蒲団をかぶってボリボリと食べたのである。時は八月下旬で柿はまだ青く、しかも本来の渋柿であった。それを渋いとも思わず一息に食べて眠ったのである。

翌朝振鈴《しんれい》前に目を覚ました損翁は、昨夜の狼犯《ろうはん》を隣単の者に見つからぬようにと思い、渋柿のサネを拾い集めて袂《たもと》に入れた。ふと見ればこれはしたり、いくらでも柿のサネがころがっているのである。よく見れば隣単の和尚もその隣の者も口端に渋をためて眠っているのである。さては眠れぬほど空腹を覚えたのはワシ一人ではなかったのか、隣単のよしみに拾ってあげよう。損翁はそこらあたりのサネをきれいに掃除した。外に出てみれば、あわれにも柿の実の大半は昨夜半にもぎ取られていたのであった。

「このような飢渇の苦しい安居を三年五年、ないし七、八年続けて修行して遍参《へんざん》したものである。今時は寮内に白滴（白飯）をたくわえ、あるいはウドン丼を取り寄せて夜食を食べ、師僧、父母から財宝を送らせて暖衣飽食している。にもかかわらず修行道に至っては昔の半文銭にもおよばず、罪過弥天《みてん》、三宝龍天に罰をこうむること必定《ひつじょう》なり。諸人はすべからく反省して脚下を照顧すべし」と、慈誨をたれたのである。

仙台市の富豪、和泉久右衛門が、可山に帰依して一子を出家さした。可山はその子を得度して可益と名づけた。それは自分と損翁宗益の名から一字宛とってつけたのである。可山は泰心院を退院するとき可益を置土産に、後住《ごじゅう》の損翁に譲ったのである。ある日、久右衛門は泰心院の合山大衆《だいしゅ》三〇員を自宅によんで、慇懃に饗応し珍饈《ちんしゅう》を供養した。お斎《とき》が終わってお茶になったとき、主人久右衛門が大衆に挨拶して「本日、諸大徳を私亭にご招待申し上げたのは、ご存じの通り、せがれ可益がお世話になりますので、面倒をみていただきたいために粗飯をさしあげた次第でありますから、今後よろしく可愛がってやっていただきたい」と言ってお辞儀をした。これを聞いた損翁はかたわらの僧をかえりみて「今日のご馳走はうまかった。だがね、最後に鼠の糞を入れたよ」と、笑ったのである。これは久右衛門が子供可愛さのあまりに、いらざる挨拶言葉を言った、あれは余計なことだ、大衆は接待を受けた趣旨はすでに百も承知しているのだ、せっかくの展待《てんたい》が台無しになったという意味である。ものごとに目的をあまりにハッキリさせることは、相手方にかえって不快の念を懐かせる、だから禅門では目的があっての善行は無功徳だというのである。無目的の行、これが本当の菩薩行である。

六、わしの母じゃ

損翁は若いときから生母への孝養をゆるめなかった。できうる限り春秋二回は母をたずねていた。また釈尊の姨母《いぼ》、摩訶波闍波提《まかはじゃはだい》や妻の耶輸陀羅《やしゅだら》が仏について出家した勝躅《しょうちょく》を話して、桑年（四八歳）のころ母に髪を落とさしたのである。そして近くの廃寺を興して母尼をすえたのである。

泰心院に住持してからは、寺内に萱堂《かやどう》を建てて母を呼び姉を侍女におき、自らは朝夕の慰問を怠らなかったのである。あるとき檀徒の特請の説法に出向いて帰りが大変遅くなった、こんなことが数日続いたので母をたずねることができなかった。すると母尼は損翁を呼びつけて戸の内から言った。

「私を養うのが大儀になったのかい。私は毎晩お前がたずねてくれるのを戸を開けて待っているのに」、この言葉を聞いて、損翁は大いに母の慈愛を感じて深くお詫びをした。爾来《じらい》どんなに遅くなって帰ってきても、必ず萱堂の外から「帰りました」と声をかけて、母を安心させたのである。

元禄一三年（一七〇〇）、老母尼は老衰がひどくなってきた、損翁は自ら湯薬を煎じて母にさしあげていた、病人の穢褥《えじょく》（よごれもの）を自ら洗い看護につとめたのである。安居僧で看病と洗浣を師に代って志願する者があったが、損翁はそれを断わった。「わしの母じゃ、お前たちに迷惑をかけてはならぬ」と言い、「赤ん坊のときに大小便を取ってもらって大きくなったのだ。今度はわしが取ってあげるよ」と言って、いやな顔一つせず、病人の気に入るようにつとめていたのである。その翌春、老母尼は九一歳で逝《い》った。出棺には損翁自ら棺をかついだ、これは世尊の父浄飯王《じょうぼんのう》の喪にならったのである。中陰の間は毎朝墓参した、風雨の烈しい日には裸足でお詣りして一日も欠かさなかった。近隣の者は損翁の孝養に感嘆したのである。

老母尼の秉炬師《ひんこし》は仙台輪王寺の珠光老であった。珠光は炬をとって円相を打し、拄杖を一下《いちげ》して「永久や、永久や、是れ女流なりといえども、損翁という子を産みしによって、成仏すること疑いなし、疑いなし」と声を励まして言った、それきりである。しかし維那《いの》和尚は、でも何とか有難い法語の脚の一句なりと出るものと思いだまっていた。すると珠光のいわく「ドンな維那かな、成仏疑いなしというからには、何の言うべきことかあらん、念誦《ねんじゅ》じゃ念誦じゃ」。大衆はふき出しそうになるのをジッとこらえたのである。ちなみに老母尼の戒名は法光院昌室永久尼大姉という。

その後は毎年、母の命日には斎《とき》を設けて冥福を祈った。このとき必ず損翁自ら大衆を請してお拝したのである、侍者が師に代って礼せんとしたが許さなかった。「請法の代拝はある。しかし母子の因縁にまつわる代拝はない」と言って、丁寧に大衆を請したのである。回向のあとでは必ず説法した、これは世尊が忉利天《とうりてん》に昇って母に説法された勝躅《しょうちょく》にならったのである。損翁の法を重じ、母を大切にすることはかくのごとくであった。

珠光は満八〇で輪王寺を退院した。そのとき上堂の白槌師《びゃくついし》は損翁であった。さて上堂が進行していよいよ問答となった。ある僧がとび出して「いかんがこれ退院上堂の一句」と問いかけた。須弥壇上の珠光は拄杖をついて「のけよのけよ、たとい問いあるも答えなし、趙州《じょうしゅう》八〇まさに行脚、虚堂《きどう》八〇ふたたび住山、老僧八〇またそもさん」と言って、右手をあげて大衆を招いていわく「門前に入庵す、諸大衆、四九日にはお茶をのみにござらっしゃれ、ふしておもんみれば衆慈久立珍重」。そして、さっさと下座したのである。大衆はいつものことながら珠光のあどけない所作に微笑を浮かべた。困ったのは白槌師損翁である。槌砧《ついちん》の側によらないうちに〝珍重〟と言い終わるや、珠光は下座して八尺間に向かって退堂してしまったのである。問答もなし、謝語、提綱もない。ほんの拈香だけの退院上堂であった。

七、近い阿弥陀仏

ある僧が来て語っていわく、「極楽世界には二六時中雅楽がかなでられている。穢土《えど》のこの世界とはわけが違って楽しい浄土である、極楽参りをした者を楽しませるために、阿弥陀仏の仏音が変じて楽しい音楽になって聞こえるのだ」と、いかにも見てきたような話をするのである。聞いていた損翁は、

「穢土には極楽以上の雅楽があるよ」

某僧はあきれた顔をして損翁を見上げた。

「古人いわく燕子《えんし》般若を談じ、鶯は法華経を説くと。まだあるよ、雀は朝起きを説き、烏は夕方をつげる。鳩は孝道を説き、松風は法華を説いているぞ」

損翁はさらに、

「地獄の釜の底に咲いた蓮華の花。つまり火焔仏だ。火焔仏が説法するときには三世の諸仏は立《りっ》地聴《ちちょう》なさると、正法眼蔵仏性《ぶっしょう》巻に説いてあるぞ。法界蔵身《ほっかいぞうしん》阿弥陀仏というときは、阿弥陀さんは地獄に来て釜の中で説法しているのだ。極楽に来いというまえに、地獄に出向いて説法してござる。尽十方法界は一つ、阿弥陀仏の現成《げんじょう》のときに、どこに浄土あり、どこに穢土があるのか。お前は遠い浄土のみ知って、近い浄土を知らぬ。もっと手近な修行をしなさいよ」と。

損翁に一本やられたのである。

泰心院の隣りに一向宗の寺があった、そこの住職が損翁をたずねて教えを乞うた。

「人の臨終には必ず阿弥陀仏の来迎ありと我が宗では説いている。ところが、せんだってある智者から質問された。いわく『二人、ないし三、四人同時に息が切れたときに弥陀仏は誰を先にして来迎するや。また先年のごとき流行病にてバタバタ死んだときには、阿弥陀さまは極楽に死人をつれていっている暇があるまい。そのときは極楽はお留守になる』と問うのです」

若い僧は困った顔をしている。

「お前は阿弥陀さまを遠方に見て、極楽と娑婆との橋渡しに見るから面倒になるのだ。お前は一体阿弥陀さまをどうして念じているか」

「ハイ、口で称えております」

「してみると口先三寸に阿弥陀さまはござらっしゃるぞ。『唯心《ゆいしん》の浄土、己身《こしん》の弥陀』という。自己の身心が阿弥陀仏に現成《げんじょう》したときには去来はない、全法界が弥陀の光明で赫々《かっかく》として耀《かがや》きぬいているではないか」

「ではどうしたら阿弥陀仏になれますか」

「南無阿称陀仏に自己の全身心をなげ捨てて阿弥陀仏の懐《ふとこ》ろにとびこめ、そのときに自身他身体無二だ」

損翁は力強く言いきるのである。念仏僧は大いに喜び、爾後《じご》しばしば損翁を訪問して、念仏の要訣を教えてもらったのである。

白蓋《びゃくがい》という老宿が泰心院に宿った。侍僧に言うていわく、「老僧は壮年時代播州（兵庫県）網干《あぼし》の盤珪永琢《ばんけいようたく》和尚（臨済宗の尊宿）に師事した」と。侍僧は盤珪の平常底《へいじょうてい》の仏法をおたずねした、すると老僧は「他なし、ただ不生《ふしょう》を守れ」と言う。「不生とはいかん」と問う、「人々本有の仏性あり、それが妄想のためにおおわれて仏性が生まれていない、だから妄想を生ぜざれば仏性常に光りあり」と。

白蓋の説を隣室で聞いていた損翁はいわく、「盤珪にしてしかりか、仏法いまだし、これは外道の見だ、弁道話にお示しになっている。盤珪は妄もと無根を知らぬ、仏種は縁（妄想）より生ず、縁は仏種より生ずという開祖の戒法のおぼしめしを知らぬ。嫌うべき妄なく、慕うべき真なし、真妄倶脱《ぐだつ》、これが仏祖の堂奥《どうおう》だ。お前たちは盤珪の塗説に迷うてはならぬ」と説示したのである。

大乗寺鳳山が、自分の授払の俗弟子某を泰心院で葬った。そのとき損翁に申し出ていわく「彼はすでに安心立命を得ているから、尊宿葬儀法を用いられたし」と。すると損翁は「無上大涅槃、円明常寂照、寂光浄土に遊化《ゆけ》するに何ぞ凡夫、聖人を論ぜんや。山僧は凡聖《ぼんしょう》倶脱、迷悟超越の境を説いて、今日まで下炬《あこ》している。尊宿葬儀法、亡僧法とに深浅はない。ただし生前より出家して仏弟子となり、寺をもって化をあげた者でなかったら尊宿法はやられない。俗情にかられて法の運転を誤ってはならぬ」と言って叱りつけたのである。

八、冷汗をかいた儒者

仙台侯に侍読《じどく》していた儒者があった、博学広才、特に天文地理に精通していた。ある日、儒者は損翁をたずねて清談した。損翁は饗応丁重にもてなしていわく「わしは幼いときから仏道に入り、仏理をやっているけれども未だに究め尽くすことができない。いわんや世典なぞ学ぶ暇がなかった。本日幸い貴公に会ったのであるから、一つ易《えき》の太極、天文地理の話を聞かして下され」と頼んだ。儒者は待っていましたといわんばかりに膝をのり出して大いに語ったのである。その弁舌は流るる

ごとく太極両儀、四象八卦《ししょうはっけ》の理を、言を極め論を尽くして語るのであった。一席静かに聴いていた損翁は問うていわく、

「先生の究められた天地開闢《かいびゃく》の理をはじめてうかがった。ついては物事には始めがあれば終わりがあるものだ。天地の始めを聞かしてもらったからには、中は飛んで次にその終わり、つまり天地の終末の姿をうかがいたい」

と、切り出したのである。儒者はちょっととまどいしたのである。

「天地には終わりはありませんよ」

「天地自然の理には必ず始めあり、終わりあるものだ。先生は始めが詳しいから終わりも心得ておられよう」

とつめよった。儒者は天地の終わりの研究は何もやっていないので、一言も発することができないのである。

「和尚の見解はいかに」

と逃げてしまった。損翁は渋茶をすすりながら、

「先生は天地の始めを説く、しかし天地は新しいものだ。たとい開闢以来億万歳といっても算数にかかわる年数だ」

「和尚は天地の終わりを知られるや」

儒者は損翁が大きく出たので問いつめて言った。

「多少は心得ている。話してみようか、それは何でもないことだ。天地の始終を知りたいと思ったら、まず自己自身の始終を知ることだ。これを明らめたら天地はこれと同じことだ。古人いわく『天地と我と同根、万物と我と一体』と説くではないか」

儒者は、損翁の禅的見解に恐れ入ってしまったのである。

「和尚、自己身心の始終を知る要訣がありますか」

「それは仏道を信じて坐禅することだな」

損翁はさも愉快そうに答えたのである。退室した儒者は汗を拭きながら侍僧に、「三〇年来、人の問いにとどこおったことはなかったが、今日の和尚の一問には全身冷汗をかいた。恐れ入った」と言って帰ったのである。その後、儒者は損翁に入室して、法要をたずね弟子となり菩薩戒を受けた。

そののち損翁示寂の報を聞いて儒者は馳せ参じた。龕前《がんぜん》に焼香して落涙しばしであった。小声に「あぁ、奥州の仏日《ぶつじつ》西に入る、悲しみの極とはこのことか」と言って、なかなか立ち去らなかったのである。

宝永二年（一七〇五）二月、損翁は身体の調子が悪くなった、四月になってますます苦しそうに見えた。大衆《だいしゅ》は説法を止めて医薬を勧めたが、損翁は疾《やまい》のために大切な参問を緩めることはできない、と言ってきかなかった。五月一日、衆を集めて布薩《ふさつ》（説戒）して「山僧今日疾病はなはだ重し、おそらくは最後の布薩とならん」と言って、説戒して弟子たちを諭した。「永平の児孫《じそん》となって生まれたことを歓喜し、つとめて仏恩を報謝すべし。正法《しょうぼう》にあう今日の我らを喜ぶべし」と、自ら衣の袖で涙を拭きながら病人とも思えぬ元気さで、声涙ともに下して説法するのである。聞いていた大衆はひとしく世尊の遺教経《ゆいきょうぎょう》を拝聴する思いで鼻がつまってくるのであった。

五月一七日、自ら湯薬を断って室に入り、戸を閉ざして他人を近づけなかった。二三日、沐浴し衣を新たにして端坐《たんざ》した。夜半、弟子面山《めんざん》を呼び小声にいわく「生や従来する所なし、死や去る処なし」と。面山が次の句を求めたが、ただ黙然として語らず、ついに坐化《ざけ》した。時に世寿五七である。

第十一章　面山瑞方和尚《めんざんずいほう》

一、自分で断った髪

眼蔵を大衆《だいしゅ》のために説法した最初の偉僧は天柱《てんけい》である。天柱は自己の禅定力《ぜんじょうりき》をもって難解の書、正法眼蔵を解読した。その次に読んだ人が面山瑞方である。しかし天柱は六〇巻本眼蔵を講じたのに対して、面山は九五巻本眼蔵を提唱した、いわゆる眼蔵全巻を講じた最初の人である。天柱の独断偏見に対して、面山は永祖道元禅師の真意を探って忠実に拈提《ねんてい》した。ために面山の眼蔵は天柱とは違って一段と深いものになったのである。天柱の法華経を枢軸《すうじく》とする見解に対して、面山は洞《とう》上《じょう》の室中、特に五位を中心として参研した。加えるに博識広覧、文才秀逸の面山は、細大洩らさず眼蔵を参究したのである。――面山は洞宗の古書に精通していた。ために宗学上の著書が非常に多い。後世、面山宗学を見ずしては曹洞宗は語られない、という隠然たる地位を築き上げたのである。

面山（一六八三〜一七六九）は肥後（熊本県）の人、天和三年一一月五日に生まれた。祖父の入道空円によく似ていたので空円の再誕だといわれた。四歳、イロハを覚え、変わったものを見さえすると、南無南無と言っておじぎをしていた。叔父に頓了《とんりょう》という真言宗の僧がいて家に出入りしていたので、自然にお経や陀羅尼《だらに》を覚えた。一一歳、四書を読み『論語』を語るので、その強記に驚いたという。一四歳、漢詩を平仄《ひょうそく》に合わせて作り頓了房に見せた、飛雪満空風裡忙（飛雪空に満ち、風裡に忙がしし）とやったので、頓了も舌をまいたのである。一五歳、母に出家を願ったが許されなかった、ところがその年の一〇月一七日に、生母は病気のために歿したのである。母の病中、面山はよく看病した、また出家を願った。母は「そのことはお前の気まかせにしたがよい」と半ば許してくれた。面山は亡母の百ヶ日に墓参して「お母さん、お母さんをよい仏さまにしてあげたいと思いますから、わしは出家いたします」と亡母に告げて、持っていたかみそりで断髪したのである。

面山瑞方和尚頂相（静岡県・旭伝院蔵）

　断髪姿で帰って来た面山を見て、頓了や父は驚いてしまった。「お前は母だけの子ではないぞ、父も親だぞ」と言って怒ってみたものの、どうすることもできないので、「それほど好きな坊さまならならしてあげる。けれども本当の坊さまになってくれよ」と、ついに父も許したのである。熊本流長院の遼雲《りょううん》について得度し、名を瑞方と改めた。禅門に入った面山は、もっぱら禅学の勉強をした。あるとき臨済宗妙心寺派泰勝寺性天《しょうてん》の『臨済録』の講義を一席も欠かさずに聴いた。その日その日の講義を暗記して、それを文に綴って一冊にした。そして同寮の者に復演したのに一言半句も間違いがなかったのである。

面山の精励は大したもので、夜通し勉強して暁にいたることがしばしばであった。ある夜、性天が便所からのぞいてみると、面山の室の窓には灯がともっていた。かねて性天は義学をきらい専一に坐禅を勧めていたので、面山の夜学を口を極めて罵り怒号していた。それで性天は拄杖《しゅじょう》をもって面山の室の障子を開けるや否や、「この学問坊主め」と杖でなぐりつけたのである。びっくりした面山はとっさに硯箱でそれを受けとめたので、箱は真二つに割れた。「妄想坊主め、寝ろ寝ろ」、性天はにくたらし気に言って帰った。翌朝、面山は性天のいる方丈の入口に偈《げ》を書いて、はりつけたのである。「勢は緑山鉄壁を穿《うが》つに似たり。暁天《きょうてん》の活棒、雲門をあざむく。打つことは打つにまかす、祖師意を没す。何ぞ説かん老婆の子孫を育てんを（原漢詩）」。これを見た性天は大いに怒り、すぐ面山を呼びつけた。

「汝、祖師意を没すという、いかなるかこれ祖師意、速やかに言え言え」

性天は息せき切ってせきたてた、しかるに面山は平然としてただ点頭して黙坐するのみであった。

「このクソ坊主め、追い出してしまえ」、性天は大衆に命じて面山を門外にほうり出したのである。

坐禅専門の修行時代には学問は禁物である、ただひたむきに坐禅して、自己の心境をねってゆく。このときに本を読むことはかえって妄想を増すことになるから、一切の書物を取り上げてしまう、一切の思量分別を殺してしまう、そして本来の自己にたちかえる、これが臨済禅の修行の仕方である、だから性天が面山を叱責したのである。若き面山は坐禅より禅学が好きであったから、叱られても叱られても、やめられなかったのである。

二、甘瓜問答

面山は二〇歳の秋八月、ひとり金峰山に登り蔵王堂《ざおうどう》にこもり、手に願文《がんもん》を書いて一・七日の祈願をこらした。それは明年春、東海道に行脚《あんぎゃ》して善知識を求めて修行する覚悟であるから、どうか善《よ》いお知識さまにめぐりあう因縁を授けていただきたい、といって参籠したのである。すると満願の日に一匹の小さい蛇が灯籠の鍵穴から出て来て、面山の前をぞろぞろと這った。面山は蔵王権現の加被力《かびりき》のあったことを喜んで一詩を作り、蔵王堂に軸にして献じたのである。

二一歳の二月、肥後をたち船で大阪に着いた。諸方の大刹をたたいてみたが気に入らないので、足をのばして江戸の青松寺《せいしょうじ》に掛錫《かしゃく》した。寺主笠巌梅仙は出来物であった、『永覚外集《ようかくげしゅう》』を講じて「達磨門下の僧は、まず生死《しょうじ》を透脱《とうだつ》することが第一の要件だ。それには観智を泯じ心識を忘じ、道理解会《げえ》を捨てて坐禅すべし、何ぞ力を労して沙《いさご》を数えて（学問して）、学僧にて終わらんや。生死を出離してはじめて祖灯を継ぐべし」と提撕《ていぜい》した。面山も大いに感じて書籍を放下《ほうげ》し教えに随った。日々、愛宕山《あたごやま》に登って終日打坐三昧《たざざんまい》に入ったのである。

四月に卍山《まんざん》（六八歳）を浅草に拝問した。時は元禄一六年（一七〇三）である。この年の八月七日に洞宗に一師印証の幕府の御条目が下ったのであるから、江戸は嗣法問題で緊張していた時代である。この問題で卍山とともに上訴中の梅峰《ばいほう》を谷中感応寺にたずね、また池端の草庵に徳翁をたずねて示誨《じかい》をこうむったのである。五月に損翁を土器《はじ》町の寺に拝問した。当時の江戸には天下の高僧碩徳が錫《しゃく》を留めていたので、面山にとってはたいへん好都合であった。しかしどの尊宿よりも損翁と意気相合するところがあったので、しばしば損翁に参じたのである。

六月のある暑い日に、面山は熟した甘瓜を一〇個ばかりもって損翁をたずねた。損翁は喜んで侍者に命じて水にひやした。参話終わって損翁は甘瓜をとり、皮をむいて自らも食べながら、面山にも与えた。面山が食べようとすると、損翁は一問を発した。

「瓜が甘いのか、舌が甘いのか、もし瓜が甘いといったら舌には関係がないことになる。また舌が甘いというと瓜にはかかわらぬことになる。面山、畢竟《ひっきょう》じて甘味はいずれのところより来たるや、試みに言ってみろ」

面山はうかつに瓜も食べられないことになった。しかし、このぐらいのことがわからぬ面山ではなかったから、早速、仏学をもち出したのである。

「それは舌と瓜との和合の因縁によって、甘く感ずるのです」

「そんな答えは聞かんでもわかっている。それは教者勃地《きょうしゃぼっち》（学者）の言うことだ。禅坊主の言うことではないぞ」

損翁はせめつけて許さぬのである。

「わかりません、甘味は畢竟いずれより来たるものか、乞う師、一転語《いってんご》したまえ」

「さあ、そこだ。この〈いずれの処《こ》〉は、仏祖もさぐりえず言うことができない。ただこの、いずれの処に徹底参得《さんとく》したときに、遍界《へんかい》はこれ瓜の現成《げんじょう》だ、瓜のほかに舌という余物はない。また舌を挙して舌に徹参したときには遍界これ舌だ、舌のほかに瓜もない、尽界の舌だ。このときに自もなく他もなし、人を超え、境を超ゆ。是を仏祖正伝《ぶっそしょうでん》の非思量の要機というのじゃ。わかったか。汝向後《きょうこう》よろしく参得して精彩をつくべし」

損翁の瓜の垂示を聞いて、面山はうれし涙にくれた。蔵王権現、龍天善神の冥感《みょうかん》によって善知識に逢うことができて、未だかつて聞いたことのない有難い宗乗を耳にしたのである。甘瓜の功徳やはなはだ大なりと深く感激して、いつまでも涙が止まらなかった。――これが眼蔵に説く一法究尽《いっぽうぐうじん》の宗乗である。舌が舌を味わい瓜が瓜を食うのである。

三、無言の九一里

七月初めの江戸はむし暑かった、面山は夕涼みに川端に出た。すると向こうから十二、三歳ぐらいの沙弥《しゃみ》（得度を受けていない小僧）がやって来て橋の上で止まった。見ていると、この沙弥はまず天台笠をぬいであおむけに置いた。絡子《らくす》をぬいで橋の欄干にかけ、衣をぬいで笠の中に入れて急いで橋の下におりて小便を、女の子のするようにかがんでしていた。やがて用をすまして川辺に出て手を洗い口を漱いで上がって来て、もと通りに衣や笠をつけて去って行ったのである。始終の様子を見ていた面山はホトホト感心した、さすがは江戸だ。近ごろに見られない尊い有難い姿をおがましてもらった、この沙弥こそまさしく無上尊仏だ、この沙弥の師匠さんこそ正しい仏法を伝えているお方である。

江戸の往来中、僧侶には数えきれないほど会っていたが、一人として袈裟をぬいで小便をした者を見たことがなかった、かけたままで立ち小便をしている。彼らはこの一沙弥にもおとっている、袈裟の尊いことを知らぬ。かがんで用をたす、これが僧堂の用便法だ、大小にかかわらず立ってはならぬ、これが道元禅師の教えである。天子は衣冠を大切にする。武将は甲冑《かっちゅう》を、大工はノミ鉋《かんな》を、百姓は鎌鍬《かまくわ》をというふうに各々職によって違うが、仏弟子は仏袈裟を頂戴する、しかも解脱服福田《げだっぷくふくでん》衣《え》だから尊重せねばならぬ。眼蔵袈裟功徳に永祖がお示しになっている、それを小僧は実行していたのである。

開祖道元禅師が入宋《にっそう》して育王山に登ったとき、僧堂の暁天坐《きょうてんざ》が終わって、隣単の僧が袈裟を頭にいただいて、「大哉解脱服《だいさいげだっぷく》」の偈《げ》を静かに唱えてからお袈裟をかけているのを見て、未曾有の感激にうたれた。「かつて道元が叡山にあるの日、阿含経《あごんきょう》にお袈裟を頂戴してかけることが説いてあったが、どうして頂戴するのかその作法がわからなかった。今、眼前にそれを拝することができたのは宿世《しゅくせ》の善根《ぜんこん》のいたすところである」と言って歓喜したのである。ちょうどそれのように面山も、しばし感激にうたれて小僧のうしろ姿をいつまでも合掌しておがんだのである。

八月初旬に面山は損翁をたずねた、すると損翁はことのほか喜んで面山を迎えた。

「面山、卍老の大願である師資面授《ししめんじゅ》の一件がいよいよ官の裁断を得たぞ、永平門下に仏日が輝き出した。その面授とは他なし、師と資と面々相対し眼々互いに照らして、仏祖正伝の気息を通ずることだ」

損翁は膝をたたいて朗らかに今までの苦心を語った、面山も思わず話にひきこまれたのである。

損翁は声を落としていわく、

「そこで面山、実は気にかけていた面授の件が思う通りになったから、わしは八月二〇日に江戸をたって自坊の仙台泰心院に帰ることにしたよ」

面山はちょっと驚いた。

「さようでございますか、でもあまりにもお早いではございませんか、この暑中に」

「いやいやそうではない。実は八月二八日は開祖道元禅師の正当命日《しょうとうめいにち》だから、仙台に帰ってその法供養をつとめたいのじゃ。なに一週間あったら歩いて帰れるよ」

「それはあまりにお名残りおしゅうございます。では私を伴僧につれて行って下さい」

面山は、ここでお別れするのは辛かったので、一生懸命に頼んだのである。

「この度は伴僧が多いのじゃ、お前までというわけにはゆかないな。ではわしが手紙を書く。この手紙をもって大極老のところにゆきなさい、そして大極の伴僧にしてもらって仙台に来るがよかろう」

大極は梅峰の高弟である。そこで面山は損翁の手紙をもって谷中感応寺に大極をたずねた、そして九月上旬に大極に随伴して仙台に着いたのである。

泰心院に到着した面山はうれしかった、損翁も大いに喜んで二人を迎えてくれたのである。薬石(夕食)のちなみに損翁は大極にたずねた。

「伴僧はよく言うことを聞きましたかね」

「ええ、最も孝順というのでしょうね。面山は昼は馬のうしろばかり歩きますしね、夜はつかれるとみえて宿につくとすぐ寝てしまいますしね。江戸・仙台間九一里、一一日間の道中にただの一言も面山とは語らずじまいでしたよ」

「ハア……。それは愛嬌がなさすぎましたね」

「神妙すぎてね、禅坊主としては覇気がありませんよ」

大極は不足気に言うのであった。

「なに、仙台に着いたら面山も元気が出ますよ、道中はしおれていたのでしょう」

損翁と大極は顔を見合わせて大笑いした、これは損翁が面山に言うて聞かせていたのである。

「大極は難しい和尚だから、伴僧は、ただ『ハイ』と返事だけしてあまり口をきくな。孝順を尽くして伴僧せよ」と命じていたのである。面山はそれを守ったので問答なしに道中をしたのである。

四、閉関《へいかん》一千日

泰心院に着いた面山は心からうれしかった、また師匠損翁も面山がことのほか可愛いかった。どこにゆくときでも面山を伴僧にしてつれて行った、その道中でいろいろ親切に法話をして聞かせるのであった。二人はわずか一年の提撕《ていぜい》であるが一〇年も一緒に過ごしたように仲がよかった、損翁は「お前とは宿殖《しゅくじき》の因縁があったのだな」としみじみ語るのである。「オレのところに来てから一五ヶ月になるな。来春は関東の知識を遍歴してみるがよいぞ」と、損翁は心をくばるのである。

二三歳の春、面山は行脚《あんぎゃ》に出た。白石の護福寺を振り出しに、関東一円の名刹をたずねて商量《しょうりょう》(問答)した。黄檗・臨済を問わず、地方の名僧といわれる師には片っぱしから問答をした。この間、請によって永祖の『学道用心集』を講じ、また檀越《だんのつ》の求めによっては阿弥陀経をしばしば講じて、厚い草鞋銭《わらじせん》（小使い）を得る。三月末に仙台に帰った、損翁は喜んで面山を迎えた。そして道中の問答を聞き、それに間違いが見つかると厳しく正すのであった。五月から損翁は四大が不調であった。一日、面山を呼び「わしの病は防ぐことはできない、だから長くは生きられない。だがお前を得たことはうれしい、永祖の仏法はお前に付するから永祖の面目を発揮してくれよ」と、眼中涙を浮かべて遺嘱《ゆいしょく》するのであった。ついに五月二四日、損翁は遷化《せんげ》する。初相見《しょしょうけん》以来わずか二年三ヶ月の随侍で、面山はなつかしの師に死別したのである。

師の中陰をすませた面山は、茨木県東昌寺に卍山の弟子隠之道顕《いんしどうけん》をたずね、さらに龍前院の冬結制に随喜《ずいき》して、同志とともに永祖の肖像を印板して道俗に施す。二四歳春、相模（神奈川県）老梅庵に入り村民に普門品（観音経）を講述した。村長三右衛門の帰依を受けて、庵にて一千日の閉関の大願を発《おこ》す、村長が大願中二時の粥飯の施主となった。近隣の深勝・存鉄らは面山の大願に随喜して、行住坐臥の世話をした。四月一五日をもって閉関した。そのときの詩に「麦たって貪らず盧陵《ろりょう》の米。泉《いずみ》甘し、なんぞ羨まん趙州《じょうしゅう》の茶。庵前の老松龍の屈するに似たり。時に笑う人の到って爪牙《そうが》（輔佐する人）を惶《おそ》る」。幸い帰依者が多くなって、なかには面山の得度を受ける者もあった。翌々年には武蔵の癡仙《ちせん》が来て随伴した。

面山が一千日の閉関を決意したのは、永祖の教えにしたがって自受用三昧《じじゅゆうざんまい》の坐禅、つまり千日間の接心会《せっしんえ》を修行するためであった。だから二六時中坐禅ばかりしていた、それで睡魔におそわれると、かたわらの見台に向かい書写の正法眼蔵を素読した。だから坐禅と眼蔵拝読の日暮らしであった、何か特別の研究をするための蟄居《ちっきょ》ではなかったのである。当時は眼蔵を読んで提唱してくれる師家《しけ》は一人もいない、また眼蔵の参考書は一冊も出ていないという眼蔵参究の暗黒時代であった。そこで面山は打坐《たざ》によって、坐禅の力で眼蔵の真意に徹しようと努力したのである。眼蔵に対して師匠のない時代であったから、自らの開眼によって眼蔵を読みこなさんと決心した。その努力と熱意に周囲の者は動かされたのである。面山は自ら臂香《ひこう》を焚《た》き、手灯をかかげて三世諸仏・歴代祖師に供養した。これは梵網経《ぼんもうきょう》の聖訓を自ら実行したのである、その功はむなしくなかった。閉関以来三一ヶ月で、随徒癡仙のために正法眼蔵弁道話を開示したのである。時に宝永五年（一七〇八）一〇月、面山二六歳である。翌年一千日閉関結願が成就したので正月一六日開関した、一千日の禁足を解いたのである。

五、僧堂清規《そうどうしんぎ》の完成

一千日打坐した面山は、次には大蔵経《だいぞうきょう》閲読を発願した。ただちに日向山の天台宗浄発願寺に拝宿した、この寺は経蔵《きょうぞう》が山上にあるので二時の食事には山を下ってこねばならない、しかも、その坂道は非常に嶮阻《けんそ》である。勇を鼓《こ》して山坂を上下しつつ一ヶ月通いつめて華厳経部を読破した。しかし、これは日数の割に閲蔵が進行しないので一時中止し、茨城県東昌寺に経蔵のあったことを思い出して、住持隠之に閲蔵をお願いした。隠之は面山の護法心に随喜して、喜んで面山（二八歳）を迎えた。四月一五日から大般若経を皮切りに閲蔵三昧に入ったのである。翌年二月、一一ヶ月で大蔵経六七〇〇余巻を読了した。やりかけたことはトコトンまでやりぬくという精神力の旺盛な面山は、先には千日の打坐を、今また前後一二ヶ月で閲蔵を完了したのである。

その後、隠之に随伴して洛北鷹峰に卍山をたずね、遊山翫水《ゆさんがんすい》して京阪の名刹をたずねて商量した。翌年春、ふたたび老梅庵に籠り『永平広録』十巻を参究した。四月初めから大智寺で衆のために『弁道話』『永平広録』を講述したのである。

正徳《しょうとく》三年（一七一三）一二月、船で大阪をたち九州豊後（大分県）の鶴崎についた。熊本流長院（得度の寺）をたずねたところ、面山の実父、玄珍居士が秋から中風で臥せていることを知らされた。驚いた面山はすぐ家郷をたずねたのである、時しも厳冬であった。面山はまず何よりも老人には暖をとらせることだと思い、木炭一俵を購入して自ら背に負い三里の道を運んだ。玄珍はその孝順に涙を流して喜んだ。ここでは寒いからというので妹の三鳥駅の宅に病人を移すことになった、面山は兄とともに玄珍の病床を担いだのである。それからは須臾《しゅゆ》（小時間）もかたわらを離れず看病につとめた、病人の耳もとでいろいろと安心の話をして聞かせた。玄珍は面山の孝行に感激して涕《な》いたのである。厚い看護も効なく翌年三月一〇日、玄珍は七五歳で逝った。面山は族兄らと棺をかついで葬り、また石塔を用意して一・七日には建立し、『瞻病日記《せんびょうにっき》』一巻を書いた。

四月一五日、錫《しゃく》をとって船で大阪に向かった。鷹峰に卍翁をとい、九月、能登（石川県）総持寺にまいり峨山《がさん》禅師三百五十回法会《ほうえ》の祖堂侍真《じしん》をつとめる。その翌年は大野宝慶寺《ほうきょうじ》に留まって『義雲録』を考訂。八月、卍翁（八〇歳）の遷化《せんげ》にあい、葬会侍真の配役を受けた。生前しばしば卍山を崇拝してたずねていたのであったが、これが最後となった（面山三三歳）のである。

享保三年（一七一八）九月一日（三六歳）、肥後禅定寺《ぜんじょうじ》の請に応じて入院した。翌年結制を修し『六祖壇経』を講じて、はじめて授戒会《じゅかいえ》を設けた。また『臨済録』や『普門品』を講じて道俗を化導する。四十歳の春、胸部疾患にかかり咳がしきりに出だしたので、医師の勧めによって保養のために九州一円を巡錫《じゅんしゃく》した。七年間ブラブラしているうちに、福井県小浜の空印寺（酒井侯菩提寺）から拝請《はいしょう》されたので、四七歳の春、晋山式《しんさんしき》をあげ、ただちに結制を修して、『信心銘《しんじんめい》』『証道歌』『眼蔵』安居《あんご》巻等を講じた。その翌年、永平寺に拝登して如浄《にょじょう》禅師が永祖に授けた嗣書を拝覧し、法幸の無量なることを感謝して大衆に大添菜《だいてんさい》をしたのである。

空印寺に住してから九年目の元文二年（一七三七）夏結制に、はじめて『僧堂清規《そうどうしんぎ》』を実修した。この清規は面山苦心の作で五巻ある、別に『僧堂清規考訂別録』三巻がある。これは永平寺実性禅師（大虚喝玄）が永平嗣書拝覧を願い出た面山に、『永平大清規』の校閲を依頼した。そこで面山は中国・日本禅林の清規全部の校訂を発願したのである。五三歳夏、幸い三河（愛知県）龍渓院から輪住の請があったので、それを機会に今までの研究を一応まとめあげて編集した。それを持って東海道の古刹をたずねて古本と校照し、さらに空印寺に帰って僧堂を建立して実地について研究したのである。発願から八年の歳月を費やした著作で、面山の綿密なる家風を示した清規である。

六、仕事のために隠居

元文三年（一七三八。面山五六歳）秋、駿河（静岡県）・遠江《とおとうみ》（静岡県）・三河（愛知県）三国の大僧録可睡斎《かすいさい》から特請が来た、しかし固辞して受けなかった。すると宇治興聖寺《こうしょうじ》が礼を厚うして請した、これもお断わりした。興聖寺からは再度の招待が来たので、面山は専使に自分の発願を語ってお許しを願ったのである。それは正法眼蔵には本文に「事考《じこう》」をあげねばわけのわからぬ文がたくさんある、それで自分は畢生《ひっせい》の事業とし『正法眼蔵渉典録《しょうてんろく》』を完結したいと念願している、だから早く閑地について入庵したいと思っている。ご厚情はかたじけないけれども、これも法のためであるから見逃してもらいたいというのである。ついに五九歳秋、空印寺から二里ばかり離れた閑静な地に、永福庵を創《はじ》めて隠居したのである。

入庵した面山は著作と参究の日常に入った。まず『金剛杵《こんごうしょ》』を開版した、次に『大戒訣』『傘松《さんしょう》道詠《どうえい》』『衆寮清規《しゅりょうしんぎ》聞解《もんげ》』『天童如浄《てんどうにょじょう》禅師行録《あんろく》』等を次々に開版した。また西堂戒師に応請して説戒すること一六回（面山説戒開版）。『永平家訓』『宝慶記《ほうきょうき》』『正法眼蔵』を開講すること数を知らず、応化《おうけ》と講説と開版の連続であった。特に七五歳の夏、常在院にて『宏智頌古《わんしじゅこ》』を提唱して万松老《ばんしょうろう》人《じん》の『従容録《しょうようろく》』の欠点を指摘した。これが動機となって翌年には『宏智頌古称提』二巻を印刻したのである、これは宗門にとって刮目《かつもく》に値する著述である。『頌古称提』が終わるとすぐ『眼蔵渉典録』の編集にとりかかった、今まで五〇年間に集録した材料を整理したのである、この事業には慧《え》苗《みょう》らの弟子が大いに助筆した。かくして七七歳二月十四日、『正法眼蔵渉典録』一六冊が完結したのである。事考や典故《てんこ》をあげるということは、よほどの博学でなかったらできない仕事である。しかも眼蔵九五巻全般にわたって一々故事をあげたのであるから、その努力は大したものである。

八〇歳の冬『参同契宝鏡三昧吹唱《さんどうかいほうきょうざんまいすいしょう》』を開版した。面山の数多い著述のうちで一番光っているのは『宏智頌古称提』とこの『吹唱』である。眼蔵眼でこなした『頌古』、五位を極めた面山の『吹唱』といわれるのである。八一歳二月、江戸青松寺で『宏智頌古称提』を提唱した。このときに会下の大衆三〇〇僧、外来借寮三〇〇僧、江戸寺院、各宗派の僧、五〇僧が七週間通いつめたのである。引き続いて『吹唱』『眼蔵』を牛込長源寺で拈提《ねんてい》した。もって面山の面目躍如たるものがあるとともに、当時いかに面山の提唱に魅せられていたかがわかるのである。

八六歳春、肥後永国寺の西堂戒師に応請して戒会《かいえ》をつとめ、『金剛経』『吹唱』を講じた。翌年は京都建仁寺内西来院に寓した、九月より微恙《びよう》のきざしがあった。一五日、弟子を集めて五位の口訣《くけつ》を伝授してそれぞれに遺嘱《ゆいしょく》し、一六日夜半遷化したのである。年八七、弟子二七人。

面山は室内・眼蔵・禅戒・清規・五位・祖録等、宗門関係の書籍全般にわたって参究し講説した。自らの著作あり、弟子らの聞解《もんげ》開版あり、後来、面山宗学といわれる大きな足跡を残し、宗学に志す者は必ず面山学の門を潜らねばならぬという、曹洞宗宗学の基礎を築き上げたのである。

このほか眼蔵関係の著としては『正法眼蔵聞解』『渉典和語鈔』『品目述賛《ほんもくじゅっさん》』等がある。『聞解』は孫弟子斧山玄鈯《ふざんげんとつ》の筆録であって面山自らは手を下していないが、弁道話だけは校閲しただろうといわれている。面山の門弟、衡田祖量《こうでんそりょう》・天産慧苗等の学者が著作に荷担したのである。

永福庵には高さ三寸の高祖木像がある、これは面山が永祖崇拝のあまり三寸木像を道中も首にかけて、常に大師と同行二人《どうぎょうににん》の行脚をしたのである。宝暦二年（一七五二）高祖五百回大遠忌《だいおんき》に随喜しての帰り道に、武生《たけふ》を通りかかったところ、子供らが一匹の猿をつかまえていじめていた、気の毒に思った面山は金子《きんす》を与えて猿をもらいうけて放してやった。猿は喜んで逃げもせずに、面山らの一行に随って若狭について来たのである、永福庵では猿が面山の行者《あんじゃ》をした。そのうちに叡山日枝神社の猿が死んだので、神社から譲ってもらいたいという交渉があった。猿に因果をふくめて神社のお使い猿に出世するように言いきかせたが、猿は泣いてゆかなかった。そのうちに皇太子がハシカにかかった。すると日枝神社の神主が夢をみた、若狭の猿が身替りにたつというお告げである。言ううちに永福庵の猿がハシカにかかった、妙なことがあるものだと思っているうちに猿はハシカで死んだ、すると皇太子のハシカが治ったのである。永福庵には猿塚がある。

第十二章　天桂伝尊《てんけいでんそん》和尚

一、四〇〇年来の豪僧

正法眼蔵を大衆《だいしゅ》を相手に提唱した人は、永祖滅後四〇〇年この方一人もいなかった。月舟《げっしゅう》・卍山《まんざん》は眼蔵の精神によって祖風を宣揚したのであるけれども、眼蔵の本文の講釈はしなかった。ところが天桂伝尊は、自らの力で眼蔵を提唱した最初の人である。当時は眼蔵の名を知っていても、眼蔵を味わうことも眼蔵を師家《しけ》から聴くこともできなかった時代であるから、いかに天桂は天才的な努力家であったかがうかがわれるのである。私どもが眼蔵の講義を読んでも提唱を聴いても理解し難いものを、天桂は師匠なしで、しかも註解書を一冊も持たずに、本当に眼蔵の本文とにらめっこをして、ついに意を悟ったのであるから豪傑である。

天桂（一六四八〜一七三五）は紀州和歌山城の豪族の生まれである。性はなはだ聡敏で身体は大きく、尋常ならざるツラ構えであった。明暦元年（一六五五）八歳にして市内寺町窓誉寺の伝《でん》弓《きゅう》に投じて薙髪《ちはつ》した。寛文五年（一六六五）一八歳のときに行脚《あんぎゃ》に出る、あちこちの禅匠をたたき摂津（大阪府）難波の瑞龍寺《ずいりゅうじ》で、黄檗鉄眼《おうばくてつげん》の楞厳経《りょうごんきょう》の講釈を聴いた。寛文一三年、二六歳の夏、駿州（静岡県）島田在の静居寺《じょうごじ》で坐禅中、富士山の秀麗を見て省悟した。月舟は寛文一一年に大乗寺に昇住したから、だいたい時代は同じである（月舟五六歳、卍山三八歳）。このとき天桂が月舟をたずねて相見《しょうけん》していたら、あるいは変わった人になったかもしれないと思う。しかし機縁がなかったのか、天桂は月舟・卍山とは一回も面謁《めんえつ》せずに終わってしまったのである。三〇歳、ふたたび静居寺五峰開音に参じて機宜《きぎ》相い契《かな》い入室伝法《にっしつでんぽう》し、三二歳、静居寺に住した。

その後、豊後（大分県）泉福寺に経豪《きょうごう》の『眼蔵抄』を秘蔵することを聞いて、九州に足をのばした。しかし泉福寺は開山の秘書と称して、拝覧どころか「もってのほか」ときつく叱って下山させたのである。「よろしい、おがませないものを、読ませないものを無理にとは言わない。オレは必ずオレの道力で眼蔵を看破してみせる。経豪はえらい和尚だが、どうせ人の書いた垢《あか》だ。他人の垢をなめていては永祖の眼蔵が手に入るはずはない。よし、この心眼で読破しよう」と、天桂はこのときかたく決心したのである。帰途、長崎皓台寺《こうたいじ》の独庵玄光が、大僧堂を新築したから来錫《らいしゃく》してくれという便りを受けたので、天桂はしばらく足を留めて、後堂《ごどう》をつとめた。独庵は長崎崇福寺《すうふくじ》にいた帰化僧道者について参禅し、臨済風の悟り禅をふりまわした人であるが、天桂とは機鋒相い合したのである。

元禄二年（一六八九。四七歳）この年、彦根川原の大雲寺から特請が来た。しかし天桂は「今時のごとく寺によって法を変えていることは悪弊である。オレが大雲寺に住したら大雲寺の先住の弟子にならねばならぬ、オレはどこまでも五峰開音の弟子だ、転住はしない。何の出世かあらんや」と言って、断然断わったのである。しかし専使が再三再四来て、大雲会下《えか》の雲水があなたの説法を待っている。法のために是非にと懇願するので、天桂もその情を憐れんで「それでは来年一年だけつとめよう」という約束をした。雲水は喜んで、それこそ文字通り雲集したのである。

大阪浪花の四天王寺のかたわらに荒陵があった、そこに小庵を結び蔵鷺峰《ぞうろほう》と号して住庵（五〇歳ごろ）。もっぱら法華経を講じ、かたわら正法眼蔵を拈提《ねんてい》した。阿波（徳島県）丈六寺石峯は隠退せんとして天桂を後住《ごじゅう》に懇請し、天桂は随縁天真にまかすと言って応じた（五四歳）。居ること九年、宝永三年（一七〇六。六四歳）ふたたび蔵鷺峰に退いたのである。時に下村居士、摂津（大阪府）池田に退蔵峰《たいぞうほう》を創して天桂を招待した。天桂は喜んで「これ老僧隠棲、滅後葬身の地」と言って開山となった、これがのちの陽松庵である。爾来、他山の請に応ぜず、三、五人を相手に退蔵にかくれて、もっぱら著述三昧に入ったのである。

天桂伝尊和尚木像（静岡県・静居寺蔵）

かくして天桂の熱筆は二十年間続けられた。『正法眼蔵弁註《べんちゅう》』二二巻は享保一五年（一七三〇）八月、天桂八三の老体にむちうって書き上げたのである、その気宇と精力にはただ頭が下がる。けだしこれは天下の偉業というべく、熱烈なる護法の信念があったればこそ大業をなしとげたのである。しかもこの業を終えてから五年生き延びて享保二〇年一二月一〇日、八八歳で寂を示した。

二、猫問答

天桂は駿河香橘寺六世・静居寺九世・阿波丈六寺一四世、摂津陽松庵・浪花蔵鷺庵・近江大雲寺・駿州普門院各開山である。門弟では直指玄端《じきしげんたん》・象山問厚《ぞうざんもんこう》・跋山運歩《ばっさんうんぽ》等がすぐれている。天桂は家風峻厳で寸毫《すんごう》も他を許さず、仮借《かしゃく》なく人をこきおろした。少しでも自己の思想に同調しない者は、みな法敵であるという見解をとって悪口雑言を極めたのである。つまり妥協性のない荒削りの人であった、その攻撃は特に卍山一派に向けられていた。

玄端はもと卍山の弟子であった。天桂が師匠卍山を罵倒するので天桂の室中を見抜いてやろうと思い、何くわぬ顔で天桂会下に参じたのである。ところが天桂の機鋒にのまれてしまい、兜をぬいで弟子になって一の子分になった人である。天桂滅後、『弁註 並 調絃《べんちゅうならびにちょうげん》』に共鳴して『膠柱《こうちゅう》』一巻を作り弁註の思想を敷衍《ふえん》した。

天桂が阿波丈六寺で結制を修行したとき、卍山の弟子槐国万貞《かいこくまんてい》を首座《しゅそ》にした。万貞はもと月舟の弟子であったが、月舟が寂したので卍山についたのである。天桂は万貞を仲介として卍山に渡りをつけて、卍山の主唱する一師印証に一臂の力を借したい気持であった。そして事が成就した暁には、大乗寺に昇住して祖道昂揚につとめてもよいという希望もあったのである。ところが卍山は一介の僧卍山でやりとげる決心でいたから、上手に断わった。一方、万貞は天桂の毒気にあてられてしまい、解制になるが早いか丈六寺を送行《そうあん》して卍山の嗣法をしたのである。

象山問厚は弟子に「玄端は才人ではあるが師匠天桂のスリコボチ（初めからの弟子）ではないから、お前らはそのつもりで交際せよ」と注意している。問厚は但馬（兵庫県）龍満寺に住して『眼蔵』を書写し、『弁註』をもって提唱した。弟子に玄楼奥龍《げんろうおうりゅう》（宇治興聖寺）という、狼といわれて叢林をふるえあがらした人物ができた。また玄楼の弟子には風外本高《ふうがいほんこう》という画僧ができた。総持寺独住第一世、梅崖《せんがい》（諸嶽《もろたけ》）奕堂《えきどう》は、風外に二〇年随身して鬼奕堂といわれたやかまし屋になったのであるから、面白い因縁である。

天桂は生来猫を愛した、これは顔付きに似あわぬ所作である（開山木像のかたわらには眠猫が置いてある）。ある人が天桂と茶話のちなみに、

「猫は女郎みたいなようなもので、食べ物がほしいときだけじゃれついてくる。食べたら知らん面して背のびして逃げますね」

天桂は膝に猫をだいて頭をなぜていたが、

「猫はな、霊獣だよ。動物には体臭があってくさい、ところが猫はちっともくさみがない」

客人も負けてはいなかった。

「およそ動物の糞のうちで、猫の糞ぐらい鼻持ちならぬほどくさい物はありませんね」

「くさいから猫はちゃんと穴を掘って始末をしているよ。人間よりましだ」

「爪をかくすとは猫のことですね。平常は猫撫《なぜ》声でいちゃついているが、いざとなると鋭い爪でかいて逃げる」

客は鋭くつめよったのである。すると天柱は「ニャンとでもいえ、猫は可愛きものなり」と言って猫をゴロゴロいわしていた。

三、遅筆を恨む

正法眼蔵には六〇巻本・七五巻本・八四巻本・九五巻本とある。六〇巻本は普通官本といわれて、永平五代義雲《ぎうん》禅師が朝廷に献じた眼蔵である。七五巻本は、永平二代懐奘《えじょう》禅師が開祖道元禅師の意をくんで編集したといわれている。八四巻本は、加州（石川県）仏陀寺の太容梵清《たいようぼんせい》が七五巻に総持寺・大乗寺等の古刹から、九巻ひろい集めて加えたものである。九五巻本は永平三五世、晃全禅師が永平寺宝庫から捜し出した一一巻を、八四巻に加えたもので現在行なわれている眼蔵がこれである。高祖のお書きになった眼蔵は、「都盧《とろ》一百巻」とあるから百巻以上あったものであろう。しかし高祖自ら反古《ほご》にしたものもあるから、高祖ご在世中の眼蔵は、反古を加えて、はたしていくらあったものかわからない。

天桂の『弁註』は六〇巻を正本とした、ところが六〇巻本には嗣書・面授等の室内関係の巻が抜いてあるのである。そこで師資伝法ということについて、天桂と卍山とではまったく相反してしまった。得悟伝法が天桂の主張であり、化儀《けぎ》伝法が卍山の思想である。そこでどうしても相入れられない対立した思想であるならば、いずれが正しいか。または、いずれも正しくないということになると、開祖道元禅師の思想を物差しとして計ってみなければわからない。それには『経豪抄』を拝覧することが近道である。しかるに天桂は眼蔵の末抄は一冊も見ず、「眼蔵は五百年来、展転《てんでん》書写して今日に伝わったものであるから、本文に誤脱魯魚《ろぎょ》があるのは当然である、ゆえにこれを正すことは祖意に契《かな》い永祖に対する孝道である」という見識のもとに、参考本なしで自分の見解で眼蔵本文の字句を修正し斧鉞《ふえつ》を加えたものが『正法眼蔵弁註』である。その勇気は誠に壮麗といわねばならぬ。

「書写正法眼蔵序並口号三首」を書きのこした龍昌法忍は、摂津陽松庵に玄端をたずねて『経豪抄』を写さしてくれと申し出た。法忍はもと天桂の随身であったから玄端とは知り合いの仲であった。しかし天桂の見解に疑問を抱いて、のち卍山派の人について眼蔵を参研したのである。これによってみれば天桂も『経豪抄』を知らぬわけではなかったが、このときにはすでに天桂の思想は

『弁註』にかたまっていたのである。

四、『御抄』をたずねて

卍山は『経豪抄』を見ていないといわれていたが、法忍の「眼蔵序」によれば、すでに大乗寺に秘在していたことがわかるのである。法忍が駿河（静岡県）坂本林叟院に安居《あんご》中、了義長老から『梵網十戒鈔《ぼんもうじっかいしょう》』を写さしてもらった。そのときに了義いわく「この『鈔』はわしが加賀（石川県）大乗寺に安居したとき方丈の行者《あんじゃ》を命ぜられた。そのとき大乗室中に右の『十戒鈔』があったのでひそかに浄写した。けれども、読んでみたが文意はわからない、しかしお前が希望するならば貸してやる」と言って、拝写さしてくれたのである。その後、蔵六庵《ぞうろくあん》（大麤《だいそ》）綿宗《めんしゅう》が越後の某古刹から得たという四十八軽戒《きょうかい》の数十紙を法忍は写した。しかし先の了義拝写の『十戒鈔』中にはシミに食われ、鼠に破損された個所が三枚ほどあって未だ完全なものではなかった。それで法忍は、なんとかして大乗寺の秘抄の原本を写さしてもらいたいとしきりに思い、夜も眠れないほどそれを慕うこと切々であったが、病身のために思うに任せなかったのである。

同参の未徹がこの法忍の切実なる願望を知って、「それではお前に代ってオレが加賀に行ってなんとかして写してきてあげよう」と言ってくれた。法忍はうれし涙にくれて未徹に紙代を与えて依頼したのである。未徹は東行百里の山川を遠しとせず、大乗寺から写してきて法忍に与えたのである、これによって法忍は前後合わせて二四篇を得たのである。法忍の喜びはいかばかりであっただろう、これを味わうに甘美つくるところを知らず、怡悦《いえつ》かぎりなきものがあったのである。特に文中に「先師古仏いわく」の句にいたると、これは経豪が永祖道元禅師を指さしている語であるから、いいしれぬ感激を覚えて永祖の親口に接する思いがして、身がふるえた。

法忍が感激に涙しているときに、ある僧から豊後泉福寺秘蔵の『経豪抄』全篇が、摂津陽松庵に秘在するという話を聞いた。そこで矢も楯もたまらなくなってきた法忍は、『御抄《ごしょう》』の拝覧浄写へと駿河から出かけてきて、陽松庵二世玄端にお願いしたのである。

『経豪抄』三〇巻の内、最後の一巻は梵網経の抄である。これは永祖が一六条戒の説戒を何回かされたのである、それを経豪が椅子下で聞いていた、そのために眼蔵七五巻の抄を書き終えてから、最後に宗門の戒相について註解したものである。なんとしても『経豪抄』は高祖の親口を耳にした人の著述であるだけに、法中の宝である。さればこそ高祖道に志す者は身命を捨てて法宝を求めたのである。

上述のごとき史実があるから、卍山は『経豪抄』を拝覧しておられるのである。しかしこれが三〇巻の完結本であったかどうかは不明である。法忍は若き日、紀州和歌山城外の古禅刹にて、卍山校訂の正法眼蔵を書写した、そしてこの本をもって摂津陽松庵の天桂に謁したのである。すると天桂いわく「校訂本眼蔵はある人の作だ。特に面授巻のごときは、まったくある人の偽作だから会下の者は絶対に見てはならぬ」と、ひどく弁難攻撃した。法忍は愕然として疑団をいだき、これを正さんとして爾来、古本眼蔵の浄写につとめたのである。そうしているうちに『正法眼蔵経豪抄』が九州泉福寺にあることを聞いたので、「これを拝覧したいと思うがこれはちょっと手が届きかねる、あぁ残念だ」と始終、心に悔んでいるところに、了義から『御抄』の一部を見せてもらったのであるから、手の舞い足の踏むところを知らず、感喜して浄写したのである。

天桂の『弁註』は快刀乱麻の感があって、竹を割ったような愉快さはあるが、その反面、憶説謬見《びゅうけん》に堕した個所も決して少なくないのである。さればこそ「非面授面」について、後来騒然として論議が生じたのである。駒澤大学々長衛藤即応博士は玄端下の弘津説三の高弟であるが、博士の学位論文は面授論である。しかし、これは天桂流ではなく、卍山流の主張をさらにおし進めて、学としての体型を組織立てたものである。

五、猫年の鳶《とび》の日

天桂は気性が激しかったから遠慮会釈なく人を罵倒した。その仕方が言を極めて嘲罵するので、反体派の若き僧侶は大いに天桂を恨み、官に訴えて処分を乞うてはという談義まで出たのである。これを聞いた天桂は恬《てん》として恐れず、微笑で返した。そして和歌一首、

まゝよやれ　すめばこそあれ浪花へに　良しというとも悪しというとも

天桂三五歳三月、駿河静居寺《じょうごじ》の師席を董《ただ》した。当時の静居寺は頽廃《たいはい》その極に達した荒寺であった、おまけに寺有田を住職不在をいいことにして村民が勝手にとってしまっていた。これは天桂が文句をいえば当然寺にかえるのであったが、「ほしい者にはやっておけ、どちらになっても日本国の外に出るものではない」と言って少しも意に介せず、自ら托鉢して枯淡な生活に甘んじていた。また寺中の荒頽《こうたい》した個所を自ら修理して、土木工事をしていたので手足はあかぎれだらけになった。しかれども朝夕のおつとめ・暁天・夜坐等は叢林のごとくキチンとつとめていた。これを見た檀家の者は「今度の住職はちっと違っているワイ」と言い出して、いつとはなしに天桂に帰依するようになった。そのために寺有田地も寺にかえり、以前にました立派な寺になったのである。

天桂は臨済宗盤珪永琢《ばんけいようたく》と仲よしであった。ちょうど盤珪が駿河島田に庵居していたので、しばしばたずねた、また盤珪も静居寺で遊んだ。ある日、盤珪が静居寺をたずねて諸堂を巡拝していたところ、僧堂に選仏場の額が掲げてあった。これを見た盤珪は「ここが野狐窟か。まなこ、仏に瞞《まん》ぜられるぞ」と独りごとを言った。大衆《だいしゅ》の一人がこれを聞いて天桂につげ口をしたのである、室に帰って来た盤珪に、天桂はすかさず「和尚某甲を見るときいかん」とやった、盤珪は「いや見えぬ見えぬ」と手を振った。すると天桂は大喝《だいかつ》していわく「この野狐精《やこぜい》、木槵子《もっかんす》」とやりかえしたのである、盤珪は「尊答を謝す」と言って二人は大笑した。盤珪は臨済の愚堂・長崎南院山道者等に参じ、寛文一二年（一六七二）、勅を奉じて京都妙心寺に住した尊宿である。

天柱の「三転語」というのがある、三転語で会下《えか》の大衆を説得した。「一転にいわく弥陀仏を念ぜず、南無乾屎橛《かんしけつ》（糞かき棒）。二転にいわく一字画をつけず、八字両ノなし。三転にいわく張三鉄棒を喫すれば李四疼痛を忍ぶ」。これは阿弥陀仏と糞かき棒と同価値だという、つまり事物はみな本位に安住しさえすれば、みな仏だという意である。次は八の字はノの集合体だから八字開きなぞと縁起をかつぐが、社会は因縁生のものだからとりつく場所がないということ。つまり解脱思想を説く、脱落地をいうのである。第三は中国の俗語で、張三郎が酒を呑めば李四郎が酔うというのと同じで、酒を呑むときには世界中が酒を呑んでいる、また酔うたときには世界中が酔うているというのである。世界と自己と同体である、全自己が全世界を占領した境地をいうので、悟境の上に現われた心境を指すのである。

天柱が一日、草木悉皆成仏《そうもくしっかいじょうぶつ》の義を述べて会下を策励した。するとある僧が夜中に鐘楼堂の二階に登り坐禅してウンウン唸《うな》っていたが、突然「天柱和尚、草木成仏と説く、その時節を指示したまえ」とやり出した。寝ていた天柱は飛び出して、「この小僧奴《め》」と言うが早いが鐘楼堂にかけ上がった。そしていきなり雲水の頬をビシャンビシャンと四五回打ちのめしておいて、「草木成仏のときか、それはな、猫年の鳶の日だ」とどなった、この一言で雲水は得脱したのである、合掌して天柱に向かって礼三拝した。天柱の人を接するやり方は大概こんなふうであった。

猫年鳶日とは暦年以前、つまり久遠《くおん》（遠い過去）の昔ということで、草木はこれから成仏するのではなく、活眼を開いてみればすでに成仏した姿であるということを説示したのである。

六、返事をした木像

天桂は森厳綿密な宗風を宣揚して祖道を復古したので、洞宗の玄虎蔵主《げんこぞうす》、臨済の白隠と併称せられたのである（天桂寂の年、白隠五一歳）。二三歳、京に上り戒光院周律師について法華経を聞いた。「六十小劫は猶《なお》、食頃の如し」の句にいたって、大疑団を発して律師にたずねた。しかし満足な返事が得られなかったので、ついに義学の益なきことを知って坐禅三昧に入ったのである。宇治興聖寺龍蟠・万松寺卍室祖海・可睡斎一通松天らに随侍し、特に龍蟠・祖海らの悪辣《あくらつ》なる手段に屈せず、昼夜をわかたず参究すること数年におよんだ、その大根機と勇猛心には同参衆は敬服したのである。のち駿河静居寺開音に謁した、開音は一見して天桂の容貌の凡庸《ぼんよう》ならざることを知って、大いに向上の鉗槌《けんつい》を加えた。天桂はその毒手に屈せず工夫をこらしたので、月余にして契悟《かいご》したのである。

それから泉州（大阪府）蔭涼寺鉄心の道風を慕い安居した、時に鉄心八一歳である、天桂の非凡なることを知って商量数番、天桂の鋭鋒をたたきのめしたのである。いること三年、のち静居寺に帰り開音の嗣法をした（三〇歳）。また常州（茨城県）水戸祇園寺の明僧心越に師事し、江戸に帰りて盤珪をたたき、悟後の修行を怠らなかった。のち京都天龍寺で『六祖壇経』を講じた。『海水一滴』はその筆録である。

晩年大阪在、池田退蔵峰に隠棲した天桂は、一日、仏師を呼び開山堂に安置する自分の木像を注文した。仏師は天桂の生前の生き写しでは開山堂にまつる木像としては人相が恐ろしすぎるので、少し柔らげて刻みあげた。仏師は恐る恐る布をめくって天桂の点検を願った、すると天桂は大喝《だいかつ》していわく「オレはな、こんな比丘尼《びくに》顔はしておらぬぞ、作り直せ」。平常でもかみつきそうな面構えであるのに、怒って大喝した顔はまさに鬼面であった。仏師は恐ろしくてふるえあがったが、天桂の顔の特徴がはっきりつかめたのである。早速その印象を木像に彫刻して、容貌魁偉《ようぼうかいい》の豪僧に仕上げて参上した、天桂は大いに気に入った。「今度のはオレの木像だ、オレの眉毛を植えてやる」と言って自ら毛を抜いたという伝説がある。また出来た木像を開山堂にまつらした、「オレの木像はオレが点眼する」と言って、木像の前に進前した天桂はしばらく木像とにらめっこをしていたが「天桂」と大喝した、すると木像が「オイ」と返事をしたという、それほど天桂に生き写しの木像である。最初の木像は静居寺に、二度目のが陽松庵に安置してある。

天桂寂を示さんとするや、四来の道俗は別れを惜しんで泣いてやまないので、天桂は定中《じょうちゅう》から目を覚ましていわく、「老僧一生祖風の挽回につとめた、しかし教化《きょうけ》はあがらなかった。他日正法を挙揚《こよう》する人の出ずるを待つ。お前たち、涕《な》くのはやめてくれ。その涙を硯の水となして『正法眼蔵弁註』を写して展転《てんでん》して説法してくれ。後来、我を慕う者があったら老僧臨終にこれを遺嘱《ゆいしょく》したと伝えよ、必ず忘れるな」と死の直前に至るまで、『弁註』の宣揚を遺命したのである。

また「老僧の遷化を他に報告する必要はない。弟子だけで葬儀をせよ。石塔もいらぬ、墓には楠木を植えておけ。それよりも二、三の者が永祖の坐禅儀によって只管《しかん》に弁道し、暇をみては一部でも多く『弁註』を浄写して世に宣伝せよ、これが第一の孝順心である」と言っている。『弁註』こそ天桂畢生《ひっせい》の血滴々である。

七、世渡り船歌

元禄一五年（一七〇二）春、門人某が、天桂（五五歳）の画像を自ら描いて賛を求めてきた。それは気骨稜々《きこつりょうりょう》たる頂相であったに相違ないのである。それに賛していわく「戒定《かいじょう》を修せず、業識《ごっしき》茫々。眼目稜角、破口爛腸《らんちょう》。仏法を撥無《はつむ》し、諸方に吐瀉《としゃ》す。咦《いい》。此は是何人ぞ、鬼（紀）州生下の天桂子、断見外道の瞳眠坊（目の玉が眠っている子）」、もって風貌を察することができる。

徳島城主蜂須賀《はちすか》侯、深く天桂に帰依した。一日、示教を乞うた。天桂自ら仏の字を書し、その横に歌を詠んだ、

ほとけとは　誰かむすびけむ　しら糸の　しずのおだまき　くりかえしみよ

城主は無等という号を天桂に授けてもらい、常に心要を問うた。天桂、病に仆《たお》るの報を聞き、急ぎ使者を馳せ参じて、病を問うとともに垂誡《すいかい》を請うた。時に天桂、脇息によって弟子玄端に命じて代筆せしめた。いわく「斉家治国も亦《また》菩薩の行道《ぎょうどう》なり、篤く仁政をしき上下相信じて乖戻《かいれい》あること

莫《なか》れ、是れ老衲末期《まつご》の赤心なり」。

天桂、船歌を作りて某参徒に与えた。いわく、

あれはいづこの船じゃやら、生死無常の大海に、風にまかせて乗りいだす。四大の板を仮りあつめ、で入りの息のかかりの釘、心一つの帆柱に、眼耳鼻等の六枚帆。帆を十分に引上げて、まともに行くはよけれども、ちと傾けて開くのが、舟ののり手の上手さよ。おも柁取楫《かじとりかじ》ゆるすまじ、いずれの方とあてもなく、灘をしらざる船頭は、覚束なくも思はるる。瞋恚《しんに》の浪のたつ時は、早く碇《いかり》をおろすべし、放逸懈怠《ほういつけたい》のすきまより、貪欲水《とんよくすい》の垢《あか》いらば、中の宝はみなすたる。信心つよき巻きはたを、強くきめこむものならば、つひに湊に入りぬべし。

と、人生行路を面白く唄っている。

天桂かつて大燈国師の坐禅歌の「坐禅せば四条五条の橋の上、ゆききの人を深山木《みやまぎ》にみて」というを挙《こ》していわく、山僧はしからず「坐禅せば四条五条の橋の上、ゆききの人をそのままにみて」。これは天桂の歌がうわ手である。通行人を深山の木石と見るのはまだ修行未熟者の言うことである。女は女、男は男とそのままに見る、見るけれども別に邪魔にはならぬ、どうしてやろうという第二念もおこらぬ。そこまで修行は純熟してこなくては、真個の那人《なにん》とはいわれぬのである。

元禄一五年、永平開祖道元禅師四百五十年の遠忌《おんき》にあって、大斎会《だいさいえ》を設けて慇懃丁重に供養会を厳修《ごんしゅ》した。そのときの法語にいわく「天童の正法眼を滅却す、眼横鼻直《がんのうびちょく》人に瞞《まん》せられず、四百五

十年の滞貨、誰か知る点々また瞞々」。

　享保二〇年（一七三五）、天桂八八の秋、ある朝洗面のついでにいわく「老僧、再行脚《あんぎゃ》のこと近づく、玄端、老僧がために埋葬の地を選定せよ」。玄端いわく「老和尚、いまだ矍鑠《かくしゃく》、塔を造ること早し」と拒否した。天桂いわく「いやいや起塔の準備だ、裏山に登ろう」と、天桂自ら山に登った。そして門人を督励して塔所を造ったのである、するとその三日目には天桂は病床の人となった、玄端をはじめ門人らは憂色につつまれたのである。天桂、弟子らを叱《しっ》していわく「諸法因縁生、畢《ひっ》竟《きょう》性空なり。この一段は言いやすく明らめがたし。この事を究明せよ、老僧身心ははなはだ困労す、言わじ言わじ」と。言い終わって、一二月一〇日暁け方に泊然《はくぜん》として遷化《せんげ》した。全身を塔におさめて、その上に一株の楠を植えた、これは天桂の遺言によるのである。墓地を不老峰といい、塔を「霊楠《れいなん》」という。嗣法の弟子三〇有余員、その法孫は天下に広がっている。

第十三章　乙堂《おつどう》・老卵《ろうらん》・空印《くういん》各和尚

一、論客の人——乙堂喚丑《おつどうかんちゅう》和尚

天桂《てんけい》は大阪浪花の蔵鷺峰《ぞうろほう》で曹洞宗の嗣法問題について『調絃《ちょうげん》』を著した。これは「今までの嗣法の見方は調子が狂っているから天桂が琴の絃を合わせてやる」という題名である。嗣書・面授・授記の問題について卍山《まんざん》は面授・嗣書を大切にするがこれは間違っている、永祖のおぼしめしによれば『授記』一巻でよい、と主張するのである。天桂は壮年時代に周律師について法華経の講義を聴いた。そして法華に説く本門論《ほんもんろん》（本具仏性《ほんぐぶっしょう》）と迹門論《しゃくもんろん》（漸々修学）について本門論をとったのである。そのために宗門の嗣法論においても見性《けんしょう》悟道《ごどう》に重点をおいた。そこで眼蔵も、その眼で見たから嗣書・面授巻のない六〇巻本を講じた。だから『弁註』は『調絃』の思想で眼蔵を註したのである。

天桂の『調絃』を早くも知ったのが江戸赤坂盛徳寺の乙堂喚丑（?～一七六〇）である。当時『調絃』は出版されてはいないのに、『調絃』著述後約五年にして乙堂の手に入った。そこで乙堂は享保一六年（一七三一）一一月（『弁註』完成の翌年）『正法眼蔵続絃講義《ぞくげん》』五巻を撰述して、早くも天桂に一矢を酬いたのである（享保二〇年夏再治―この年天桂示寂《じじゃく》）。まだ宗門に誰も反駁論を公式に発表していないのに、乙堂は堂々たる布陣を張った。その論鋒は鋭く、五段方式である。議云・次云・論云・講云・続講云という調子に、水も洩らさぬ論陣である。論じ得て余蘊《ようん》なしとはこのことである。乙堂は実に論客の主将たる王者の位がある。書名の続絃とは天桂の調絃は狂っているから、オレが調べて講釈して聞かせるという意味である。

乙堂はもと華厳鳳潭《けごんほうたん》の弟子であった。のち卍山の弟子隠之《いんし》にほれて鞍替えをして、隠之の弟子になったのである。鳳潭は有名な学者であり論客の大将であったから、乙堂もしたがって学僧であるとともに論筆の人となったのである。宝暦元年（一七五一）六月、桐生鳳仙寺に昇住し、同暦一〇年一一月に示寂した。『叢林公論』五巻、『駁弁道書』二巻の著がある。博学にして神儒仏の三道に通じていた。乙堂と対論すれば必ず対者は負けたといわれている。

『続絃講義』に遅れること八年、元文三年（一七三八）正月、面山が『正法眼蔵闢邪訣《びゃくじゃけつ》』を作り、天桂の『弁註』に対して六個の疑団をあげて闢説した。これより二八年後、明和三年（一七六六）八月、万仞《ばんじん》が『正法眼蔵諫蠹録《かんとろく》』二巻を著した。これは面山の『闢邪訣』を補闕《ほけつ》したものである。

二、天桂を擁護した父幼老卵《ふようろうらん》・心応空印《しんのうくういん》和尚

一方、天桂の曽孫、父幼老卵（天桂―玄端―鉄文―老卵）は、天桂の『弁註』は独断が多いので

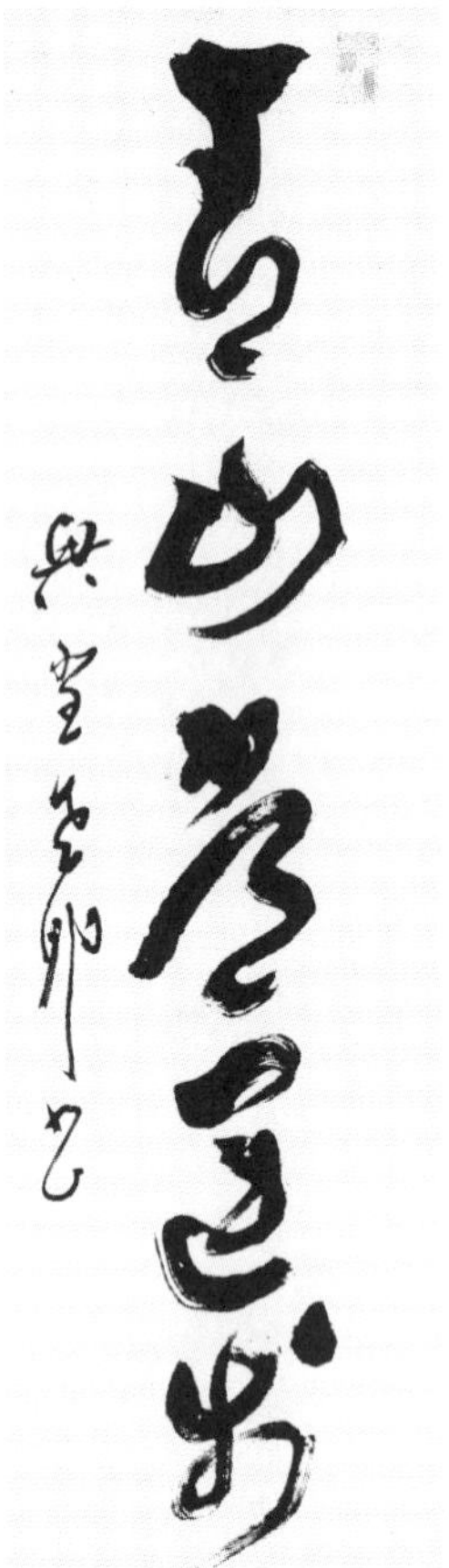

父幼老卯和尚書「青山常運歩」（静岡県・旭伝院蔵）

豊後《ぶんご》（大分県）泉福寺本等によって校訂し、疑点は削除し三五巻を加えて、『正法眼蔵那一宝《ないっぽう》』二三冊を著した。『弁註』より五五年後である。

これは『弁註』よりもよほど完全な眼蔵である。

老卯は羽前（山形県）鶴岡総穏寺の石門について出家し、のち破鏡開祖鉄文の鉗鎚《けんつい》を受けて入室した。大山祐性院・周防（山口県）洞泉寺・善住寺等に住し、宇治興聖寺《こうしょうじ》国英の遺命により天明八年（一七八八。六五歳）興聖に昇住した。岩国藩主、吉川経倫は深く老卯に帰依し、玖珂《くが》の善住寺は藩主が廃寺を再興して老卯を開山に請したのである。興聖寺に出世してからも、諸方から戒師に請せられて大いに化をあげた。『那一宝』は実に吉川藩主が浄財を喜捨し、六八歳の老卯自ら版木に書して寛政三年（一七九一）開版したのである。文化二年（一八〇五）一一月、破鏡庵で示寂（八二歳）した。

面山の『闢邪訣』を反駁したのが心応空印の『正法眼蔵迸驢乳《ほうろじい》』二巻である。天桂の『弁註』は白牛乳《びゃくごにゅう》である。しかるに驢乳（面山を指す）がほとばしっているから、やむを得ず獅子乳を投ずるという書名である。空印は『闢邪訣』に反対して『弁註調絃』を弁護したのである。天桂再来の書といってもよい。しかし往々に人身攻撃がすぎて悪罵嘲笑に堕している。これは『闢邪訣』に遅れること三八年、安永五年（一七七六）九月、泰元院蔵版である。著者空印の伝記はまったく不明であるが、『闢邪訣』に感奮して筆を執《と》った勇気はみとめてよいのである。

第十四章　万仭《ばんじん》道坦《どうたん》和尚

一、八年の工夫

月宗《げっしゅう》・卍山《まんざん》・天桂《てんけい》・面山《めんざん》らの大宗匠《そうしょう》が正法眼蔵の精神に立脚して宗風を宣揚し、曹洞正宗《そうとうしょうしゅう》の面目を一新して宗学を復古したその功績は偉大である。しかしこれらの宗匠の研究で何もかも復古したというわけではない。それは人間の生命には限りがある、精進努力にも限度がある。だから物事はその次代を荷う人に受けつがれて、はじめて完成するのである。

師匠と弟子との間で行なわれる室内三物《しつないさんもつ》（血脈《けちみゃく》・大事《だいじ》・嗣書《ししょ》）について、儀式的方面は卍山によって研究されていたが、その中味の研究は未完成であった。面山は五位を研究したので、五位の上から室内を見たけれども、これとて完全とはいえない。それで室内三物自体の研究が残された問題となった。ところが室内のことは師資《しし》（師匠と弟子）の間でひそかに伝授して、絶対に余人のうかがいを許さないのである。それが伽藍法を排して人法になってからは一層激しくなった。だから法類間においても秘してしまい、容易に三物の拝覧を許さないから、その内容の研究という問題は外観的にもなかなかのことである。また内容を表示する文書は皆目ない。みな口伝口訣で師資《しし》相承《そうじょう》してきているから、これまた手がかりがない。この困難なる大問題と一生取り組んで、ついにらちを明けた傑僧が出現した。それは上州（群馬県）宝積寺《ほうしゃくじ》の万仭道坦である。万仭は眼蔵と秘抄、禅

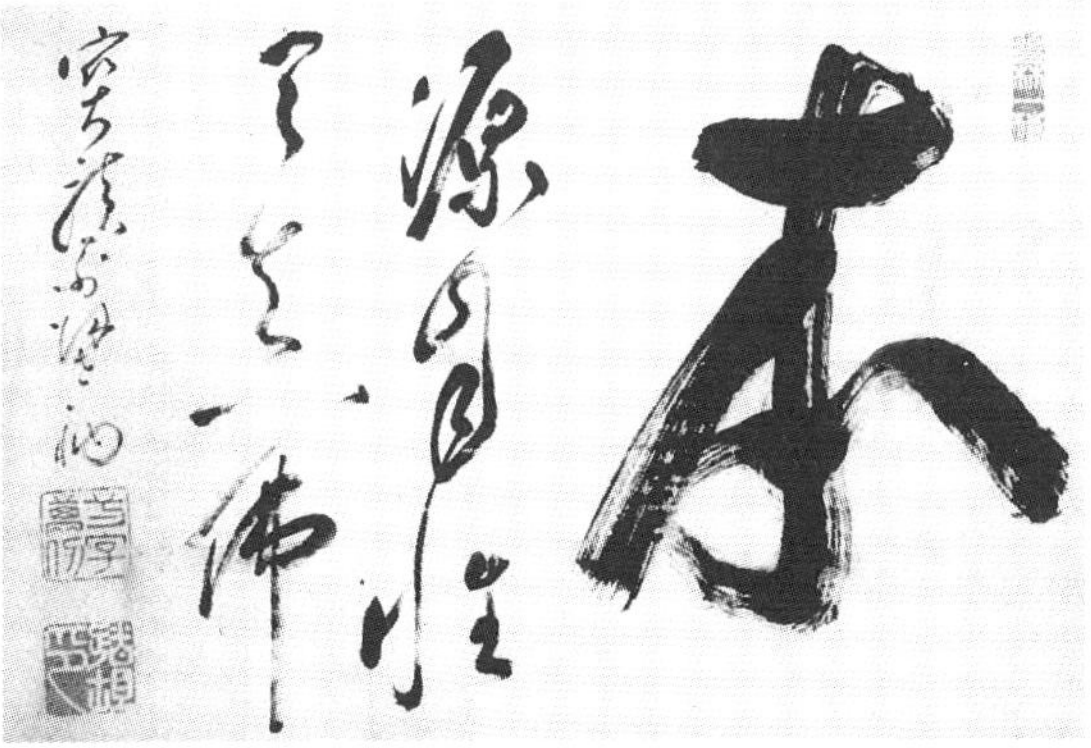

万仭道坦和尚書「本源自性天真仏」（愛知県・花井寺蔵）

と戒、三物と伝法の参研に一生をささげた偉僧で、その労苦は涙なしには拝されぬのである。

万仭（一六九八～一七七五）は元禄一一年、肥前（佐賀県）鹿島に生まれ、浜町泰智寺の万径九峰について得度した。壮年、行脚《あんぎゃ》に出て加賀（石川県）金沢大乗寺に安居《あんご》した。時の住職は卍山の弟子、大機《だいき》行休《ぎょうきゅう》である。大機は万仭に女子出定《しゅつじょう》の公案を授けて工夫させた。これは『無門関』四二則にある難しい公案である。公案の内容はこうである。

「釈尊と文殊がつれだって諸仏の集会所に行った。すると諸仏は各々本処に帰ってゆかれた。ところがみんな帰ったはずであるのに女が一人残っていた。その女はずかずかと釈尊の前に進み出て、仏座のところに坐禅したのである。文殊は驚いて自分も仏座に近づこうとしたが、どうしたわけか近寄れないので

ある。不思議に思った文殊は、釈尊にその理由をおたずねした。すると仏は『それはワシに聞くよりも、この女人を三昧《ざんまい》からおこして聞いてみなさい』と答えられた。そこで文殊は女人を三匝《さんそう》して弾指一下《だんじいちげ》したが、女人の定《じょう》は覚めないのである。次に文殊は梵天に上り神力をもって女の定を覚まさせようと思い、一生懸命に努力してみたけれども、それはダメであった。文殊がショボンとしているのを見て仏は『それはたとい百千の文殊が力を合わせても、この女人の定をおこすことはできない。この下方十二億河沙《がしゃ》をすぎて罔明菩薩《もうみょうぼさつ》がおられる。この菩薩ならば定を出だすことができるであろう』と言われた。すると地から罔明菩薩が忽然《こつねん》として涌出《ゆしゅつ》してこられた。菩薩は仏に礼拝して女人のかたわらによって弾指一下した。すると深い定に入っていた女人が出定した」という物語である。この公案は文殊・罔明はしばらくおく、汝いかにしてか女子を出定せしむ、というのが工夫のネライである。

万仭は六年間、師匠大機にいじめられたが、どうしても透塵《とうじん》することができなかった。そのうちに大機は遷化《せんげ》(六五歳)したので、大機の一番弟子、海印紹光《かいいんじょうこう》に師事したのである。実は海印も女子出定でさんざんいじめぬかれて、ようやく出定が解けた人である。万仭は意を屈せず三年間、海印にたたかれ、ついに出定の鍵を握った。そのときの悟境の句に「雪は空山を圧して、古梅さかしまに開く」。この語は万仭の前後八年間の苦労の結晶である。時に年、三五歳。

文殊は不出処、罔明は出定処、これが公案の見方である。文殊は女子を出すことはできない。十劫以来常に道場に坐定《ざじょう》しているのである。罔明は菩薩である、菩薩だから菩薩を出定させることができる。罔明が罔明を出定するのである。一方（文殊）は浄法界の身、本出没《もと》なし。一方（罔明）は大悲の願力、去来《こらい》を示現するのである。しかし、こうした公案は知解《ちげ》にわたることを禁ずるのであるから、自分の力で出定のコツを悟らねばものにならぬのである。

二、燃える心

万仭は、初めの名は坦嶺、のちに道坦と改めた。徳雲山人ともいう。悟脱を得た万仭は三河（愛知県）貝吹長円寺の泊州皆如の結制で立職《りっしょく》（新長老。三五歳）し、四一歳転衣《てんえ》（和尚号）して備中（岡山県）東光寺に首先《しゅせん》（初住）住職した。昔の東光寺は七堂伽藍が完備していて常在雲水が五〇名は詰めていたという。四五歳、備中美川吉祥寺に転住した。これは師兄《すひん》の後釜に出たのである。さらに四七歳、泊州の遺命によって長円寺に出世した。

長円寺は京都所司代、板倉諏訪守の菩提寺である。板倉はもと京都府福知山の藩主であった。ところが但馬（兵庫県）八鹿永源寺の泊州皆如に帰依して、皆如を福知山久昌寺に請したのである。のち板倉は三河に国替えになったので、皆如は藩主に随って三河に行き、長円寺に住職したのである。長円寺は藩主の寺であるから代々名僧が董《ただ》した。これは藩主が天下に知識を求めて、法類とか本寺とかに関係なく人材登用をやったので、自然に大寺には人物が住職していた。そんなわけから皆如は後席に、自分の首座《しゅそ》（長老）万仭をすえたのである。――長円五世月舟、一一世万仭。

板倉家の家風として長円寺住職は藩主の喪にあうと、住職年限の長短にかかわらず、葬式布施一千両、葬具一切をもらって隠居するという習慣になっていた。ところが万仭は長円寺に来てから五ヶ月目に藩主の喪にあったのである。ために晋山式もあげずに翌年三月三日、三河額田郡保久の万福庵に隠居したのである。すると翌年、肥前の泰智寺（万仭得度の寺）から招待されたので、三月二日に同寺に入山した。住すること六年、宝暦二年（一七五二）秋、永平開山道元禅師の五百回大遠忌《おんき》が大本山永平寺で厳修《ごんしゅう》されるにあたって、万仭は侍真《じしん》（ご開山道元禅師真像に奉仕する役）を拝命したのである。万仭は大いに喜び、数多い法孫の中で、侍真というお傍付きの役を拝命したことは終生の感激であると言って、法悦にひたりながら懸命におつかえした。このときの随喜僧《ずいきそう》は二万三七〇〇人と言われている。

万仭はある日、旧知客《しか》和尚から九州泉福寺に秘蔵する『正法眼蔵経豪抄』の副本が、三河東加茂郡松平村築山の妙昌寺にできたという風評を耳にした。一度は嘘だろうと否定してみたが、だんだん聞き正してみるとそれは真相らしいのである。万仭は小躍りせんばかりに喜んだ。寝ても覚めてもなんとかして秘抄を拝覧したいものだという熱望にかられて、常にその時期の到来を願っていたのである。それが眼前に開けてきたのであるから、手の舞い足の踏むところを知らない。まさしく高祖大師永平道元大和尚の加被力《かびりき》によるものである。ご遠忌の侍真をつとめさしてもらい、そのうえに近くに秘抄のあり場がはっきりしたのであるから、希望に胸の躍るのを止めることができなかった。時に万仭五五歳である。

三、『御抄』のゆくえ

万仭がこれほどまでに『経豪抄』にあこがれたというのは、正法眼蔵の中から口訣《くけつ》をさがし出して、その口訣によって三物の意義をさぐり出そうとしていたからである。それには道元禅師の親口の説法を聴いた経豪が、眼蔵に注解を書いた抄をまず拝覧することが第一の要件である。特に『経豪抄』の終わりには梵網経《ぼんもうきょう》の抄がつけてあって、道元禅師の禅と戒に対する見解が述べられている。だから眼蔵の真意を知り室内の様子を探るには、『経豪抄』の拝覧以外には正しい方法がないのである。

しからば『経豪抄』は、大分県横手の泉福寺開山堂に秘蔵されているのであるから、万仭は佐賀県浜町の泰智寺に住持していながら、なぜに泉福寺をたずねなかったであろうかというと、万仭は泉福寺の鉄則をよく承知していたからである。泉福寺は開山無著《むじゃく》禅師の法嗣《はっす》一六哲の法孫が一年の輪番で住職することになっていた。だから住職はホンの飾りものであって、塔中《たっちゅう》の五院（本護寺・永照寺・帝釈寺・利生寺・浄土寺）が協議して事務をとっていた。また開山堂可中室（『経豪抄』の納まる土蔵）の鍵は、五院代表の二ヶ寺（本護寺・永照寺）が交代で保管していた。しかも五院全体会議の上でなかったら、可中室は開くことができないのである（泉福寺は明治三年、独住制になるまでの四七六年間に四六一世代ある）。

元禄以後、宗統の復古と正法眼蔵参究の熱が宗内に盛り上がってくるにしたがって、『御抄』拝覧を願い出るものがしばしばあった。ところが泉福寺は「御抄は開山無著禅師の秘書であるから、拝覧なぞとはもってのほかのことである。手に触れたり眼で直接おがんだりすると、開山の法罰を受けることは必定《ひつじょう》である。そもそも他人の室中をノゾキ見しようとは、法を軽んずるもはなはだしいことであるから、いかなる事情があっても絶対に開けない」ということに決めていた。だから一切不開・不見・不拝が泉福寺の金看板になっていたのである。

こんな話がある。ある老宿が泉福寺の門前に宿りこんでいて毎日日参して、『御抄』拝覧を役寮に願い出た。一応は断わったが、老宿は一年でも二年でも頑張りますと言って三ヶ月間、日参を続けたのである。さすがの五院も老宿の熱意に動かされてしまった。それで拝覧を許すというわけにはゆかないが、虫干しという名目で可中室の扉を開けるということになった。老宿は感涙にむせびながら着襪《ちゃくべつ》（襪は指又のない足袋＝襪子《べっす》）で開山堂に進前して焼香三拝した、三拝目のときお簾《れん》がスラスラと下がってしまった。頭を上げたときには簾ごしに蝋燭の明かりが見えるだけであった。「おさがりなさい」と知客に言われて、老宿は泣くにも泣けず、すごすごと退山したということである。

『経豪抄』を『影室抄《ようしつしょう》』ともいう。これは開山堂の「影室」という意味である。堂外不出だから秘冊ともいう。しかし現存の泉福寺抄は経豪の真筆ではない。いつの時代かの副本である。それは抄本文の上に「大用代」と横書してある。大用が寺号か人名かは不明である。また説心説性《せっしんせっしょう》巻終わり一枚と無情説法巻中の一枚と梵網経第九不瞋恚戒《ふしんにかい》の始め三枚と、都合五枚の欠漏がある。また文中に「この所不明、（虫くい）聞受か」と断わり書きしたところがある。これは明らかに原本でない証拠である。天文年中（一五三二〜一五五五。徳川八代吉宗の時代）に副本を製作したという記録もある。もっと古いことをいえば源翁和尚の開山所、出羽（秋田県）最禅寺には、源翁の伝写にかかる抄が秘在すると伝えられている（源翁と無著とは同時代）。秘密・不見・不開といってきばっているうちに、原本はどこかにいってしまったのである。それにしてもかえすがえすも惜しみてもなおあまりあることである。

元禄一〇年（一六九七）、泉福寺輪住眉山が『御抄』を護持して永平寺に拝登した。そして承陽《じょうよう》殿《でん》で『御抄』の副本を作って奉納した。時の住職は本山三六世融峰禅師である。その『抄』の奥書にいわく「山僧は影室抄を五〇年このかた求めていた。しかし、どこの室中に秘在しているのかわからなかった。この度、鎮西《ちんぜい》の泉福寺眉山道人が一本を繕写して納めてくれた。時節因縁とはいえ測り知れない法幸である。元禄一〇年夏から秋にかけて一五〇日間の浄写、三三巻畢」。可中室に納めてから三一〇年間、はじめて永平寺に副本ができたのである。先代三五世、晃全禅師は九五巻の眼蔵を編集して公けにした。今また永平寺に『御抄』が納められたことは、融峰禅師にとって実に感慨無量であったのである。面山は晩年、江州（滋賀県）正源寺の室中で『経豪抄』の序を求められ随喜賛嘆している。また伯州（鳥取県）の僧昭天が海東にあるの日、写したという『抄』に序しているから、秘密のうちに求道の志によって展転浄写《てんでんじょうしゃ》されていたものと思われるのである。

四、副本三州へ

寛延三年（一七五〇。徳川九代家重の時代）に、泉福寺輪住三三九世として三河（愛知県）東加茂郡松平村築山妙昌寺の智外鉄忍が迎えられたのである。泉福寺では輪住一ヶ年の間に、何か一つ住職中に記念事業をしてもらうことになっていた。かねて目的のあった鉄忍は、可中室の『経豪抄』は当山に納まってから三七五年余も経っているから、さだめし蠹魚《とぎょ》（紙魚《しみ》）等に損ぜられていることと思う、ついては開山堂で虫干しをし、破損の個所は修理して裏打ちをしたい、あわせて一部副本を作って原本を保護するとともに、万一の場合にそなえるようにしたいと提案したのである。

五院は副本を作ることはどうかと思うと反対したけれども、副本は当山に納めるのであり、虫くいで読めない字もあろうから、裏打ちをする前に一応写しとっておくことが大切であると主張する鉄忍に、五院は同調した。しかしどこまでも開山堂以外には持ち出さないこと、副本一部は必ず当山に納めること、という堅い約束のもとに一切の仕事を鉄忍に任せたのである。そこで鉄忍は開山堂を自分の居室として、他人を一切入れないようにし表具を始めた。鉄忍は一生懸命に法宝の修復をするとともに、副本の製作にいそしみ、そして無事につとめて翌々年の宝暦二年（一七五二）六月に妙昌寺に帰山した。

帰山した鉄忍は妙昌寺開山堂の下に宝蔵を造り、中に何かを納めて厳重に鍵をかけたのである、その鍵も二重になっているというやかましいものであった。こんなしぐさが僧侶間に一つの疑問をもたせることになった。鉄忍和尚は『泉福寺御抄』の副本を持って帰ったのではないか、妙昌寺開山堂に急に厳重に鍵をかけだしたぞ、どうもおかしい、という評判が高くなったのである。事実はその通りであって、鉄忍は副本を二部作製して一部は泉福寺に、一部は輪番退院の節ひそかに袈裟行李《こうり》に納めてかついで帰山したのである。その年が高祖大師永平道元大和尚の五百回忌にあたっていたのである。

ご遠忌侍真を無事につとめた万仞は『御抄』の寺、妙昌寺に拝登して是非拝覧を願わねばならぬ、しかしそう簡単におがましてくれるはずがない、泉福寺では絶対におがませないが、妙昌寺ならば辛棒強く根気よくたのめば拝覧を許さぬこともなかろう。これは大決心して、どうでもこうでもおがましてもらうまで通いつめる覚悟でかからねばダメである。鉄忍和尚は違約して副本を持って帰ったのであるから、そうやすやすと貸しはしない、ともかく善は急げだ。九州に帰ると、またごてづくからというので、万仞は永平寺から住職地、肥前泰智寺に隠居届けを出しておいて、自分が以前に三河長円寺から隠棲した保久の万福庵に落ち着いたのである。

五、四年の恋道

宝暦二年（一七五二）の秋、万仭は妙昌寺をたずねた。万福庵から妙昌寺までは険阻な山道で四里余りある。この道を何年でも通う決心をして玉襷《たまだすき》を上げ手巾《しゅきん》を高く引き上げて歩いた。なんとしても『御抄』拝覧が許されるまでは、命のある限り通いつめるという、鉄のような堅い決心で大願にとりかかったのである。妙昌寺鉄忍は「とんでもない話だ、御抄の副本なぞあろうはずがない。ぬれぎぬを着せられることは真っ平ご免をこうむる」と、あっさり断わってしまった。たぶん、そうくるだろうと覚悟はしていた万仭ではあるけれども、さびしい気がした。でも鉄忍は泉福寺可中室での『御抄』の修復の話をして聞かせてくれたので、法宝に接する思いがして懐しさにふるえたのである。これは気長にかからねば事を仕損ずると悟った万仭は、その日はあっさり帰ったのである。

万仭は妙昌寺に『御抄』の納めてあることは大体見当がついたので、月のうち五、六度往復八里の道を難所とも思わずに妙昌寺に通った。万仭は妙昌寺の小僧となって、『御抄』につかえる覚悟であるから、草取りや庭掃除や台所の手伝いにいたるまで、二度目の雲水になった気持で妙昌寺につかえたのである。そして鉄忍に泣いて『御抄』の拝覧を願い出るのであった、かくすること三年におよんだ。その忍苦と願心には鬼神も泣かせられるのであった。

宝暦五年の秋（万似五八歳）、さすがの鉄忍も「知らぬ存ぜぬ」の一点張りでは、万似が可哀相になってきたのである。「オレが罪を造ったのであるから、万似の道心にほれて御抄をおがましてやろう」と決心した、そこで開山堂に万似を引き入れたのである。喜んだ万似は感激の涙も新たにして叩頭《こうとう》焼香三拝した。見れば開山の下に、古錦に包まれたうず高い物が飾ってあるのである。四〇年来求めて求めて止まなかった『御抄』は今、目前にある。万似はうれし涙にくれて感涙のうちに礼拝したのである。すると鉄忍は『御抄』を宝庫に納めて、ガチャリと錠を下して扉を閉めてしまった。「尊公の道心にほだされて罪を造って拝観を許した。このことは絶対他言はならぬ」と口宣《くせん》して、鉄忍はさっさと開山堂から出て行ったのである。とり残された万似はがっかりした、拝観ではない拝覧を願っていたのである、『御抄』を手に取って読ませてもらいたいのである。しかるに鉄忍は泉福寺の『御抄』拝観を、そのまま万似に再現させてみせたのである。

しかし『御抄』の秘蔵をたしかめた万似は勇気百倍した。今後は日参することだ、おがみ倒しにすることだ、泣きつくことだ、と心に誓った。万似はそれからは雨の日も風の日も、霰も雪もあったものではなかった。八里の山道はなんのその、昔、常啼《じょうたい》菩薩は般若を求めて自分の肉を売ったのである。雪山童子《せっせんどうじ》は獅子の口中に飛びこんで、諸行無常の句を聞いたのである。不惜身命《ふしゃくしんみょう》でなかったならば法宝が手に入るはずはない。万似は自分の心に鞭うって毎日毎日、通いつめること三ヶ月、これには鉄忍の方が驚いてしまった。今までは月に数回であった、それが毎日という熱心さに転じたのである。これをこのままにしておくと世間に『御抄』の秘在が広がる恐れがある。一旦、見せた以上、ないとは言えない。いっそのこと拝覧を許して万仭を満足させることが、『御抄』を生かすことになるかもしれない、それによって自分の犯した罪の幾分なりとも軽減せられることにもなる。万仭がこれほどまでに願い出ているのは、室中の研究がしたいというよほどの願心のこりかたまりであろう。

鉄忍は意を決して万仭に三〇日を限り『御抄』を持ち帰ることを許したのである。丸三年通いつめていた『御抄』を手にすることを許された万仭は、文字通り歓喜踊躍《かんぎゆやく》、実に手の舞い足の踏むところを知らず、おしいただいて衣嚢《えのう》に納め、一冊は手にして四里の道を歩きながら拝覧した。知らぬうちに万福庵に帰っていたのである。

時あたかも厳冬であった。昼夜の別なく飢寒も忘れて、あるいは読み、あるいは写した。『御抄』は三〇巻あるから三〇日の日限では、一日一冊平均に読みこなさなくてはならぬのである。独居の万仭は飯を食う時間が惜しかった。一日を夜間一食にへらして、昼の内は貪るようにして『御抄』に食い入ったのである。しかし『御抄』に明け『御抄』に暮れる三〇日は万仭にとっては短かった。気がついてみると手も足もアカギレだらけになって血がにじみ出ていた。それもそのはずである、三〇日間、剃髪も入浴もせず、まるで夜叉のような姿で狂人に等しい生活をしていたのである。怱忙《そうぼう》のうちに三十日の日限は来たので、心をひかれながら『御抄』を妙昌寺にお返ししたのである。

この間、群馬県小幡宝積寺《ほうしゃくじ》から万似を拝請してきた。万似は『御抄』拝覧の心願が成就するまではどこにもゆかない、と言って固辞したのである。万福庵に帰った万似は『御抄』の抜き書きを頼りにして、眼蔵の本格的参究に入った。やっている間に不審な点が数々出てくる。なにぶん怱忙の間に半ば写し半ば読了した『御抄』であるから、肝心なところを落としている。どうしても今一度『御抄』を拝覧せねば、らちの明かないことになった。といってこれ以上、鉄忍に厚かましく頼んでみてもダメである。思案にくれた万似は翌年春、西加茂郡松平村祐源寺の円山寂照をたずねた。円山は鉄忍の応量器《おうりょうき》（一の弟子）である。万似は辞を低うして自分の素願を述べて、『妙昌寺御抄』をもう一度拝覧させてもらうことを師匠鉄忍に懇願してもらいたい、自分だけでは力が足りないから、なにぶんの援助をお頼みすると、赤心を披瀝して涙を流して懇請した。

円山は初めの間は断わっていた。師匠の非法を公認するような行動は弟子としてとれないと言っていたが、万似のあまりにも強い道心と熱情に同情してくれて、仲をとり持つ役を引き受けたのである。その夏、電覧と称して六〇日を限り拝覧を許された。これによって先に写した個所の欠を補い、解了未透《げりょうみとう》のところを再度読みなおして正すことができたのである。万似の喜びはいかばかりであったろうか。宝暦二年冬から六年（五九歳）夏にかけての五年間、万似は『御抄』拝覧の一筋に生きぬいてきたのである。

同暦六年秋、宝積寺から再度の招待が来た。万仭は浄写の『御抄』を抱いて一一月三日、宝積寺に入山したのである。それから三年間参究して『御抄』拝写の草稿を改めて『正法眼蔵秘鈔』三〇巻をつくった。また詮慧《せんね》の『御聞書』を抜き書きし、それに自己の私見を加えて『正法眼蔵傍訓』二〇巻をまとめたのである。宝暦八年には『禅戒鈔』一巻、また開宗以来はじめての研究発表である『三物秘弁《さんもつひべん》』一巻を著した。同一一年には『伝法弁』『伝戒弁』『禅戒本義』『正法眼蔵面授弁』『諫蠹録《かんとろく》』『渉典補闕録《しょうてんほけつろく》』等、次々に発表したのである。

万仭の卓見は眼蔵の口伝で三物・禅戒・室内を研究し、三物の口伝で眼蔵をこなしたところにある。一生を眼蔵と御抄、三物と禅戒に捧げた万仭は、愛知県挙母町霊岩寺大堂の再会に助化師《じょけし》に行って、そこで遷化した（七八歳）。遺骨は思い出深い万福庵に葬ったのである。

万仭は「永平の児孫でありながら、正法眼蔵は難解の書であるから読んでもわからぬ、わからぬものを無理に解了する必要はない、といって眼蔵を読もうともしない。これは法孫でありながら、高祖大師は有難いが、その教えの眼蔵は信じないというのと同じことだ。はなはだしきにいたっては黄檗・臨済の師家《しけ》について参禅し、他宗の禅書を信じて提唱している。そして眼蔵には禅はない、眼蔵は道元禅師の感想録だと称している。これらの徒はまったくその児孫にして開祖を冒瀆する者である。また永平の室内面授相伝の法を滑稽事だと笑う人さえある。これらの者は道元禅師の真個の禅を知らぬ輩である。禅師を信奉すればするほど眼蔵に親しんでくるのが当然である。今の曹洞宗僧侶には宗門にいて宗門を毒する獅子身中の虫がいかに多いことか」と、嘆いている。だからこそ正しい眼蔵の参究に骨を折ったのである。そして一生を高祖道の挽回にささげたのである。

その後、三河妙昌寺の『御抄』は、豊後泉福寺からの詮議が厳しくなってきた。そこでもう一部、副本をつくって能登（石川県）総持寺に納め（妙昌寺記録、ただし隠密裡）、自分の副本は弟子をして泉福寺に返還したのである。泉福寺ではそれを五院立ち合いの上で焼却した。これは泉福寺では『御抄』は開山無著禅師の秘書であるから、公開して他人に拝覧さすべきものではない、天下に『御抄』は泉福寺に一本あるだけである、という考えであった。だから元禄十年に永平寺に副本を納めた以外には、今後は副本もつくらせないという厳しい鉄則に決めたのである。

六、天授の『御抄』

万仭会下《えか》の即天・義天白彭《ぎてんはくほう》・慧倫玄亮《えりんげんりょう》は当時三羽烏といわれて傑出していた。即天は随身、義天・慧倫は万仭の弟子である。三人は万仭の『御抄』を浄写したが、そのときに万仭は「この秘抄は、わしが怱忙の間に二回にわたって写したものであるから文意の通ぜぬ所がある。それで本物の『御抄』と校照してみたいと思うけれどもその時機がない。お前たちは若いのであるから九州泉福寺に拝登して『経豪抄』を拝覧し、浄写本と照らし合わせてみるがよい」と諭した。

師匠の万仭があれほどまでにこがれている『経豪抄』であるから、自分たちの手でなんとかして拝写して師匠におがましてあげたいものだと、三人はよりより話していた。そこで安永三年（一七七四）夏、即天・慧倫は行履物《あんりもつ》を売って旅費をつくり、途中托鉢をしながら泉福寺に向けて出発したのである。即天は弟子哲山をつれて三人旅である。泉福寺の鉄則はなかなか堅いから、『御抄』拝覧は簡単にはゆかないだろうが、おがませてくれるまでは何年でも頑張るつもりで、托鉢でもらったお金を軍用金にしてという考えで、手間どりながらも一一月下旬に大分県横手泉福寺に到着した。尋常一様の手段では断わられるので、宿願状を血書血判して願い出たのである。「拝覧が許されるまでは何年でも土下座で待ちます。たとい泉福寺の土になっても動きませぬ。不幸にして息絶えたときには再来して土下座をいたします」という決死の誓願状を呈出したのである。

泉福寺側では、これは時流にのるありふれた拝覧僧とは違い、万仭の弟子らである、しかも血書の誓願状ははじめてである、というので即日五院会議を開いて協議した。しかし、かって拝覧を許したことのない『御抄』であるから許可するというわけにはゆかないが、協議の結果を彼らに伝えるということにした。

「当本山は冬期制中（江湖会《ごうこえ》）である。制中は拝宿、点心ともに許可しないのが本山の山法である。制中は鑑桑《かんそう》（静寂）を旨とする。いきなり血書の誓願状を出すことは山内を動乱させるものである。

宿願あらばおもむろに願い出られよ。本日はとにかく下山せらるべし」

と言い渡した。即天はすかさず、

「生死事大《しょうじじだい》、無常迅速《むじょうじんそく》なり。この厳冬をいとわず、また当山の山法を知ってことさらに犯してきたというのは、やむにやまれぬものがあっての次第。師匠万仭の本懐を思い、また我らの素願も師に劣らぬものである。この師資二代にわたる熱情に、じっとして時期を待つという悠長な気分にはなっていられない。児孫が法祖の法宝を慕い身命を賭《と》して遠きをいとわず法を犯してきた、その心情をご推察願いたい。当山役寮衆も永平の児孫であろう、請う宥恕《ゆうじょ》して我らの宿願を憐愍し給え。官には針を入れず、しかし私には車馬を通ずるという格言がある。本懐を遂げるまでは九年面壁《めんぺき》なんのその、一〇年、二〇年でも土下座して待つ覚悟で参りました」

声涙ともに下し、即天は号泣しながら哀願した。泉福寺もさすがは万仭の弟子だけあって、熱情があふれていると大いに感激して、一応近くの延命寺に拝宿することを許可したのである。

翌日、泉福寺から即天に所持の『秘抄』を持って上山するようにと使いが来た。喜んだ即天は案ずるより産むが易いとはこのことだ、仏天の加護力かくのごとし、と大いに張り切って上山した。するとは泉福寺では即天の『秘抄』を取り上げてしまった。即天はくれぐれも『経豪抄』との対校をお願いして引き下がったのである。泉福寺では『御抄』は天下に一本しかないはず、でたらめの副本は取り上げてしまえ、というので即天に持参を命じたのである。そんなこととは知らない即天は対校中と思って待っていた。しかし幾日たっても音沙汰がないのでしびれを切らして、年末の大晦日に五院代表の本護寺に伺い出たのである。

「ご三衆の熱願には我らも感激している。我らの手でできることであったならば拝覧も対校も許可してさしあげる。しかしながら事、開山無著禅師の室中に納めてある秘書であるから、開山さまの許可が出ない以上はどうすることもできない。世間に秘在している『御抄』の副本は、見つかり次第取り上げて焼却するのが山法である」

聞いていた即天はびっくりした。息の止まるのをようやく静めて急いでたずねた。

「私の持参した御抄はどうなりましたか」

本物と対校中のため手間どっているのだとばかり思っていた即天には、青天の霹靂《へきれき》というか、千仭の谷底に突き落とされた気がしたのである。それもそのはず大切に所持してきた秘抄は、すでに焼かれて灰になったという話を本護寺から聞かされたのである。眼の先が真っ暗になって顚倒しそうになった。ミイラ取りがミイラになった、飛んで火に入る夏の虫とは自分らのことだ。『御抄』を求めてついに自分の『御抄』まで焼かれてしまったのである。暗然として生気を失った即天は、ただ熱いくやし涙が止めどもなく流れて膝をぬらすのである。鬼のような冷酷な五院の仕打ちが恨めしくて、腹がたっておさえることができない。

「即天和尚」

泣いて泣いて泣き伏して嗚咽《おえつ》にむせんでいる即天の肩をたたく者がある。泣きぬらした顔を上げて見ると本護寺和尚も泣いているのである。

「尊公らの護法心には、わしも愍痛限りないものがある。今日はわしの秘密をお話ししよう」

すっと立ち上がった本護寺は、奥から古い汚れた袋包みを取り出して即天の前においた。そして「これは先師が本山輪住の際にひそかに写した『御抄』である。取締役の寺の住職が写したのであるから、まったく処置に困って、わしは天井裏に隠していた。このことは師匠とわし以外は誰も知らない。尊公らのあまりの熱願にほだされて、師匠の非行を他言してしまった。ついては絶対に不見他人を条件に、尊公らに借してあげるから読まれるがよい。ただし非常に速筆の書き流しであるから判読が困難である。また原本と校照したのではないから、正邪のほどもわからないが参考に拝覧を許す」と言うのである。

即天は泣きはらした眼をしばたたいて茫然とした。一憂が一喜に変わる変転の激しさに嘘のような気がしたのである。しかし包みを解く本護寺の手はふるえていた。反古紙《ほごし》に包んだ中から新しい『正法眼蔵抄』が取り出されたのを見て、即天は二度びっくりしてしまった。これはまさに一大事の出来《しゅつらい》だ。「驪珠《りじゅ》（龍の顎《あご》にある玉）眼前に現成《げんじょう》す」と思わず口に出て三拝九拝した。永年の願望が成就した喜びとともに、なんという不思議な因縁もあるものかと、しばらくは口もきけなかったのである。

明ければ正月元旦である。三人はとてもうれしかったが、わざと喜びをかくして早朝本山に登って祝賀を述べ、五院にも一々拝賀して宿舎の延命寺に帰った。即天の持ち帰った『御抄』と慧倫所持の『御抄』と対校すべく、二人は抄を分けあって終日黙々として精励したのである。正月というのに笑い声もせず、点心もなく、接心のように孜々《しし》として本とにらめっこを続けたのである。一日二日と日夜の短いのを憂いつつ校訂を進めてゆくこと旬日に及んだ。だが進むにつれて二人は相互いに顔を見合わして長嘆息を洩らすのであった。というのは本護寺本も万仭本と同じく急忙の間に盗写したものであるから、脱字抜文と思われる個所が相当にある。だから脱本と略本との校照ということになってしまい、いずれが正、いずれが非とも判定のつかぬままに進めるよりほか仕方がない。これでは即天らの意志に合わないのである。一喜は一憂に転じてしまった。鳩首《きゅうしゅ》協議してみるけれども原本を持たない者はどうすることもできない。不安な思いで半月はたってしまった。だが仕事が進めば進むほど不安はつのるばかりになった。正月一八日、二人は言い合わせたように校合をやめてしまったのである。

この上は再度、泉福寺に願い出て原本の拝覧を頼むか、あるいは一応引き返して師匠万仭に報告してから再起を期するか、いずれかである。といっても現状では泉福寺が拝覧を許すことはまずない。ここで犬死してても仕方がない、だから今回は残念ながら送行《そうあん》（帰国）して、いつかは本護寺和尚が本山の輪番に出るから、そのときをねらっておがみ倒すのが一番の手であろう、ということに衆議は一決したのである。

暖かいという豊後（大分県）が昨夜から急に冷えこんできて、今朝は一面雪の薄化粧である。即天らは行履物を整理して旅装を整えた、時は安永四年（一七五五）正月二〇日である。まず泉福寺大方丈に暇乞いの拝をし、再来を期する旨を述べて帰国の挨拶をした。次に塔中《たっちゅう》五院の本護寺には特に暗黙のお願いをした、最後に塔中永照寺に挨拶した。「師匠万仭も老年であるから、いつ無常の風にさそわれるやも計り知れないから、ひとまず帰国して師匠に報告したい。しかし必ず再安居してどうしても開山無著禅師に相見《しょうけん》することを金毘羅大権現に祈誓しているから、しばらくのお別れではあるが帰ります」という、即天の眉宇《びう》には決意のほどがうかがわれていた。永照寺主は点頭して道中の安否をねぎらって再会を約するのであった。別れを惜しむように門送までしてくれた寺主に、即天は丁寧にお辞儀をした。

「ちょっとお待ち」

即天らの一行が五、六間ばかり門を離れたと思うところに、永照寺主が呼びとめたのである。ケゲンな顔つきで三人が引き返すと寺主は門を閉めてしまった。三人を本堂の裏側から招き入れたのである、即天は早くも何ごとかあると直感した。寺主は須弥壇下から古錦の袱紗《ふくさ》包みを取り出してきたのである、そして小さい声で話すのである。

「何代前かの当寺住職が本山泉福寺に輪番住職した。その人が五院の許可を得て開山『御抄』を補飾した。そのときに急ぎ原本の引き写しをした、浄写ではない引き写しであるから原本と寸分の間違いはない、冊数も違わぬ。しかしこれは山法を犯しての仕事であったから、永照寺にひそかに持ち帰って隠匿《いんとく》して今日まで伝えてきた。ところが、ふとしたことから先般この件が露見してしまい、本山はもとより五院の詮索が厳しくなってきた。明日は泉福寺役寮が来て、この秘抄を点検し、即座に焼くことに決められている。明朝は焼かれる運命にある『御抄』であるが、即天らの道心にほれて、ひそかに拝覧を許してあげる。しかし持ち出しは絶対にお断わりする、ただ今生の名残りにおがませてあげるまでである」

即天は意外の思いに打たれたのである。先の本護寺本は速筆乱筆であったのに反して、これは引き写しであるという。引き写しならば原本の模写であるから、正しく求めている『経豪抄』と同価値のものである。もっと早く内密に我らに知らせてくれたならば所持本と校照してみるのであるが、明日焼くことに決定しているという。思うに任せぬ世の中ではあるけれども、なんとしても惜しみてもあまりある仕打ちである、なんとかよき方法はないものかと早くも頭を悩ましていた。寺主が取り出した『御抄』は本護寺本とは違い、竹紙に書いたまごうことのない模写本の『御抄』である。これを手にした即天は感涙が泉のように湧いてきて、しばらくは止まらなかった。それもそのはずだ、万似以来求めていた『御抄』を模写本にもせよ手にすることができた即天は、無上の歓喜に打たれたのである。

即天は一計を案じて寺主に哀願した。「かかる法宝を単なる山法を楯にとって焼却することは、法を惜《おし》む罪になる、といってこのまま持ち出すこともできない。そこで私らの慧倫所持の『御抄』が一本ある、これは師匠万仭本の写しではあるが模写本が見つかった以上惜しいことはない。だから万仭本を身替りにして焼き、この模写本を我らに賜りたい」としきりに懇願した。永照寺主は当惑していたが、三人の熱望に動かされて不精無精に承諾した。しかし即今にということはできない、よもや本山が内容の点検を一々するとは思わないけれども、万一のことがあっては心配である。だから明晩の煙を合図にしよう、煙が上がったら点頭《てんとう》したものと思い、夜陰に乗じて模写本を受け取りに来てもらいたい、それまでは三人衆は姿を隠していてくれ、という話になった。三人は宿坊延命寺に暇乞いして送行したふうに見せかけて、永照寺近くの民家に宿《とま》ったのである。その晩は喜憂交々《こもごも》に交差して眠ることができなかった、期せずして面壁坐禅して夜の明けるのを待ったのである。

「煙が上がっています」

若い哲山が障子を開けて小声で叫んだ、なるほど朝靄をついて永照寺の方角から紫煙が上がっている。慧倫は眼をこすって紫煙を見なおした、その眼には涙が光っていた。あれほど大切にしていた自分の『御抄』が焼かれているのであると思うと、なんともいえぬ感慨に胸がつまってくるのである。即天は一喜一憂である、はたして慧倫本が焼かれているのであろうか、運悪く慧倫本と模写本と二つながら焼かれてはいないだろうか、心配でたまらなかった。ただ心に仏天の加護を念ずるよりほかに方法はないのである。三人は煙に向かって涙に濡れた手を合わせて立ちすくんでいた。

勝負はこれからだ、もう一度夕方に煙が上がったら本懐成就だ。上がらなかったら二人とも『御抄』を取られて焼かれたことになる。若い和尚が泉福寺に『御抄』拝覧に来て、二人とも取り上げられて焼かれたとあっては、師匠に合わす顔もない、成功か失敗か、思えば進退がきわまってきた。やるせない思いに胸をかきむしられて座っていることさえできない。長い一日だ、早く夕方になってくれ、三人は太陽に祈りたい気がするのであった。

「アッ煙が、煙が」

思わず慧倫は叫んだ。朝方とは少し違った位置、永照寺の本堂裏らしいところからむらむらと煙が上がっているのである。即天は手を握って「快哉《かいさい》、成功」と言ってシコ踏みをした。「有難や、仏天の冥護《みょうご》、験《げん》あり」と言って煙を仏さまのように伏しおがむのである。

その晩、慧倫・哲山の二人は永照寺の裏門から、無事に模写本の『御抄』をかつぎ出したのである。これさえ手に入ったら何もいらない、と言って三人は行履物一切を売却した。そして得た金子《きんす》五両を永照寺主に報恩金として納めた。そして寒中ほとんど裸のままで『御抄』を抱いて飛び出したのである。

奇跡というか天与の天授か、不思議な大因縁によって、思いもよらぬ『御抄』を手に入れた即天らは、出雲（島根県）赤江の法雲寺に落ち着いたのである。ここで相談の結果、模写本は二人で折半することにした。すなわち一巻・三巻等の奇数は即天、二巻・四巻の偶数を慧倫所持と決めて互いに足らぬ巻を浄写する。即天は偶数巻を、慧倫は奇数巻を写して自分のものにすることに決めたのである。さて協定はできたけれども昨年の夏からの疲労と、泉福寺での身を削る辛苦の疲れが、気が落ち着くにしたがって次第に出て来て、二人とも写本は遅々として進まなかった。ようやく写了したのは梅雨明けの五月の末であった。

慧倫は出来上がった『御抄』を袈裟行李《けさごうり》に入れて、関東に向けて出発したのは六月も半ばすぎていた。三河に近づいたころ、師匠万仭は挙母《ころも》霊岩寺の出会先で六月四日に遷化したことを聞いたのである。慧倫は自分の無道心を恥じてじだんだを踏み、身をつめくってくやしがったのである。写本にもっと努力していたならば間に合ったのであろうに、と思えば泣いても泣いても泣ききれぬものがあった。遺骨の納めてある万福庵にたどりついた慧倫は、開山万仭和尚の真前に、写したばかりの『御抄』をお供えして、座具を展《の》べたまま頭が上がらなかったのである。

六〇〇年来『経豪抄』が伝来してきたことは、一に泉福寺が秘本として厳しく守りぬいたお蔭である。明治三六年（一九〇三）、時の泉福寺住職田原普界は、法宝の埋れているのを遺憾として公開を発願した。一二月、東京鴻盟社から出版したのである（洋装本）。その本に西有穆山《にしありぼくさん》禅師が「一毫《いちごう》無仏法」と題辞した。一毫無仏法とは永祖の宇治興聖寺開堂の法語である。これを見たあるお知識さんは「いよいよもって正法眼蔵の安売りが始まった。眼蔵は読むものではない、おがむものだ。読んでわかるようなものは眼蔵ではない、わからぬのが眼蔵だ。一毫無仏法ならなぜ今日まで禅が伝わったのだ、とかく西有和尚は仏法を現代化して堕落禅を説く」と言って気焔を上げたという話がある。

明治でさえこんなふうであったのであるから、万仭時代がおよそ察せられる。しかし現代は便利になって『御抄』は単行本もあり、全集本にも収録されているからいつでも手にすることができるのである。その反面に『御抄』を読む人は、はなはだ少ないのであるから、普及はしていても実際に参究する人の度合いは、昔も今も変わらぬというあまり芳《かんば》しくない今日である。

第十五章　指月《しげつ》・本光《ほんこう》・蔵海《ぞうかい》各和尚

一、灯影辺裡《とうえいへんり》四〇年――瞎道本光《かつどうほんこう》和尚

正法眼蔵九五巻の和文を漢文体にした人は、瞎道本光（一七一〇～一七七三）である。これは正しい意味の漢文ではなく、単に和文読みを漢文読みに改めたのであるから、本光一流の漢字体ということになる。本光は宝暦時代（徳川九代家重の時代）の人であるが、当時は公儀の書類はみな漢文であったから一般的に漢文を尊重し、和文は一段格下の文に見られていた。ために眼蔵を漢字体に書き改めたのである。この大業がわずか一三ヶ月の短日月になされている。すなわち明和六年（一七六九）一二月末に筆をおこし翌年一二月五日に完結している（本光六一歳）。しかも巻題に「参」と称して一転語《いってんご》をつけ、これを『却退一字参《きゃくたいいちじさん》』と名づけた。また本文中数句ごとに註と典故《てんこ》を加えたのである（『参註』と略称）。

初めは常州（茨城県）龍崎山王庵に三ヶ月、次の四ヶ月は秋田霊仙寺に、あとの三ヶ月は土浦東光寺に、最後の三ヶ月は秩父光明寺に各々助化《じょけ》をつとめながら、四ヶ所に居を転じてやりとげた

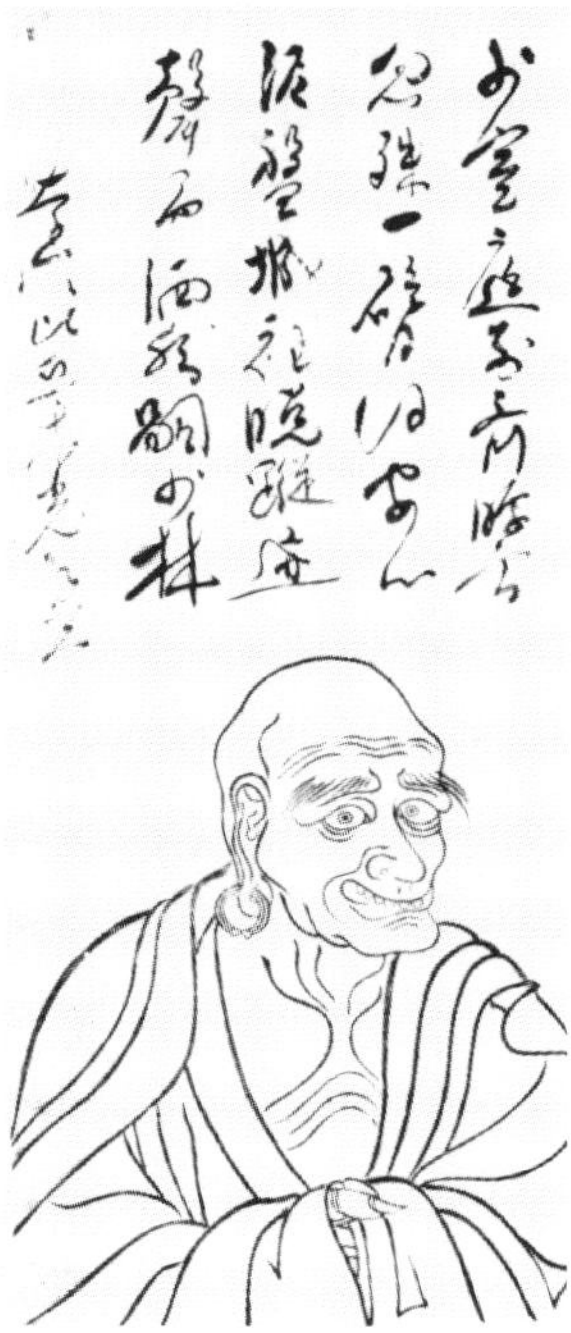

瞎道本光和尚賛・二祖慧可大師頂相（静岡県・旭伝院蔵）

のである。その精励刻苦と博学には驚歎するのである。神力に等しいわざといってよい。ただし一気呵成にやったために所々に錯解《さくげ》があった。これを見てとったある知識が関三刹の首席総寧寺にあて、『一字参』の非をあげて訴願したのである。本光もそれに気づいていたので、その後改訂しつつあったが『一字参』完成後、三年（安永二年十月）に遷化した（六四歳）ために、手入れした本は全巻の約半数にしか達しなかったことは、はなはだ遺憾である。

本書の撰述後、約四三年（文化九年）本光の遺命を受けた江戸牛込保善寺の甫天俊昶《ほてんしゅんちょう》が、老年にいたって自費で版をおこしたのである。俊昶は師の命を果たさんとして四〇年間、孜々《しし》として蓄財して業を成したことは偉業といわねばならぬ。しかも一文も他力を借らずに、版木は保善寺什《じゅう》物《もつ》となし、刷り上がった何部かの『眼蔵却退一字参』（一組一四冊）は同学の士に施本したのである。本光はこのほか『大智偈頌《だいちげじゅ》』『五位顕訣《ごいけんけつ》』『永平広録』『宏智録《わんしろく》』等に参註を書いている、その学殖の深さには驚かされる。本光若き日（二三歳秋）、丹波（兵庫県）永沢寺主に随侍したとき、寺主は正法眼蔵弁道話を示した。爾来、本光は正法眼蔵に身心を投げ捨てて、寝食ともに正法眼蔵で明け暮れすること実に三九年におよんだ。しかもなお「灯影辺を行くがごとし」と述懐している。六一歳、（弁道話）参註に手をつけた。一生を眼蔵の参究にささげ、その間しばしば江戸駒込の吉祥寺栴檀林《せんだんりん》（今の駒澤大学の前身）の招きによって、正法眼蔵を講じたのである。

二、博学広識の指月慧印《しげつえいん》和尚

『正法眼蔵私記』を書いた本光の師匠は指月慧印（一六八九～一七六四）である。指月は卍山の弟子の智灯照玄に随侍《ずいじ》して、法を武蔵（埼玉県）龍淵寺の牧田春翁に嗣《つ》いだ。当時、指月の博学広識には肩を並べる者がなかった。卍山・天桂・面山らとともに曹洞中興の高僧と尊崇せられている。武蔵（埼玉県）押切の西光寺、同小曽根の西光院、川崎に養光寺を創《はじ》めて三ヶ寺の開山になった、それで自称三光老人という。著作に『参同契《さんどうかい》・宝鏡三昧《ほうきょうざんまい》不能語《ふのうご》』『五位説不能語』『坐禅用心記不能語』『三百則不能語』等がある。特に指月の仮名法語は有名である。その中に「貪求《とんぐ》蓄積はみな邪命なり、人生幾

指月慧印和尚書「金毛獅子振全威」（愛知県・花井寺蔵）

ばくもなき身命なり。ただ道なきを憂え、物なきを憂えざれ、物の蔵積は道人の恥ずべきところなり」と。もってその人となりがわかるのである。指月の不能語は簡にして要を得、痛いところをついている。その法嗣《はっす》本光も師匠にならって簡潔に註釈したのである。指月は明和元年、七十歳で寂した。このとき面山八二、本光五五、万仭六七歳である。

三、病間の『私記』——雑華蔵海《ぞっけぞうかい》和尚

眼蔵九五巻の全文にわたって註釈私見を加えた人は蔵海（一七三〇～一七八八）である、名づけて『私記』という。『経豪抄』は七五巻であるから眼蔵全巻とはいわれない。しかるに蔵海は『経豪抄』と本光の『参註』を参考にして、『私記』を書いたのである。しかも『参註』に対しては全面的に受け入れてはいない、錯《あやま》りは錯りとしてみて、断固として自分の見解を示している。つまり眼蔵を見る上に一卓識を堅持して書いたのが『私記』である。だからいわば眼蔵の唯一無二の指針書となるのである。しかも蔵海が三〇年間、眼蔵に食い入って熟しきった腹で手腕を振っているから、後学者にとっては宝典である。

蔵海は大分県宇佐郡安心院《あじむ》の人で、同村の永照寺四世、大洪瑞仙に嗣法した。若いときから江戸駒込栴檀林で宗乗の参究に浮身をやつした。その期間ははっきりわからないけれども二〇年近くいたものと思われる。栴檀林には指月が数年間提唱した。そのあとに本光が『碧巌《へきがん》』や五位、眼蔵の

提唱をした。したがって蔵海は指月・本光の侍者になって随身したのである。指月の示寂後はもっぱら本光に随侍した（蔵海三五歳）。のち蔵海は衆の請によって栴檀林の講師となり、『碧巌』を講じたのである。

三八歳、同寮の推挙で茨城県土浦東光寺に住した（七世）。東光寺の五世明山祖白は大分県の人、六世千山功鈞は大分県宇佐大善寺雷門の徒弟である、そんな関係から推されたのである。四十一歳夏、本光を請して（西堂助化師《せいどうじょけし》）初会結制《しょえけっせい》を修行した。その間、東光寺に一ヶ月間の眼蔵会《げんぞうえ》を開き、本光に眼蔵の提唱をしてもらった。安永五年（一七七六。四七歳）同県結城郡石下《いしげ》の興正寺に昇住した、興正寺は地方の古本寺格の寺である。興正寺に出てからの蔵海は健康が勝れなかった、特に五〇歳の夏、病患にとりつかれて、いよいよ自分の寿命を知った。そこで眼蔵にはまだ食い足らないけれども今生の命に限りがあるがゆえに、というので自分の宿惑、懈怠疎懶《けたいそらん》を恥じつつ、愚意の発明するところを記して『私記』と名づくと、これは忽忘《こつぼう》に備えるのであって、なんぞ人前に呈露せんや、と謙遜している。

三〇年眼蔵に参じて、しかもなお「面牆而立《めんしょうじりゅう》」と述懐した蔵海。四〇年参じて「灯影辺」と言った本光。古人の眼蔵にささげた一生は実に貴いものである。それにしても永祖の眼蔵はなんという深々海底行であろう。食っても食っても、汲んでも汲んでも不尽無底の法乳水である。

『私記』は五〇歳の秋、筆をおこし、病間小康を経ては書きつづけ、五六歳三月（天明五年―一七八五）九五巻を完了した。このほか『正法眼蔵傍註』一〇巻、五八歳、『碧巌録私記』二巻を著述して五九歳（天明八年四月）で遷化した。天寿の短いことは惜しいことではあったが、蔵海の意図していた仕事は一応完結して定中の人となったのである。

四、馬で入山

土浦東光寺に住した蔵海はもっぱら眼蔵の参究に没頭していた。住職した翌年、弟子をもらい良寂と名づけた。蔵海は時折り良寂をつれて筑波山に登って浩然の英気を養った。方丈に籠りがちの蔵海にとっては、晴天の日の登山はなんともいえぬ愉快なものであった。日の丸弁当を腰にくくりつけてなりふりかまわず、解放されたような気持で小僧を相手に関東一円が眺望できる筑波山に登ることが、唯一の楽しみであった。

蔵海が東光寺在住九年で石下興正寺に出世したことについては、面白い因縁がある。興正寺一二世、恩禅好沢が安永五年（一七七六）八月に示寂したので、檀家は恩禅の弟子梵龍《ぼんりゅう》を後住に請した。ところが梵龍はオレよりもえらい和尚を据えるからと言って承諾しないのである。檀家がそのえらい和尚はどこにいるのだ、と聞いても梵龍は言わない。ただオレに任せておけ、それよりも新命の入山日を決めろ、そうしたら間違いなくオレが新命和尚をつれて来るからと言う。檀家は不安ながらも梵龍の言うことだから間違いはなかろう、というので新命和尚の顔も知らずに晋山《しんさん》日を決定したのである。

いよいよ入山日が来た。さてどんな和尚が入山するのかと、檀家は総出で新命を迎えたのである。すると飾りつけた馬、馬にまたがる和尚、馬の轡《くつわ》をとる和尚、なんと近づいてみると馬上の和尚が新命、轡を取っているのは檀家が帰依している梵龍であった。輿《こし》とか駕籠《かご》の入山はしばしば見るけれども、馬で入山、馬子が梵龍とは檀家も驚いたのである。これは蔵海と梵龍とは駒込吉祥寺の同参であった。梵龍は蔵海にほれこんでしまい、貧寺の東光寺におくのはもったいない和尚だというので、自らの師席を譲ったのである。

蔵海としてはそんな気分は毛頭なかったが、突然梵龍がやって来て、興正寺に入山してくれ、馬をつれて来たという。蔵海はむりやりに馬に乗せられて興正寺にかつぎこまれたのである。しかし蔵海の晋山上堂の法語、味のある問答に随喜寺院はすっかり頭を下げてしまった。また檀家も梵龍が馬の轡をとって敬意を払うほどの新命和尚なら、よほどえらい人に違いないというので、晋山式で僧俗ともに蔵海に帰依したのである。驚嘆したのは東光寺側である。そんなえらい和尚とも知らず、黙々として弁道している和尚だぐらいにしか思っていなかったのに、知らぬ間に本寺興正寺に迎えられたのであるから、鳶に油揚げをさらわれた犬のように茫然としたのである。

梵龍は一本気の和尚であった。言い出したことはどうしても承知しない気性を知っていた蔵海は、補住のつもりで興正寺に出た、そして梵龍は興正寺末の筑波郡吉沼大祥寺に住した。ところが硬骨漢の彼は檀頭と意見が合わなかった。ある日、檀頭の家に尼僧が拝宿を頼んだ。檀頭はこれ幸いなりと一策を巡して、尼僧をワザと大祥寺に宿らせたのである。檀頭は夜半に寺社奉行をつれて来て、女犯の現行犯として梵龍に縄をかけさせたのである。当時の規則は女人は一切寺院に宿泊することを禁じていた。檀頭の許しを得たというから尼僧を宿らしたにすぎないのであるけれども、檀頭は女犯をしきりに主張したのである。ために気の毒にも梵龍は八丈島に流罪されたのである。これを知った蔵海は驚いて官にいろいろ手を尽くしてみたけれども、所詮救う術がなかった。慙愧《ざんき》した蔵海は五七歳、興正寺を退院した。のち大祥寺檀頭も不祥が続発して零落し、乞食同様の日暮らしになったということである

眼蔵道得《どうとく》巻の「道得あるもの　かならずしも唖漢《あかん》にあらざるにあらず」の本文に、私記していわく「唖漢の道得なり、ゆゑに唖漢また道得あるなりといふ。しかあれば一晴一雨も唖声唖語にあらざるなし。唖の不曽蔵《ふぞうぞう》あるを相見相談といふ。（中略）蔵海行年五六歳、はじめて唖漢となりされり」と記している。一晴一雨が唖子ではない、万象之中《ばんぞうしちゅう》に独立している唖漢を悟れというのである。

第十六章　玄透即中《げんとうそくちゅう》禅師

一、正法眼蔵、開版二〇年

正法眼蔵全巻の刊行（仏祖・嗣書・受戒・伝衣《でんえ》・自証三昧の五巻は白紙だ、後日拝請者が浄写）をなし遂げた傑僧は、永平五〇世玄透即中《げんとうそくちゅう》（一七二九〜一八〇七）である。それというのは永平寺は享《きょう》保《ほう》七年（一七二二。玄透が永平に出世する七三年前）に官衙《かんが》にうかがい、爾今《じこん》、寺院書肆《しょし》にてみだりに眼蔵を開版することを停止したのである（この年には天桂七五歳、面山四〇歳、万仭二五歳）。宗門の名将によって宗統を復古して眼蔵を基幹とする宗学復興の途上にあるにもかかわらず、永平寺ではかかる処置に出たのである。というのは眼蔵が一般の玩弄物《がんろうぶつ》になることを恐れてのことであった。どこまでも永平室中の秘本であるから、ひそかに参研するのはよろしいが、一般に公開することは正法が乱れて、眼蔵が軽んぜられるという心配からであった。またこれに続いて享保一二年に関三刹の天下大僧録は、眼蔵の開版をまったく禁止したのである。だから眼蔵を拝覧したい者は、室中浄写以外には手がないことになった。せっかく伸びかけた眼蔵熱の芽がとめられたのである。

これを深く遺憾とした玄透は、寛政七年（一七九五）四月、武蔵（埼玉県）龍穏寺から永平寺に昇住して、晋山式を挙行した。そのときに承陽殿《じょうようでん》高祖大師ご真前で眼蔵開版を誓約したのである。この秋、関三刹の内意をたしかめておいて翌年春、幕府に開版允許《いんきょ》の請願を出した。関三刹は一度発令した布達は勝手には破棄せられない規則であったから、やむなく幕府の力を借りたのである。その年の一二月に幕府はこれを允許した。そこで武蔵（東京都）心源院祖道穏達《おんたつ》、青森県榎林《えのきばやし》長昌寺大愚俊量らが幹事になって、全国に眼蔵開版費勧募の行脚《あんぎゃ》をしたのである。それから一五年のち、文化八年（一八一一）に眼蔵九十巻の木版ができたのである。しかし校照が不完全であったから校合幹事に透関を命じて校正した。文化一二年にまったく完成して、四〇〇部（一部二一冊）刷って拝請者の求めに応じたのである。眼蔵開版の発願より二〇年の歳月を費やした。もって昔の開版がいかに困難であったかが推察せられるのである。

この間にあって俊量は、享和三年（一八〇三。開版允許より七年目）玄透の命を受けて大般若経の勧募中、病に冒《おか》され、その翌年京都で客死したので黙室・白龍が助縁した。穏達もまた版木完成の翌々年（文化一〇年）に眼蔵の新本を見ずして寂した。一方、発願主玄透も文化四年（版木完成四年前）四月、美濃（岐阜県）善応寺で遷化《せんげ》したのである。

明治一八年（一八八五）、永平六二世雪鴻《せっこう》は洋装活字本の眼蔵を刊行した。明治四二年、弘津説三は『承陽大師聖教全集』三巻を出版した。これは眼蔵のみならず永平道元禅師の聖教《しょうぎょう》をことごとく一本に収めたのである。大正一五年（一九二六）東京鴻盟社より縮刷眼蔵が発刊されて、便利な眼蔵ができた。さらに昭和年間、岩波文庫によるポケット型普及版眼蔵ができるにおよんで、昔の辛苦経営は貴い物語になったのである。

二、粒よりぞろい

開祖の暖皮肉《だんぴにく》である眼蔵を開版した玄透は名は即中、号は空華庵、享保一四年（一七二九）尾張国（愛知県）杉山に生まれた。七歳、丹羽郡三ツ井各方寺の徳巌について出家。十四歳、遠江（静岡県）子隣少林寺の黙子《もくす》素淵《そえん》に随侍した。黙子は徳翁良高の一の弟子で四ヶ寺住職、八ヶ寺を創《はじ》めて開山となり、一代に五七員の弟子を育てた偉人である。この中で頑極官慶・鉄文道樹・悦巌素忻《そきん》がすぐれている。少林寺は黙子（六四歳）の開山である。玄透が師事したとき、黙子七〇歳である。

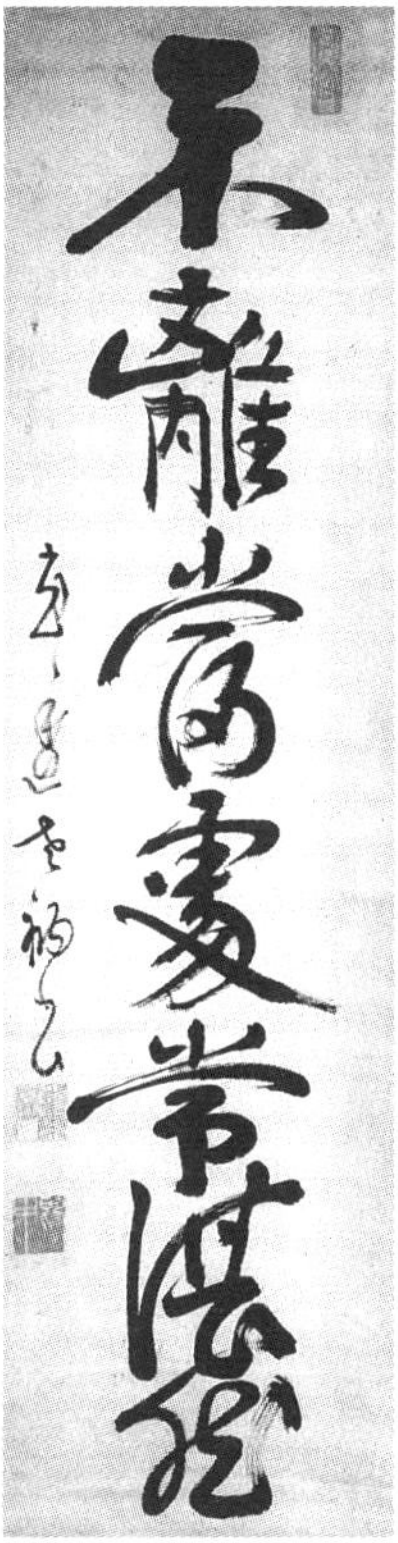

玄透即中禅師書「不離当処常湛然」（愛知県・花井寺蔵）

黙子は七四歳で寂したので二二歳、伊勢国（三重県）垂水東雲寺二世の頑極に随身し、のちに嗣法した。

頑極は二四歳のとき備中（岡山県）玉島円通寺に徳翁良高《とくおうりょうこう》

を拝して以来、徳翁の家風に蔵身して孜々《しし》として鑽尋《さんじん》していたが、二七歳春、徳翁が遷化したので愕然とした、悲痛慟哭限りないものがあった。その後、天柱の首楞厳経《しゅりょうごんきょう》を聞き、鷹峰卍山《まんざん》に侍し、さらに加賀（石川県）大乗寺智灯（卍山の弟子）にたたかれた。三九歳、円通寺黙子によって智性を助発せられて黙子の嗣法をしたのである。のち大いに化を張り、二ヶ寺に住し三刹を開き、弟子四四人を得た大徳である。玄透は頑極の一番弟子である。

玄透は伊勢（三重県）栄の正安寺、尾張川名の新豊寺、美濃上有知の善応寺、摂津（大阪府）熊野田の仏眼寺、備中玉島の円通寺等に住し、六六歳、武蔵の龍穏寺に出世した。そして翌年、幕命によって永平寺に晋山したのである。その間に『眼蔵行持巻』『弁道話』『高祖行実記』等を上梓した。また円通寺では本堂・僧堂・大悲閣を再修したのである。永平寺に出世してからは僧堂・衆寮・法堂《はっとう》・接賓を再建し光明蔵を補修した。一方永平寺に勅願祈祷の勅許を受け、『永平小清規《しんぎ》』三巻を編集して天童の古風、永平古道場の復古に力をいたしたのである。

また入山八年目の享和二年（一八〇二）には、高祖大師五百五十回大遠忌《おんき》を無事に営弁し、洞宗宏振禅師の勅号を賜った。まったくその通りで永平寺を内外ともに宏振し、曹洞宗を宏振した中興大禅師である。文化三年（一八〇六）、七八歳で永平寺を隠退し、七九歳の四月、善応寺で示寂した。越前妙覚寺・敦賀梅室院・摂津光明寺・尾張法泉寺・伊勢玄甫庵・武蔵自持庵・池田正福寺・西今里西禅寺等の開山である。一生高祖道に参じ、高祖道を宣揚し、高祖道を実践した宗匠である。

三、焼かれた木魚

玄透が入山する以前の永平寺はたいへん荒頽《こうたい》していた。それは八年間に住職が三人遷化し、一年に二人も示寂するというような不幸の連続であった、ために多額な借金があったのである。おまけに諸堂は雨漏りがひどくて、雨天の日は傘をさして諸堂を往来せねばならぬ有様であった。そこへもってきて八年後には開祖道元禅師の五百五十回忌が巡ってきているから、これは普通の住職では復興が難しい。そこで幕府は龍穏寺に出たばかりの玄透をみこんで、永平寺にさしむけたのである。それは玄透の人格と手腕と道心を信頼したからである。

さて新命玄透禅師の一行が永平寺の山門にさしかかった。ところが山門は大長持《ながもち》を三ツならべて通行止めがしてあるのである。不審に思っているとドヤドヤと数名の商人が現われてきた。

「おぬしが今度の永平寺新命住職か」

「ウン、わしが玄透だ」

「この大長持の中味を承諾してくれたら、通らそう」

商人らの鼻息はなかなか荒い。聞いてみると長持三杯に借用証書と未払いの買物帳がつまっている。「オレらは永平寺から一文もお金をもらわず五年間品物を貢いでいる。もうオレらの方が倒れそうになったから永平寺を差し押えてしまった。ついては新命住職がこの借用証書をのんでしまえば通らそう。さあどうだ、度胸を決めて返事をしなさい」と、つめよったのである。玄透はかねて永平寺に借金のあることは聞いていたが、長持に三杯とは驚き入った。がそこは豪僧だ、さりげなく答えた。

「たった三杯か、わしは七、八杯ぐらいの覚悟をして来たのに」

この一言にさすがの商人たちも恐れをなしたのである。ドエライ腹の太い坊主が来たぞ、この住職なら払ってくれるという安心感ができたのであろう、早速、道をあけたということである。玄透が晋山上堂式に須弥壇に登る姿は、まるで高祖大師の再来のように思われて、僧俗一同がその崇高さと威厳に感うたれたといわれている。

玄透は永平寺入山の夏『祖規復古雑稿』を著して、『永平大清規』の流布を幕府に訴えた。宗門の復興はまず清規の復古というのである。それは当時の曹洞宗には明朝風の黄檗《おうばく》様式が相当に入っていた。そこで『禅苑清規《ぜんねんしんぎ》』の版木を京都から求めて永平寺蔵版とし、一方『永平小清規』を著して、それを実行したのである。つまり高祖の大清規と太祖の瑩山《けいざん》清規を枢軸とした、正しい叢林行持を実践したのであった。

清規復古によって災難をこうむったのは木魚だ。玄透は永平寺内の木魚を全部山門外に集めて焼却したのである。これは永祖時代には読経用の木魚はなかったから、お経に合わせる法器は何もない。黄檗隠元が来朝して明様の団形木魚をたたいて読経したのである、それにならって寺に木魚を持ちこんだのである、玄透は木魚は邪器だと称して邪器払いをした。しかし玄透なきあとには、いつのまにか永平寺に大木魚がすわるようになったというから、お寺と木魚は離れられぬ因縁があるのである。

（ちなみに、長形木魚《ほう》は唐時代からあった。魚は二六時中眠らぬ、ゆえに修行僧は魚に見習えという警省の意味である。明朝にいたり二匹の魚が接頭して互いに宝珠を奪取せんとする図柄をとって、二頭接身の団形木魚を新作して、これを読経用としたのである）。

第十七章　珍牛《ちんぎゅう》・黄泉《こうせん》・黙室《もくしつ》各和尚

一、雨中の坐禅――黄泉《こうせん》無著《むじゃく》和尚

先に面山《めんざん》が『正法眼蔵渉典録』を畢生《ひっせい》の事業として著作した。これによって眼蔵の故事・典故が明らかになった。しかしながら『渉典録』は眼蔵全般の故事をあげていない。ゆえに万仭は『渉典補闕録《ほけつろく》』を編してこれを補い、また本光も『却退一字参《きゃくたいいちじさん》』に事考をあげ、天桂の曽孫老卵《ろうらん》もまた『那一宝《ないっぽう》』にそれを補修したのである。これで完結したかというとそうではない。尨大な眼蔵であるから、典故というものがそう簡単にあげられるものではない。

ところがこの難事業を一人でやりとげた豪傑が現われた。それが黄泉の『正法眼蔵渉典続貂《ぞくちょう》』二〇巻（別に目録一冊）である。眼蔵のあらゆる故事を細大洩らさず実に七千余の事考をあげたのである。その博覧強記と卓識と精力には驚き入る。だから『続貂』は立派な故事成語辞典であり、眼蔵熟語辞典である。黄泉によって眼蔵の事考は完璧となったといってよい。

「続貂」とは「狗尾続貂《くびぞくちょう》」の故事によるものである。昔、趙王倫が王位についたとき味方の者をみな卿相に任じた。一般兵にいたるまで爵位をもらったのである。ために時の人が冠飾りに使う貂《てん》が足らなくて狗《いぬ》の尾までが冠飾りになると言って笑った。これは精美なもののあとに粗製のものが続くという意味である。自ら謙遜して立派な渉典録があるのにつまらない狗があとをつけたというのであるが、実は狗の尾ではない、『渉典録』以上に価値のある『続貂』である。

黄泉（一七七五～一八三八）は号、名は無著。安永四年、尾張国（愛知県）山崎に生まれた。――この年に万仭示寂、本光は二年前に寂、越後良寛の出家はその前年、蔵海が石下興正寺に転住したのはその翌年――。一三歳、同村黄龍寺雄道について出家した。雄道は指月慧印《しげつえいん》に長らく随侍した人で、指月手入れの正法眼蔵を持っていた。のち黄泉にこれを与えたのである（『続貂』に「一本に」とあるはこの眼蔵をさす）。二五歳、摂津（大阪府）法華寺海外亮天に参じて趙州狗子仏性無《じょうしゅうくしぶっしょうむ》の話を挙《こ》した。すると亮天はカンカンに怒って「この雛僧め、何をぬかすか」と言って、こっぴどく打ちのめしたのである。憤然とした黄泉は雨

黄泉無著和尚書「庭前柏樹子」（愛知県・花井寺蔵）

中に飛び出して石上に坐禅した。後刻、亮天に「黄泉」と呼ばれて一諾《いちだく》したときに、脱然として無に徹したのである。

亮天は美濃（岐阜県）香積寺《こうしゃくじ》の大実蔵海の弟子である。亮天は二〇年間、蔵海に無字でいじめられた。亮天ある日、行茶式《ぎょうちゃしき》に手がすべって茶碗を取り落として真二ツに破《わ》った、それを見て契悟《かいご》したのである。そのときの偈《げ》にいわく「多年疑著す趙州の無、疑い来たり疑い去って有無に没す。鉄壁銀山己を忘ずる処、全身吐露《とろ》す一声の無」、ついに無字の世界がこわれたのである。亮天は無字をこわすのに二〇年かかったのであるから、若い黄泉が生意気に無字を問うたから叱りつけたのだった。

のち関東に遊び武蔵（埼玉県）静簡寺の至山白淳に謁《えつ》した。黄泉問う「金剛経にいわく、まさに住する所無うして、しかも其の心を知ると。そもさんか其心《ごしん》」。白淳いわく「其心を持ち来たれ」とやられた。黄泉がまごまごしていると「其心はどうした、どうした」と白淳にせめたてられるので、「無所住、聻《にい》」と逃げた。すると白淳は「而生其心《にしょうごしん》」と、どなりながら持っていた鉄棒でなぐりつけたのである。「この痴漢、而生を知らず、いわんや其心おや」とどやしつけて、ついに山門頭にたたき出したのである。黄泉ははじめて而生其心を会得し、門内に入り白淳を拝して「今日現前に金剛経を拝せり」と言って、合掌礼拝したのである。

亮天の弟子に武蔵（東京都）豪徳寺寂室堅光、尾張（愛知県）万松寺瑞岡珍牛《ずいこうちんぎゅう》がある。黄泉は三八歳、郷里白毫寺に住職してからは珍牛に師事したのである。そうした因縁から珍牛が万松寺後席に黄泉をひいたのである。

二、社頭で閲蔵

寛政一二年（一八〇〇）秋、黄泉二六歳、永平寺に登り貫首玄透《げんとう》禅師を拝した。時に眼蔵開版の允許《いんきょ》四年目で着々とその版木の印刻が進められていた。また高祖大師五百五十回大遠忌をあと二年にひかえて、山内はなんとなくあわただしいものがあった、なかでも眼蔵と清規《しんぎ》に対する熱意がみなぎっていた。玄透に侍した黄泉は眼蔵を浄写して、それに禅師の序文をいただいたのである。日夜、眼蔵に親しんでみるけれども、典故を知らねば解釈のつかぬ句が数多いのに気づいた。これでは永祖の児孫でありながら、その教えを信じて眼蔵を読まぬことになると、大いに感じたのである。そこで二九歳（四年安居）祖山を送行《そうあん》してから三五年間、黄泉はもっぱら眼蔵の典故や故事収集の大聖業と取り組んだのである。黄泉はどこに行っても筆札《ひっさつ》を腰にぶらさげて、見つかり次第に書き集めたのである。

面山が五〇数年間を費やして収めた『眼蔵渉典録』は典故一〇〇〇余事。万仭の『渉典補闕録』は一〇〇余事。本光の『却退一字参』に五〇〇余事。老卯の『那一宝』に二〇余事。合わせて一七〇〇余事。黄泉がこれらに続く貂となって狗の尾をつけた『渉典続貂』は実に七〇〇〇余事。しかも『渉典録』等に関係なく、自らの立場で典故をあげている。たとえば眼蔵に「仏言云々《うんぬん》」とある、これは何経から出ているかわからない。面山は大方広仏経曰と典故すれば、黄泉は了義経に曰《いわ》くというように、別の経典によって同一文句を探し出したのである。だからその労苦は筆舌に絶するものがあるのである、ただ驚嘆の一言に尽きるのみである。

眼蔵故事カードを作った黄泉は三三歳ごろ摂津の五毛山社に立て籠り、大蔵経六三〇〇巻の閲覧に取りかかったのである。飢えれば村に出て托鉢し、眠くなれば社殿にころがって仮睡し、夜は社頭の灯明の光で閲蔵し、寸陰を惜しんで精励すること三年間、日時も歳月も忘れてしまい、ただ暑来たれば夏を知り、寒来たって冬を知るという、時折り雲煙のかなたに故郷尾張の山川を思い出して暢然《ちょうねん》とすることがあった。村人は初めはどこの乞食坊主かと侮《あなど》っていたが、その真剣な態度と活《かっ》澹《たん》さに惚《ほ》れてしまった。「いずこからお出になった聖賢さまか」と言って、子供らの手本にして食物を持参してくれる人ができたので、黄泉は大いに時間的に恵まれるようになった。これぞ仏天の加被力《かびりき》だと勇躍して、さらに精進したのである。

黄泉は名古屋市呼続町の黄龍寺俯貫雄道が遷化したので、弟子の大疑覚道の伝法をした。三八歳、名古屋市岩戸町白毫寺《びゃくごうじ》に住した、この年は永平寺の眼蔵の版木が成った翌年である。このころ名古屋門前町万松寺に瑞岡珍牛《ずいこうちんぎゅう》（一七四三〜一八二二）が住していた。黄泉は日ごろ珍牛を敬慕していた、珍牛もまた黄泉の聖業を援助していた。そんな深い関係があって文政五年（一八二二）、珍牛八〇歳で万松寺を退院するにあたって、黄泉（四八歳）を後席に引いたのである。珍牛には弟子に黙室という眼蔵家があったが、師弟の関係に拘泥《こうでい》せず広く人材を登用したのである。昔はこうした習慣が行なわれていて寺院が公器として活用されていた。だから大伽藍と住持人の人格とが大体一致していた。またたとい名刹に住しても何十年も居座《いすわ》るということもなかったから、常に新陳代謝していたのである。

五四歳夏、幕命によって鎮西の巨刹長崎皓台寺《こうたいじ》に住した。六二歳の春、『正法眼蔵渉典続貂』が完成した。この稿を持って八月二八日、永平寺に拝登し、承陽殿高祖真前に献じたのである、三〇年間の成果の功成った黄泉の胸中は感慨深いものであった。永平貫首、載菴禹隣《うりん》禅師はその労苦を謝して「続貂序」を撰して、その道挙を賞したのである。この冬、黄泉は疲労のため病床の人となった、幸いにして翌年七月、病が癒えたので、八月二八日を期して『続貂』の印刻に着手したのである。自らの衣資を傾けて事業を推進し、天保八年（一八三七。六三歳）一〇月、ついに刊行を成就した。

これよりさき珍牛は文政五年、自ら『続貂』の序を撰して「自分は齢八十、とうていこの本の完成を見ることはできない。黄泉和尚は先には高祖行状図を印刻して四方に施与した。つとめて古道を慕い宗規の復興に珍牛に協力してくれた有道の師だ。今、身命を賭して眼蔵渉典の大事業に精進している。わしは余命いくばくもないから寂中でその成功を祈る」という遺言的序文を書いた。はたせるかな、珍牛は文政五年四月に遷化した、珍牛入寂後一四年にして『続貂』の稿が成ったのである。

黄泉は万松寺にあって、『心経忘算疏《ぼうはいしょ》』を著し、『続貂』の成った翌年には『永平小清規翼』二巻を撰して上梓《じょうし》した。この翼は永平玄透の小清規に事考をあげて翼賛した書である。このほかに『反爾録』三巻がある。また『続貂』印刻の翌年に『渉典続貂捃拾《くんじゅう》』三巻を撰述した様子であるが、これは散逸したものか伝わっていない、あるいは未完成であったかもしれないと思う、というのは黄泉は天保九年一二月（一八三八。六四歳）長崎皓台寺で遷化したからである。大業を成就したのではあるけれども世寿の短かったことは惜しいことである。

文政一一年（一八二八）八月、黄泉が皓台寺で晋山上堂式を挙したときに、一雲水が問話一著して問う、

「久しく黄泉（香煎）ときく、米香煎《こうせん》か麦香煎か」

雲水は威丈高になって肩を怒らして問うた。黄泉は温顔に笑みをたたえていわく、

「食らいえて、その味を知るべし」

「喝《かつ》」

雲水は一喝《かつ》大声に叫んだのである。すると黄泉は拄杖《しゅじょう》を一下《いちげ》していわく、

「むせたか、むせたか、休し去れ」

九州男子の意気さかんな雲水も、さすがに尊答を謝したのである。

三、監住九年——黙室良要《もくしつりょうよう》和尚

黄泉の『続貂』以後、眼蔵に対する目新しい文献の著作は少ない、これは眼蔵の文字上の研究は一応なされた形になるからである。それで天保以後の眼蔵家は、眼蔵の文意とその内容を探るのに骨を折った、いかにして大衆に諒解される眼蔵を説くかという問題である。眼蔵提唱の味の出し方、つきせぬ泉源眼蔵の汲み取り方ということである。かかる問題と組みついて苦労した人が黙室である。

黙室（一七七五〜一八三三）は号、名は良要、肥後（熊本県）天草郡楠浦の人。安永四年、宗像家に生まれた。幼にして同郡本戸明徳寺素海の童行《ずんなん》になった。素海は黙室の俊穎《しゅんえい》なることを知って特に出家を懇望したのである。のち尾張国（愛知県）北里自照寺開山の物外《もつがい》について得度した。物外は天草郡下浦の出身であるから因縁があったのである。壮年より遊学行脚《あんぎゃ》に出たのであるが、その足取りははっきりしていない。黙室二四歳のとき、永平寺玄透の請願によって眼蔵開版の允許が下った。一方、江戸吉祥寺学寮には富山光厳寺の全苗月潭（洞水）が出講していて、一代の学殖を傾けて『従容録《しょうようろく》』『起信論』『楞厳経《りょうごんきょう》』『法華経』『曹洞二師録』等を提撕《ていぜい》し、寛政七年（一七九五）には有名な『五位顕訣元字脚《ごいけんけつがんじきゃく》』を撰したのである。当時の学寮僧は六五〇員といわれ、寮はもちろん、寺中が学生僧で埋《う》まっていたといわれている。また眼蔵開版の幹事祖道穏達・大愚俊量は江戸に止宿して開版の勧募にあたり、次々に眼蔵の版刻が進んでいた。黙室は初めは文学詩文を学んでいたが、時代の刺激によって次第に眼蔵に引つけられたのである。

黙室二九歳（享和三年―一八〇三）夏、岐阜桑山智勝寺で立職した。この結制に名古屋万松寺珍牛が西堂助化師《せいどうじょけし》であったので、これが縁となって珍牛に親しく参得するようになった。珍牛は肥後の出身であるから黙室とは同郷である。珍牛は祖風の復古に貢献した名将であったから、黙室はその徳を慕いその翌年に珍牛の嗣法をした、爾来、眼蔵によって遮眼《しゃがん》したのである。珍牛は眼蔵家ではないが宗乗眼の開けた活仏であるから、その指導を仰ぐことは力強いことであった。三七歳、埼玉県坂戸永源寺に初住した、まもなく名古屋北里の自照寺物外の後席に推された、さらに西春日井郡西之保に普門寺を開創した。文政七年七月（一八二四。五〇歳）、尾張千草慶雲軒で眼蔵会《げんぞうえ》を開講し、一ヶ年間眼蔵の提唱を続けて、翌年八月満講したのである。のち慶雲軒を護国寺（現・永平寺名古屋別院）と改めて法地起立（和尚置寺）した。

文政一一年、万松寺黄泉は幕命によって長崎皓台寺に出世したので、黄泉は後席に黙室を補した。尾張侯も珍牛の弟子というので特に懇請したのである。すると黙室は「黄泉のあと釜にはオレはすぎる」と言って、どうしても受けない。藩主は「珍牛の後席だから」と言って、さらに請したところ、「師匠珍牛和尚の後席なら、なおさらすぎるから監寺《かんす》（補佐）ならゆく」と言うので、侯はやむなく監寺即住職という立て前にして拝請したのである。

これは黄泉は学者ではあるが眼蔵を全講したことはない。だから文字禅の眼蔵は黄泉が上かもしれないが、読む眼蔵は黙室の方が上だという内意がある。それで表向きは「すぎる」といい、裏では「すぎている」ということになるのである、この言葉は両方に解釈がつけられるので便利な場合がある。永平寺貫首の環渓《かんけい》密雲禅師が名古屋大光院の大薩祖梁《だいさつそりょう》を、永平寺授戒会《じゅかいえ》の教授師に請したことがある。環渓と大薩は昔、同参であった。大薩は名古屋の大薩といわれた名僧であるから、環渓は好意をよせて特請したのである。このときに大薩は「環渓禅師の教授師には役がすぎるから」と言って、断わったという話がある。これと好一対である。

万松寺監寺黙室として九年間在寺し、のち珍牛の終焉の地、慶雲軒に隠棲して八年間、正法眼蔵の提唱を続け、この間に月潭《げったん》全龍が随身した。黙室はかつて江戸駒込吉祥寺学寮で、法華経を講じて学生を提撕していた関係があるので、慶雲軒には天下の雲水が集まって黙室の提唱を聴いたのである。黙室の家風は厳格で清規《しんぎ》そのものの生活であった、行持純真・識見高邁、祖清規の復古に努力し、よく珍牛の家風を継承したのである。黙室の著に『法服格正《ほうぶくかくしょう》』がある。眼蔵の伝衣《でんえ》・袈裟功徳巻を骨子として広く律文を参酌《さんしゃく》して衣法《えほう》一致を説き、正伝《しょうでん》袈裟の尊貴を主張した名著である。天保四年（一八三三）五月、五九歳で示寂した。

四、白衣《びゃくえ》に写生――瑞岡珍牛《ずいこうちんぎゅう》和尚

『法服格正』を著した黙室の師、珍牛が若いころ江州（滋賀県）のある寺に拝宿した。朝参のちなみに堂頭《どうちょう》和尚に問答した、「いかなるかこれ老和尚の家風」と問うた。堂頭は七十歳の老僧であったが、お茶を用意をしていた。老僧はお茶を進めながら「ウン、何と言った。耳が遠い、近う寄れ」と珍牛をまねいた。珍牛は言われるままに進前して、また「いかなるか――」とやった、すると老僧はいきなり珍牛の肩を長火箸でたたいた。「この小僧、いつまでイロハを覚えている。もっと本気で修行せい」と言ったかと思ったら、頰をピシャリとぶった、珍牛は大いに恐縮して引き下がったのである。昔の雲水は諸方に知識を求めて行脚した、また知識は遠慮会釈なく雲水をたたきのめしたのである。人間はたたいてくれる師がある間は有難いと思わねばならぬのである、それによって自らが琢磨《たくま》されてくるからである。

珍牛は九州の人で、肥後東向寺恵照について得度した、のち摂津法華寺海外亮天の法を嗣《つ》ぎ、長門（山口県）妙音寺・功山寺等に住し、尾張侯の請に応じて名古屋万松寺に住し、玄透に協力し古規復興に尽力したのである。

珍牛は禅画をよく描いた、珍牛の竹は珍中の珍である。これについて面白い話がある。珍牛が下関吉見妙音寺にいたときのことである。ある日、大嵐がやって来て風雨が荒れ狂った。門前の老爺が寺の和尚は、この大荒れに困っているだろうと思い見舞いにやって来た。ところが呼べど叫べど返事がない、老爺は和尚を探し求めた。すると本堂の向かい側が少しく戸が開いて雨が吹き込んでいる様子である。老爺は、これはいけないと思いガラリと障子を開けたところ、珍牛は何かしきりに一生懸命に描いているのである、よく見れば自分の着ている白衣の膝に描いている。それは雨風にゆれている裏庭の笠竹を白衣に写生しているのである、あたりにはかき散らした紙が雨にぬれて破れているのであった。

珍牛の師兄《すひん》、寂室堅光も画を描いた、堅光の山水は幽佳である。堅光は彦根清凉寺・江戸豪徳寺に住し、近江に天寧寺を創して開山となった洞門の名僧である。堅光の孫弟子、仏乗《ぶつじょう》慈僊《じせん》の人物画はよくできていて有名である、仏乗は石見（島根県）栄泉寺・慈雲寺に住し、のちに相模（神奈川県）最乗寺に出世した。

瑞岡珍牛和尚自画賛「船子夾山」（愛知県・花井寺蔵）

第十八章　月潭全龍《げったんぜんりゅう》和尚

一、西堂《せいどう》が随身を請拝《しょうはい》

黙室《もくしつ》の眼蔵を食い抜いた人が月潭全龍（?～一八六五）である。月潭は黙室に一四年間随侍《ずいじ》して、眼蔵の研鑽をしたのである、古人の眼蔵を手に入れる苦心は容易なことではない。月潭は九州熊本の人だ。幼時は漢学者になるつもりで外典《げてん》の塾に学んでいたが、漢学は治国平天下を研究する学問であって、人生の根本問題に触れていないことを遺憾として、壮年に出家した。初め叡山に登って仏学を研究すること八年、しかし自己の安心について解決がつかないので、教相学をやめ尾州（愛知県）に走り、慶雲軒で眼蔵を提唱している黙室に随侍した。師弟の呼吸が相合して、ついに眼蔵の機要を会得したのである。

のち相模（神奈川県）二宮町の龍沢寺養寿に師事した。養寿は家風厳冷、常に怒罵《どば》と鉄拳を振るうので、雲水は門をのぞいて逃げていった。月潭は、よくこれにたえて昼は畑を耕し夜は坐禅して、養寿の提撕《ていぜい》を甘受すること三年、ついにその堂奥《どうおう》を許されたのである。黙室に眼蔵でいじめられ、ついで養寿に警策《きょうさく》で打ちのめされた月潭は、秋霜烈日、半歩も許さぬやかましい眼蔵家になったのである。のち大方義碩の法を嗣《つ》ぎ、箱根宮城野の宝珠院に住した。さらに海蔵寺実応宗栄の遺嘱《ゆいしょく》を受けて、小田原市早川の海蔵寺に転住した、住すること一八年、慶応元年六月に示寂《じじゃく》した。——この間に西有穆山《にしありぼくさん》が月潭に随身したのである。

かつて月潭が所用のため関西に出向いていた。ところが養寿から至急に帰山するようにと言ってきた、そこで月潭は灘《なだ》の生《き》一本をぶらさげて急ぎ帰寮して養寿に挨拶した。すると養寿は「小田原市多古の玉宝寺が結制をおくのでオレに西堂に来てくれと言う。うっかり受けてしまったが老僧はなはだ大儀だ、お前が代香して西堂をつとめてこい、そして眼蔵を読んでやれ」と言いながら、もらった生一本をチビリチビリとやり出したのである。驚いたのは月潭である、下役の代香ならいざ知らず、西堂という大役の代理は真っ平お許しを願いたいと言ってお断わりした。聞いていた養寿は「それもそうだな、よしオレが請拝する」と、つと立ち上がった養寿は、月潭の下坐につ

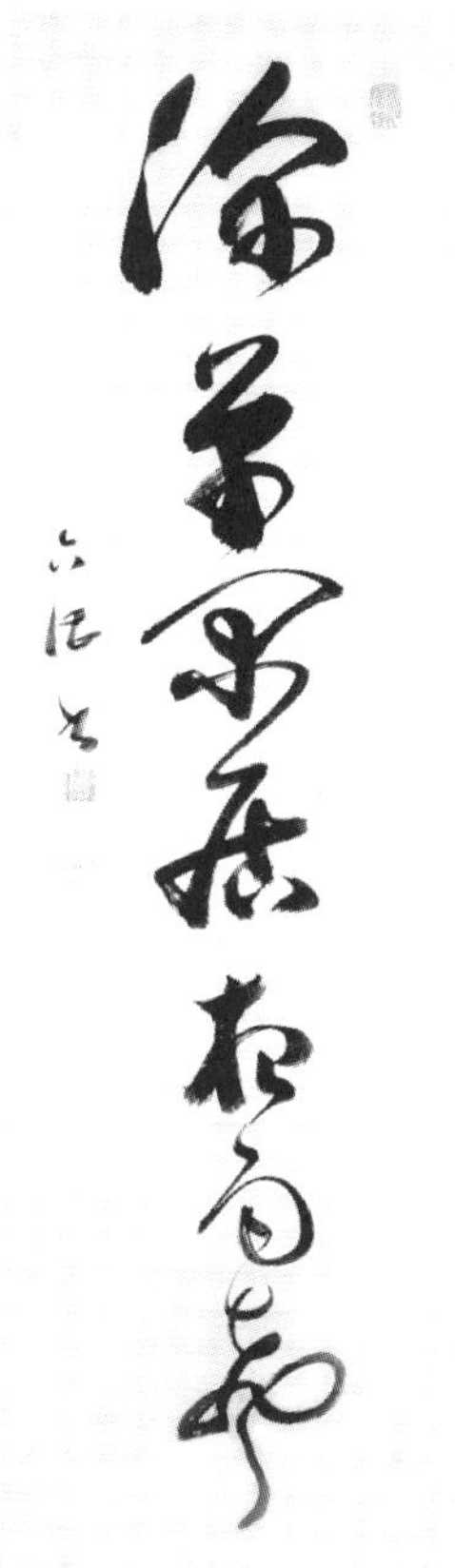

月潭全龍和尚書「深草閑居夜雨聲」（愛知県・花井寺蔵）

いて大声で、

「玉宝寺結制西堂の請拝」

と言って、まごつく月潭を上座にすえて礼三拝したのである。「代理ではないぞ、これで本当の西堂だ」、養寿はことのほか機嫌がよかった。「月潭、西堂披露だ、僧堂にゆこう」、いやがる月潭をひっぱりながら、養寿は千鳥足で僧堂に入った。僧堂に来た養寿は今までとは別人のように威儀を正した。

「大衆《だいしゅ》に白《もう》す、玉宝寺西堂の検単だ、それに先だって内見してやる」

と言いながら、自ら坐禅してならんでいる雲水の肩を次々に警策でぶったたいた。だが四、五人の僧を打った養寿は、警策を杖にして動かなくなってしまった。月潭が恐る恐る近づいてみると、養寿は立ったたますでに息が絶えていたのである、坐化《ざけ》でなく養寿は立亡《りゅうぼう》したのである。

養寿の葬をすませた月潭は、遺命によって玉宝寺結制の西堂となって出会《しゅつえ》して、はじめて大衆に正法眼蔵を提唱した。こんなことは異例中の特別異例ではあるけれども、このように若いときから師家《しけ》に見込まれていたのである。

二、一天四海皆帰火箸《いってんしかいかいきひばし》

月潭が若いころ久しぶりに郷里熊本に帰り、八〇に近い老母を見舞った、そのついでに菩提寺をたずねて亡父の墓参をした。菩提寺は日蓮宗であった、住職は月潭をまねいて茶菓の接待をした。茶話のちなみに和尚は月潭に言った。

「聞けばお前は禅宗の和尚になったそうだが……惜しいことをしたな」

月潭には和尚の言った意味がわからないのでおたずねした。

「一子出家すれば九族天に生ずと言います。私が出家したのが悪いでしょうか」

和尚は手を上げて月潭の言葉をおさえた。

「出家したのが悪いとは申さぬのじゃ。ただ出家のしどころが悪いと言うのじゃ」

「しどころって、私にはわかりませんが」

月潭はいぶかしそうな顔つきで和尚を見上げた。和尚は渋茶をごくりと飲んで語り出したのである。

「そもそも日蓮上人の開宗したもうた法華宗というは、五千余巻の経中の王といわれる妙法蓮華経が立教開宗の根本聖典である。あとのお経は法華経を説くための踏み台のお経だ、だから法華経が釈迦牟尼仏の中心思想である。仏教の最高の聖教《しょうぎょう》は法華経であるから、法華経を最上王経というのだ、余のお経は法華経のぬけがらである。ゆえに『南無妙法蓮華経』の七字に、八万四千の法門は帰入するのである。

この最上王経を宗の中心としている日蓮法華宗が、仏教各宗派の王さまであり法王である、あとの宗派は法華宗の分派であり出店だ。お前の実家の菩提寺は仏教本家の法華宗である、しかるに本家を捨ててわざわざ支派の禅宗坊主に落ちたことは、惜しいことをしたというのじゃ」

和尚は口をきわめて法華宗をほめるのである。月潭は静かにたずねた。

「私は叡山で少し法華経の研究をいたしましたが、最上王経だの法門帰入だのということは、どのお経にも説いてあります。つまり釈尊の説法は主題としてお説きになったそのときのお経が、常に王さまになっています、ひとり法華経のみが最上経という意味ではないように思います」

青年月潭は和尚に負けてはいない。聞いていた和尚は眼をいからし、声をあらげて詰め寄った。

「日蓮上人のたまわく『一天四海《いってんしかい》、皆帰妙法《かいきみょうほう》』と。宇宙法界、尽十方《じんじっぽう》世界は妙法に帰入するのだ。妙法が発展して森羅万象が生まれ、三世諸仏、八万諸神が現われたのだ。だから南無妙法蓮華経は諸法（万象）と実相（実在、真如）のエキスの髄だ」

聞いていた月潭は、いきなりそこにあった火箸《ひばし》を握りしめて、和尚の眼前につき出した。

「一天四海皆帰妙法と。和尚さん、この火箸は妙法の外ですか内ですか。もし妙法の内でありましたら南無妙法火箸です、法華火箸であります。マンダラと同価値の火箸でありますから、おがみなさい」

和尚はいよいよ眼を三角にしてどなった。

「だから禅天魔というのだ。おマンダラと火箸と一緒にしてたまるかい」

「一天四海、皆帰火箸。火箸を識得すれば尽界身という大きな火箸になります。このとき法華経・諸仏・諸神・諸法はみな火箸に帰入いたします。法華を転じて火箸になったのでありますから、火箸を転じたら尽天尽地が転じます。これを南無妙法蓮華経火箸品といい、転大法輪火箸経といいます。一人火箸を識得すれば尽大地に寸土なしという、これが禅宗の火箸の見方であります」

壮年月潭の見識には、はやくも転火箸という鋭い眼蔵流の着眼がついていたのである。菩提寺の和尚は月潭を送って出て、「なかなか身についた修行をしている、後世恐るべき禅坊主になるだろう」と言って敬服したのである。

三、十二年の常随

月潭の門下から明治維新の曹洞宗の立役者である、山本義祐（海蔵寺住）、畔上楳仙《あぜがみばいせん》・西有穆山《にしありぼくさん》（各総持寺貫首）の三傑が出た。月潭の弟子の古知知常《こちちじょう》は、宗学者で曹洞宗大学林の教頭になった。古知の弟子、芝山啓外《しばやましんがい》は教相学者で第三中学林の教頭をした。畔上は安政三年（一八五六）二月、月潭に随侍したがその年の冬、駒込吉祥寺栴檀林の寮主に迎えられて送行《そうあん》した、その後は時折り海蔵寺をたずねていた。山本も三年随侍した、というのは月潭はやかましい人であったから、常随侍者をつとめることは容易ではなかったのである。しかるに西有はこのやかまし屋に十二年常随したのであるから、その根気には恐れ入る。

嘉永三年（一八五〇）三月、西有（三二歳）は同参二人を伴なって海蔵寺に月潭をたずねた。月潭は来訪者を嫌って、人が来る気配がすると本堂に行って木魚をポクポクたたいていた。豆小僧二人を相手にして眼蔵の参究に明け暮れしていたのである。そこに西有ら三人が来て随身させてくれと申し出たのである、月潭は言下に断わった。「オレは随身を持つような柄ではない。寺は貧乏で食料もない。学なく徳なく食なしの三貧僧だ」と卑下するのである。しかしそんな口上にへこたれるような西有ではなかった。どうあっても眼蔵を聞きたい、眼蔵が身につくまではいかなることがあっても動かない、という堅い決心をしてきた西有である。

「食事のことなどはご心配いりません。僧侶には釈尊以来托鉢《たくはつ》という貴い行があります」

西有らの熱望に月潭が負けてしまい、「それなら勝手にしなさい」ということで、海蔵寺に安居《あんご》することになったのである。当時の海蔵寺は寺米が一〇俵、それが毎年のように水害を受けるので、あてにならない飯米であった。そこで西有は毎日、小田原に出て托鉢をした。午前中は托鉢行、午後が本講、夜間は坐禅という日課を繰り返したのである。

月潭は相州（神奈川県）宝珠院から弘化四年（一八四七）秋、海蔵寺に転住した。住職して三年目に西有は随身したのである。海蔵寺の伽藍はすたれていて常什《じょうじゅう》は不如意であった。そこに西有らの安居を聞いて天下の雲水が集まり出したので、典座《てんぞ》和尚の西有は大いにやりくりに苦労したのである。――文久二年（一八六二）二月、海蔵寺の伽藍は月潭によって復興した。

「一躍、天下の名刹になった海蔵寺だ。たとい解間《げあい》（解制《かいせい》）でも三時の大鐘はつくがよい」というので、畔上が解間第一日の暁鐘を撞いたのである。これを聞いた月潭はどなり出した。

「誰だ、ド奴だ。解間中は鐘は晩だけだと言うてあるのに、規則を破った奴はどいつだ。出て来い」

怒り出したら誰がなんと言っても聞かぬ月潭である。海蔵寺は昔からの僧堂ではないから、制中は大衆の坐作進退のために鳴り物を如法にするが、解制になったら自由修行であるから鳴り物はいらないと言って、撞かせなかったのである。典座西有と犯人の畔上とが恐る恐る方丈に行った、そして大鐘を撞いたわけを話して諒解を願い出たのである。

「この名聞《みょうもん》坊主らめ、それほど撞きたかったら勝手にせい。ただし朝は撞かれぬ。お昼の斎鐘と昏鐘だけは許す」

月潭が負けて解間は晩鐘だけのところを、雲水の申し出にしたがって昼鐘を撞かせることにしたのである。

四、原坦山の悟り餅

教相学を叡山に学び、眼蔵を黙室から握り、坐禅を養寿から得た月潭は、学徳・禅定兼備の名宗匠《しゅうしょう》であった。されば準国録所、相模関本の最乗寺では、海蔵寺月潭の来訪には敬意を表して門送したのである。天下の名知識であるから雲水のあこがれの的であったが、多くは月潭の怒罵と痛《つう》拳《けん》にへきえきして逃げていった。

ある日のこと若き日の原坦山《はらたんざん》が、悠々としてやって来て安居を願い出たのである（坦山は有名な明治維新の豪僧である。学と腹のできた大人物である。当時の教部省、今の文部省の役人を説き伏せて、禅三派に別置管長制を強行させた人物である）。坦山を方丈に呼んだ月潭は、

「何しに海蔵寺に来た」

「ハイ、眼蔵を拝聴したいと思います」

「オレにさえわからぬ眼蔵が、お前らにわかるものかい」

「日本人でありますから、人の話のわからぬ坦山ではありません」

「強情者め、世界を取った者でなかったら眼蔵はわからぬのじゃ。世界をつかんでオレのところに持って来い」

月潭は早速、公案を与えて、坦山に摂心《せっしん》（坐禅を専一にする行）を命じた。負けぬ気の坦山は「何くそ、月潭が言うことぐらい、なんのその」と坐りこんだのである。その坐禅の仕方が徹底している。二階に上がり下から梯子《はしご》をはずさして、その上がりかまちに坐禅したのである。うっかり居眠りしようものなら庭に落ちてしまう、これこそ決死の坐禅である。食事もしない、眠りもしない、ただ夢中になって打坐《たざ》すること三日におよんだ。ところが、その夜半に犬の遠吠えを聞いて、忽《こつ》

然《ねん》として契悟《かいご》したのである。喜んだ坦山は早速一帳羅《いっちょうら》（一枚しかない上等品）の絽《ろ》の袈裟を売って、草餅を買ってきて大衆に添菜《てんさい》したのである。オレが悟った祝い餅だというのである、この悟り餅が月潭にも届けられたから、さあ大変なことになった。

「坦山を呼べ」

月潭は侍者に命じて警策を持って構えたのである。坦山の顔を見るや否や、

「きさまは誰の許しを得て悟り餅を買ったのだ。この名聞坊主め、一日や二日で悟れるような安悟りは海蔵寺にはないぞ」

と言うや、ピシャリと打ちのめした。痛打三〇棒、さすがの坦山も参ってしまい青くなって出て来たのである。

「悟りは和尚が取り上げてしまった。草餅は大衆が食ってしまった。お袈裟は売ってしまった。オレは頭にコブが五ツできた、コブをもらった摂心であった」

と言って坦山はしょんぼりしたのである。また月潭の眼蔵の手入れ本を見た坦山は、

「もっと大切なことが書いてあるかと思ったら、なあんだ、こんなことか」

これを聞いた月潭は、

「坦山らに見せるための手入れ本ではない。眼蔵は自分の眼で蔵《くら》の中味を見抜くのだ。人の手入れや註解にたよっていたら、いつまでたっても自分の眼蔵にはならぬぞ」

と会下に訓誡した。坦山は一夏《いちげ》（九〇日）海蔵寺に安居したのである。

五、余分のこげ飯はない

月潭の徳を慕い、北陸道から七〇歳の老僧が再行脚《あんぎゃ》して、海蔵寺に安居した。しかも、この老僧は典座寮（台所）に入れてくれという。むかし趙州《じょうしゅう》和尚は六〇歳出家、八〇歳行脚といわれるから、つれがないわけではない。しかし七〇歳の老翁が若い雲水とともに起居を同じくして修行するということは、よほどの願心がなければつとまらぬのである。そのうえに配役は典座寮を志願した、台所仕事は苦役である、人一倍の苦労と道心が必要である。飯汁の用意をするだけではなく、その材料の斡旋までせねばならぬのであるから、苦しい台所のやりくりをする役は人が好まない。だから道心家といわれる人が典座寮をつとめたのである。

ある日、昼食を終わった月潭が庭を散歩したついでに、台所の庭を通った。すると犬の椀に黒こげの飯が入れて、庭の片隅においてあるのに気づいたのである。

「典座和尚、今日の当番を呼んでこい」

大衆は「ソレ雷が落ち出したぞ」と言って逃げてしまった。典座西有和尚が伺いに出た、

「今日の当番は先日安居した老僧であります。飯頭《はんじゅう》が当番でありますが、老人のことですから、何か不都合がありましたらお許しをお願い致します」

「典座和尚も責任があるぞ、その当番の飯頭を呼べ」

言い出したら聞かぬ気の月潭である、やむなく七〇歳の老飯頭が出頭した。すると月潭は庭の隅を指してどなり出した。

「海蔵寺にはお釜にこげつかせる余分のお米はないのだ。いわんや、そのこげつきを犬に食わせるなぞという裕福な寺ではないのじゃ」

典座西有ははじめて気づいてびっくりした、これはしまった監督不行届きであった。海蔵寺は托鉢米で大衆を養っているのである、犬なぞを飼っている余裕はない。老飯頭はこげつき飯を捨てる気か、それとも捨て犬にやる気か。ともかくも現実に剥《は》げたお椀に黒こげがもられて、庭の隅においてある。

「眼の前で食ってしまえ」

月潭はどなり出した、老飯頭がなおも恐れて躊躇していると、

「典座和尚、薬石《やくせき》（夕食）にはこれを雑炊《ぞうすい》にしてオレのところに持って来い」

人が食わねばオレが食うとまで言われて、じっとしておられるものではない。西有と老飯頭は深く懺悔《さんげ》して月潭に懺謝三拝したのである。

一粒米《いちりゅうべい》は須弥山《しゅみせん》（古代インド神話で世界の中心をなす高山）のごとしという、一粒のお米の価値は世界一の高山と同じ価値がある。「こめ」と言わずに「およね」と申せと道元禅師は示されてい

る。お米は仏の生命である、仏の生命とは仏の真髄ということである。正法眼蔵九五巻はお米の生命を説いたものである。お米をこがすことは仏をこがしたことである、おこげを捨てたとは仏を捨てたのである。仏の命をつなぐ修行をしている雲水が、お米をこがして何の修行があるものか。眼蔵とは文字を学ぶことではない、この行の生命に生きぬくことである。オレがやかましく言うのは眼蔵の生命をつかましてやりたいからだ、高祖道元禅師の暖皮肉にふれさしてやりたいからだ。

月潭は大衆を集めて普説したのである。老飯頭は自己の失敗が身に沁みた。油断のならぬ修行道場海蔵寺の制中は、老飯頭には苦しかった、やはり修行は若いときでなかったら本気にはできない。私が三〇若かったら大衆と行をともにするけれども、老禿《ろうとく》の弁道はなかなか辛い、身にこたえる、と言って一夏で送行したのである。

六、因縁眼蔵会

江戸駒込吉祥寺の大訥愚禅《だいとつぐぜん》が、月潭を請して眼蔵を提唱してもらったときの話である。吉祥寺には栴檀学林が併設されていて、幕府の本郷湯島の昌平黌《しょうへいこう》と対等の権威をもっていた。一方は曹洞宗学の最高学府、一方は儒学の最高学問所というわけである。そこで当代眼蔵の権威者月潭に、永祖道元禅師の主著正法眼蔵を講じてもらうことにしたのである。この時代の宗侶は主に『碧巌集《へきがんしゅう》』『従容録《しょうようろく》』等を見ていて、公案に参ずることをもって禅学と心得ていたのである。だから眼蔵には禅はない、などとうそぶいている僧侶さえあった。

ところがこの件について問題が起こったのである。

二〇年ほど前に慧亮《えりょう》（万仭《ばんじん》の孫）を請して吉祥寺で眼蔵会《げんぞうえ》を開講した。ところが会期中に吉祥寺の門前に火災が起きて四、五軒焼けたのである。それから三年後にまた眼蔵会を開筵《かいえん》したところまた門前に火事が起こった。それ以来、門前の者は眼蔵を極端に恐れてしまった。眼蔵は吉祥寺の鬼門であるから今度は寺が焼ける番だという。どうかそんな火事を起こすような講義はやめていただきたい、強いてやられるのでしたら吉祥寺を離れて、山野で開いてもらいたいというのである。

悪いことはよくあたるものであるから、門前の者が心配するのも無理もないことである。しかし、それほど恐れている眼蔵なら、なおさら開筵して、眼蔵をもって火防《ひぶ》せの祈祷にしなくてはならぬ。先年、眼蔵会中に火災が出たのは、なにも眼蔵と関係があってのことではない、偶然に一致したまでのことである。もし眼蔵会を開くことが不祥であるならば、寺に災難がこなくてはならぬはずだ。これは迷信であるから門前の者を邪信から救うてやらねばならぬ。

かく決心した愚禅は、門前を一軒一軒歩いて説得して回ったのである。その結果、民衆も納得したので、月潭に来てもらって眼蔵会を開いたのである。会期中なんの魔障もなく無事に閉講した、やっと門前の者も安心したので、その翌年から毎年（三ヶ年）吉祥寺に眼蔵会を開いたのである。

月潭つねにいわく「僧侶に三種類ある。第一は学人を説得して真個の弟子を打出《たしゅつ》する底《てい》の人だ。

第二は寺院の伽藍を維持経営してその完備を期し、寺内を清掃して三時の勤行を怠らぬものだ。第三は何もやらずにただ仏飯を徒食している者だ。お前たちは第一の人になれ、これが仏祖への報恩供養だ。珍らしい品物をお供えするばかりが供養ではないぞ。自分以上の後継者を養成することだ、これが仏祖慧命《えみょう》の相続である。第三の者らは衣を着た罪人だ。仏をかじりお袈裟を食う畜生だから、堕落してはならぬぞ」

また左右をかえりみて「言う口あるときは、こちらに聞く耳がない。聞く耳ができたころには、言うてくれる師は寂滅している。やかましい和尚だ、早く死んでしまえと怨んでいる者もあるかもしれない。師家《しけ》に死なれてみて、はじめて師家の有難さがわかるものだ。師の生存中にもっと修行しておけばよかったと後悔してもあとの祭りだ。真個の道人を得たいと思ってオレはやかましく言うのだ、自らは罪を造って雲水を罵倒し打責しているのだ」と、涙を流しながら提唱したのである。この涙のかたまりが西有穆山となって、明治の民衆眼蔵家を産み出したのである。

愚禅は嘉永二年（一八四九）春、越後（新潟県）福勝寺の臥雲俊龍の江湖会《ごうこえ》に西堂《せいどう》として助化《じょけ》した。時に西有は愚禅の侍者で、碓氷峠を重い荷物を背におうて随行した。それは愚禅が越後で眼蔵を講するという話を聞いて随行を志願したのである。ところが愚禅は三〇日間で眼蔵を読んだ、これは提唱ではなく素読眼蔵であった。これが因縁となって西有はその翌年、月潭に随侍したのである。また愚禅も月潭の眼蔵を慕い、自ら骨を折って吉祥寺に眼蔵会を開講したのである。

七、煮豆坐禅

時代の寵児月潭は、諸方面から結制の助化師にと請せられた。しかし月潭はなかなか動かなかった。詮方ない助化先だけに出会していた。ある年、駿州（静岡県）の某寺の初会《しょえ》に招かれて、やむなく雲水をつれて江湖会に出かけたのである。西堂月潭の出会《しゅつえ》だというので随喜寺院は緊張していた。

ところが、ちょうど隣寺にも結制がつとまっていて、なかなか盛大であった。自然に雲水たちに活気ができて張り合うようなことになった。隣寺では人気取りに雲水が毎朝問答をやって、激しい商量の問話をかわして、警策を振りまわすので参詣人は面白がって集まってきた。

この話を聞いた月潭会下の雲水がくやしがって、オレの方でも隣寺に負けないように坐禅をやろう。もっと問答を大声にドナリ合うようにやろう、と打ち合わせたのである。そこで朝課罷《は》に一雲水が奇声を発して月潭に問話《もんな》をかけたのである、「西堂和尚に問話一著《いちじゃく》あり」とやり出したのである。

「いかなるか、これ正法眼蔵的々《てきてき》の大意」

月潭は即座に雲水らの意中を見てとった。

「的々の大意が、きさまらのような名聞坊主にわかってたまるものかい」

と言うなり、鉄如意でなぐりつけた。「即刻下山せい。名聞と仏法とは敵同士だ。名聞の好きな奴は還俗してしまえ」となって、この雲水を山門外に追い出したのである。

月潭いわく「江湖会とは仏制を守って修行することである。在俗者の人気取りの芝居ではないのだ。だから仏制に定められた時間に坐禅するのが仏行である。参詣人の顔を見てするようなバカな坐禅はない。見ろ隣寺では村の青年がからかっているではないか、『雲水らに坐禅さしてやろう』と言って二、三の者がドヤドヤと寺にやって来る。すると雲水がノコノコ出て来て止静《しじょう》を鳴らし坐禅する、青年が帰ってしまったら坐禅をやめる。

そんなベラボウな坐禅があるものか。それは坐禅をおもちゃにしている外道たちだ。隣寺では檀家に人気があって、そのために施物が多いかしらないが、月潭は煮豆や芋の子がほしくて、添菜（ご馳走）につられるような坐禅は、首がちぎれ落ちてもやらないから、お前たちは名聞利養を捨てて真剣になって修行せよ」。眼をしばたたいて泣いて雲水を激励するのであった。

坐禅は仏行《ぶつぎょう》であって悟りの全体である。仏と自己と一枚になって生仏不二《しょうぶつふに》（仏と衆生と合体）の不染汚《ふぜんな》（とらわれない）の行が坐禅である。仏行のうちの大尊貴生《だいそんきせい》なる行、魔党の頭を踏みこえて仏祖の堂奥《どうおう》に箇中人《こちゅうにん》（超仏越人となった自己）なる行、これが道元禅師の坐禅である、眼蔵を一貫するところの主張である。坐禅が結制の人気取りや点心《てんじん》（檀家からの招請）の道具につかわれては、たまったものではないのである。

眼蔵の精神に生き、眼蔵の清規《しんぎ》を行ずる月潭には色気などのあるはずがない。したがって雲水らが時勢に堕することを厳しく誡めたのである。月潭にやかまし屋、ドナリ屋の名称の生まれた由縁である。しかし平常底はお父さんのような月潭であった。自分の所を嫌って逃げる雲水に草鞋銭《わらじせん》を与えて、「身体を大事にせい」と愛情をこめて言うのであった。恐ろしい人であるが、いざ別れるとなると実に懐しい人であった。

八、山本義祐の薬草喩品

月潭は海蔵寺の伽藍を整備した三年後の、慶応元年（一八六五）六月二四日入寂した（世寿は不詳、六〇歳前後）ので、その後席に随身の山本義祐がおされたのである。人間には各自に特長があるものであるが、義祐はクソまじめ、と言われるほど行持綿密に古規則を遵守《じゅんしゅ》した。古叢林《こそうりん》を歩いた禅僧そのままの姿をしていた。これが海蔵寺の檀家に気に入ったのである。

畔上楳仙《あぜがみばいせん》はハデな風貌をしていて広く学問をしていたので、早くから名刹に住して宗政や学林に手を出していた。だから明治一三年（一八八〇）二月、相模（神奈川県）最乗寺から大本山総持寺独住《どくじゅう》一世となり、六月四日に法雲普蓋《ほううんふがい》禅師の勅号を賜った。明治三四年まで曹洞宗管長職にあって、明治維新の改革時代の宗政を担当したのである。『曹洞教会修証義《しゅしょうぎ》』は永平寺貫首瀧谷琢宗《たきやたくしゅう》、総持寺貫首畔上楳仙各禅師の名をもって公布したのである。

棋仙禅師のあとに西有穆山が総持寺貫首に当選したのであるから、月潭会下から二代の禅師が出たのである。それに引きかえて義祐は一向に世間的には認められなかった。ただ時代を知らない、わからず屋のやかまし屋で通っていたのである、事実やかましいことは月潭以上であった。古規を実行していて時勢におもねるというような気配は、微塵もなかったのであるから、世間知らずと悪口されても平気でいたのである。

ある日のこと、海蔵寺の小僧が、今日はお天気がよいから洗濯物をしようと思い、盥《たらい》を持ち出してジャブジャブすすいでいた。外から帰ってきた義祐はこれを見て、

「小僧や、今日は洗濯はやめろ」

と言う。二、三日雨ばかり降っていたが今日は久しぶりによい晴天になったので、小僧は思いつつて洗濯を始めたのである。その出鼻をくじかれたのであるから、小僧は不機嫌な顔して和尚を見た。

「今日は法華経薬草喩品《やくそうゆほん》の講義だ。オレが薬草喩品を講ずること二十年、必ずといっていいほど雨が降ってくる。永年の例で知っている、だから、やめた方がいいぞ」

言いおいて方丈に入ったのである。不思議なことだと思ったが、小僧はシブシブながら洗濯をやめた。

やがて本講の時間になった。義祐は法華経第五薬草喩品の講義を始めたのである、提唱が進むにつれて今までの青天はどこにいったやら、だんだん曇天になってきた、と思っているうちに沛然《はいぜん》と

して大雨が滝のように降り出した。小僧は先刻の和尚の言葉を思い出してふるえあがって恐れたのである、やがて講義が終わるころには雨もあがって、もとの青天になった。

義祐は眼蔵全巻の講義はやらなかったけれども、眼蔵中の法華転法華巻に精通していた。精通というよりも心通し体通し髄得していたのである。つまり眼蔵の精神で法華経を説いたのである。これを義祐の薬草雨という。

これは法華経に説く七喩《しちゆ》である。一に火宅喩（譬喩品）、二に窮子《ぐうじ》喩（信解品）、三に薬草喩（薬草喩品）、四に化城《けじょう》喩（化城喩品）、五に衣珠《えじゅ》喩（授記品）、六に髻珠《けいしゅ》喩（安楽行品）、七に医子喩（寿量品）である。

釈尊はたとえ話の名手であった。法華経の真髄を大衆にわかるように巧妙なたとえ話を用いた。それが法華経に七通りあるから七喩という。当時のインドの民衆に、こんな寓話をもって仏教の思想を敷衍したのである。

薬草喩は一名「雲雨喩」ともいう。人間界・天人界を小草にたとえ、その上の声聞《しょうもん》・縁覚の二乗を中草、等覚・妙覚の菩薩位を大草にたとえたのである。このように機根には大中小の不同がある。しかしひとたび慈雨が潤ってくると、大機小機の別なく一様に雨にぬれるのである。そして草木の枯死を救い病根を治することができる。このように法華の法雨は十界あますことなく、その潤沢をこうむらしめて、よく群生の大医王となるというたとえである。こんな因縁から昔は雨乞いにこのお経をあげたものである。

これは一人大宗匠が出世すると、四天下はその恩沢に浴することができるということである。事実、道元禅師という名将が生まれ、正法眼蔵という大慈雨が降りそそいで、日本に一万五千の曹洞宗寺院ができて、三万の僧侶、六百万の檀信徒がその白傘《びゃくざん》の法乳に浴しているのである。

九、饅頭問答

やかまし屋の月潭も小僧には目がなかった、今は小僧でも将来はどんなエライ和尚になってくれるかもしれない、またなってくれることを、師匠としては寝ても覚めても忘れてはいないのである。高野山の良禅僧正は、道で小僧に逢うと丁寧におじぎをしていた。大僧には平然としてかまえている僧正が、小僧には丁重にするので侍僧がそのわけをたずねた。すると僧正は「大僧はもうアレだけの人物だから先が見えている。しかし小僧の将来はわからない、わし以上の人になるかも知れない。否、なってくれと小僧にお願いをしているのだ」と語った。

伝法のときに弟子の頭をなぜて、「我が法をして断絶せしむることなかれ」と付嘱《ふしょく》する儀式がある。また「われの汝をうること釈迦牟尼世尊の迦葉《かしょう》をうるがごとし。正法眼蔵ことごとくもって汝に分付す、汝よく護持して尽未来際《じんみらいさい》断絶せしむることなかれ」と言って法を授ける式を、伝法式という。二代懐弉禅師が義介に伝法し終わって「わしはいつ死んでもよい。これで肩の重荷がおりた」と言ってことのほか喜んでいるのも、道元禅師の正法眼蔵を次の人に伝えた歓喜の極致を言い表わした言葉である。

仏戒のうちで断脈にした罪が一番重いのである。だからといって、どんな小僧にでも伝法してよいというわけにはいかない、人を得てからでなかったら、これまた越法《おっぽう》の罪になるのである。人をつくることが師匠の大切な仕事である、ゆえに小僧を粗末にして下男扱いにしているようでは、法が振るわない。といって飴玉をやれというのではない、大慈悲心に住して大心をもって小僧を養育することである。

「知常や」

「ハイ」

小僧の知常は両手をついて月潭の前に坐った（知常は月潭の法嗣《はっす》）。

「小僧や、わしがお前をなんで呼んだか知っているかい」

月潭はニコニコしながら知常の顔を見た。知常は叱られるのかと思っていたら、和尚の機嫌が案外によいので安心した。

「方丈さんが小僧に饅頭をやるってです」

「この小僧め、お菓子にかけたら千里眼だな。どこに饅頭があるかあててみろ」

「方丈さんの懐《ふところ》ろ……」

と言って知常は顔を伏せたのである。月潭は小僧のあどけない眼を見て笑った。

「一つでよかろう」

「方丈さん、惜しんでは罰があたります」

知常は利口な小僧であった。月潭が提唱の折りに「法は惜しまぬ、法は惜しまずに露堂々《ろどうどう》に出ているぞ。それを見ない奴は罰があたっている奴だ」と口ぐせのように言っていたのを覚えてしまい、饅頭問答に早速用いたのである。

「小僧にかかっては大和尚も台無しだ」

笑いながら懐ろの菓子を知常に与えた。知常はさっき門前の婆さんが方丈に饅頭をあげたことを見ていたのであるから、この問答は小僧の勝ちになったのである。

「小僧が饅頭にかぶりつくとき如何」

今度は月潭が小僧に問いかけた。知常はすかさず、

「小蛇の大蛇を呑むがごとし」

「饅頭が饅頭を食うとき如何」（眼蔵の主張）

「腹はボテリん」

知常の当意速妙な答えに、月潭は腹をかかえて大笑いしたのである。

十、足を掻《か》いた泰心

「今、本堂を走った奴はここに来い」

月潭は方丈にいても常に雲水の動作に気をつけていた。修行は二六時中であって坐禅のときだけ、机に向かったときだけというようなナマヌルイ話ではない。だから月潭はいつでもどこでも、雲水に手落ちがあるとすぐにとっつめるのである。泰心という、この春海蔵寺に安居したばかりの一五、六歳の小僧が、恐る恐る方丈に伺候した。

「きさまか、本堂を走った奴は。本堂は仏さまの身体だぞ、畳が破れて仏身に血が出るぞ。もっと落ち着け、法堂《はっとう》らしい歩き方をせよ」

泰心は平服して月潭の口宣を聞いていた。

「足をかけ」

月潭は言い終わるや机に向かって書見を始めた。泰心は言われた通りに自分の足を出してかゆくもないのにかき出したのである。半時間ばかりたって月潭が横を向いてみると、泰心は半泣きになって足をかいている。その足ははれてふくれていた、これを見た月潭は思わず吹き出してしまった。

「泰心、足をかくというのは坐禅せよということだ。痒くもない足をかいてどうするのだい、あわて者め」

初発心《しょほっしん》の泰心には、そんな意味のわかるはずもない、だから「足をかけ」と聞いてしまい、血の出るほど足をかいていたのである。

「お茶を入れてこい」

泰心はヤレヤレと思い、月潭にお茶を差し上げた。

「ソレ、かき賃におかきをやろう」

月潭は泰心の純情さが可哀相になって、かき餅を与えた。


正法眼蔵は永祖道元禅師の自内証《じないしょう》がほとばしり出て文字になったのである、道元禅師の慈悲心の血滴々が眼蔵である。だから空前絶後のすばらしい文章で、すらすらと書かれている、「山流水不流」「汝は我れ、我れは彼なるべし」「時時の時に尽有尽界あるなり」等は、文字上や常識ではとうてい解せない句である。

月潭は「眼蔵は結局、眼蔵でこなさなくてはダメだ」と言った。まことに至言である。三〇年苦しんだ結論の言葉である。だがしかし、眼蔵が眼蔵でこなれるようになるまでには容易なことではない。つまり眼蔵の文章を眼蔵で見る、たとえば有時《うじ》巻の文字を、山水経《さんすいきょう》巻の文章の意をとってこなすのである。これはよほどの眼蔵眼が開けた、眼蔵の達人にしてはじめてできうることである。

面山は渓声山色《けいせいさんしょく》巻を提唱したとき、発願文《ほつがんもん》の句にいたって感涙にむせび泣いてしまい、講席を続けることができなくなった、ついにその日は中途で本講をやめたのである。師家も泣き、聴いている会下の大衆も泣いてしまう、この感激がわいてくるのが眼蔵である。眼蔵はどこまでも宗教書である、済世利民《さいせいりみん》の書である。冷酷な理論や駄法螺禅《だぼらぜん》を説いているものではないのである。

第十九章　西有穆山禅師《にしありぼくさんぜんじ》

一、上には上がある

明治の眼蔵家といいえばなんといっても西有穆山（一八二一〜一九一〇）である。眼蔵を民衆化して眼蔵会《げんぞうえ》を開いて道俗のために提唱して、高祖道の宣揚につとめられた功績は実に大きい。それまでは眼蔵は室中の秘書としておがむものであって、人のために公開の席で提唱するなぞとは夢にも考えなかったのである。いわんや俗人を混じえて聴くというようなことはとんでもないことだと思われていたのである。

それは従来の眼蔵家の提唱は出家道本位であるから、公案と専門語の羅列であったので、禅の知識のない俗輩にはチンプンカンプンわけのわからぬものであった。この弊を改めて平易な眼蔵、民衆にわかる眼蔵の提唱をした人は、けだし西有穆山がはじめてであろう。ために婆々《ばば》穆山と渾名《あだな》されたのである。

西有は姓、穆山は号、名は瑾英《きんえい》である。瑾英の文字が当時、皇室関係にさわりがあったので、穆山の号をもって通していた。青森県三戸《さんのへ》の人である。

幼いとき母に連れられて八戸《はちのへ》の真宗願栄寺にお参りした。すると本堂に地獄・極楽の画がかけてあった。その地獄の凄惨な哀れな姿を見て母に聞いていわく、

「お母さんはどちらに行くの」

「そうだね、お前が可愛いために罪を造っているから、どうせ地獄行きでしょうよ」

「母さんが地獄に、あの地獄に？」

と穆山は幼な心に驚いて、母の顔を見上げた。

「どうしたらお母さんが極楽に行けるの」

「それはお前が行儀よくしていて、仏さまやお母さんの言うことをよく聞くことですよ」

「ウン、それじゃお行儀をよくするよ」

母を地獄にやるまいとする子供心が、やがて大きくなるにしたがって出家の志をかためたのである。一三歳で菩提寺の長流寺金龍和尚に随って剃髪した。

出家の動機が尋常でなかったから、仏門に投じてからはいよいよ刻苦精励した。一九歳で仙台松音寺の悦音に師事し、二一歳、江戸駒込吉祥寺の梅檀《せんだん》学寮に掛錫《かしゃく》した。梅檀学寮は当時の宗学の最高学府であったのである。

牛込の宗参寺曹隆和尚の知遇を受けて、牛込鳳林寺に住職したが、感ずるところあって三〇歳で

寺を辞して「相模の狼」といわれた海蔵寺の月潭《げったん》和尚の会下《えか》に投じた。もし穆山が鳳林寺住職でおさまっていたら、おそらくあれだけの偉大な人にはなれなかったと思う。「どうしても眼蔵が聴きたい」という熱烈火のごとき求道心が、ついに三〇歳の若住職をして寺を捨てさせたのである。

このことは、あとから人のしたことを聞けば何でもないようであるが、事実自分の問題としてみると、そう簡単なものではない。三〇のヒゲヅラをさげて再行脚に出るという決定は、よほどの勇猛心がなければやれるものではない。

ガミガミかみつく狼のような月潭和尚に随侍して、どうでも眼蔵を聴こうという眼蔵熱が後年の大西有禅師を築き上げたのである。眼蔵が手に入るまで、たたき出されても出ない、という熱情があって、ついに月潭下に一二年も安居《あんご》してしまった。いかに穆山が苦心研鑚し眼蔵に粉骨砕身したかがわかる。眼蔵に蔵身し眼蔵に捨身してこそはじめて眼蔵がうかがわれるのである。

一年や二年で手に入るような安っぽい眼蔵ではない。月潭和尚は参学の師、黙室《もくしつ》和尚に一四年随侍して眼蔵を手に入れたといわれるから、古人の眼蔵に対する苦労は涙なしにはおがめぬのである。

二、暑い四書

二一歳の青年穆山は向学の心に燃えて天保一二年（一八四一）の春、江戸に上った。青森から江戸までということは当時としては、よほどの願心がなければなしえないことであった。駒込吉祥寺の学寮には全国から優秀な青年僧侶が学寮生として安居していた。学寮は僧侶教育が主眼であるから、その学課は宗乗と法式《はっしき》が専門であった。この中に入って修行と勉学に励んだので、たちまちにして衆の認めるところとなった。

西有穆山禅師

穆山は師寮寺から学資をもらって出京したのではない。いわば無茶苦茶に江戸に出て無理に学寮に入れてもらったので、一年間の学資が一分、それにわずかな草鞋銭《わらじせん》以外にはもらわぬから、いつも嚢中《のうちゅう》無一物《むいちもつ》であった。もちろん衣服などを求めている余裕はまったくなかったので、いつも着てきた綿入《わたいれ》一枚で通した。といっても夏は真綿入というわけにもゆかないので、夏になると綿を引き出して、着物の表と裏と分けて二枚の単衣《ひとえ》にして洗い替えにしていたのである。

春も過ぎ初夏のある日のこと、穆山は一人で門前の漢学先生のところを訪問した。昨日の先生の講義について不明な個所を質問に来たのである。このとき穆山はまだ上京して間もないころであったのと、あまりに勉強に一生懸命であったから、時候などというようなことは忘れてしまい、一枚の綿入の上に木綿の黒衣《こくえ》をつけて参問したのであった。青森とは違い、江戸は早くから夏になることに気がつかなかったのである。

その日はむしむしと暑い日であったので、漢学先生は褌《ふんどし》一つの素っ裸でいた。「おぉ、西有か、よく来た。お前は実に熱心な門弟だ、わからぬことがあったらいつでも教えてやる、よく来た」と実に上機嫌である。

穆山の質問に対して漢学先生は素っ裸のまま、やおら見台に向かって端坐した。「よしよし、もう一度講義してやるからな」と言いながら、滔々《とうとう》一時間にあまる長講説を、しかも熱心に講義されたのである。机の前に坐った穆山は、むし暑い天気に綿入を着て聞いていたので汗が滝のように背中を流れた。おまけに手拭いも何も持って来ていない。――昔は師の前でハンケチで自分の汗をふくことは無礼だとされていた――汗は流れるままに、しまいには首筋からボケが立ち上がったのである。穆山の真っ赤な顔中から湯気の上がっているのを見て、「西有、暑いかい。湯気の出るほど夢中になって学問しなければものにはならぬぞ」

漢学先生は自分は涼しいのに、なんで西有はこんなに汗をかいているのだろう、と気がついてみると、自分は褌一巻の素っ裸で熱弁を振っていたのである。

「おお、裸であったな、紋付を着た講釈よりも、裸の方がよくわかるだろう。実はオレも貧乏での、いま家内が綿入を質に入れて浴衣を受け出しに行っているのさ。だが裸でも着物を着てもオレの四書の講義に狂いはないから安心せい」。先生は平然たるものであった。

『修証義』の「無上菩提を演説する師に値わんには、種姓を観ずること莫れ、容顔を見ること莫《なか》れ……ただ般若を尊重するがゆえに」を文字通りに実行した穆山は、一年たらずで漢学の知識をえた。この挿話は、まさにこれ一幅の禅画である。

三、母の箴言《しんげん》

穆山がまだ二〇歳のころ、自分としては相当修行もできたつもりで、ある日、故郷に帰り久し振りに母をたずねた。すると母は喜ぶと思いのほか不機嫌な顔つきであった。

「穆山や、お前はたいへん慢心しているね。お経に一子出家すれば九族天に生ずると説いてありますけれど、お前のように、これぐらいな修行でできたと思っているようでは、天に生ずるどころか、反対に地獄に堕ちますするぞ。この母はお前の将来が案じられます」

と、きつく意見をされたのである。母を救うために出家したはずであったのに、かえって母を苦しめることになったので穆山は大いに反省した。よし大事《だいじ》発明までは断じて故郷に帰るまいと堅く決心して早速、江戸に旅立ったのである。

修行中苦しいこと辛いことがあるたびに、この母の箴言を思い出しては歯をくいしばって修行に励んだ。後年、穆山はしばしば述懐していわく「ワシが今日あるは、まったく母のお蔭である。あのときに母がワシを甘やかしていたら、今日の西有はないのであろう」と。

大人物は一朝一夕にできるものではない。この母にしてこの子ありで、母の箴言をいつも懐ろに入れての三〇年間の猛修行があって、西有禅師は生まれたのである。修行は実地であって商売のようにカケ引きでできるものではない。一つ一つ積功累徳《しゃっくるいとく》してゆくのである。いわば地味なことであるのである。

修行中の穆山が大塩の禅昌寺に拝宿した。翌朝下山する途中で門前の坂道の小石にケツマヅいて転んだ。「アレ坊さん、娘に見とれて朝っぱらから転んでしまった」と誰かが言った。言われて気がついてみると女の子が通っていた、そして道端にタバコをふかしている村人がいた。「なるほど」と穆山は合点した、修行に夢中になっていた穆山は娘も村人も気づかなかったのである。「オレの修行はダメだ、脚下照顧《きゃっかしょうこ》というが修行が地についていない。娘どころか小石が見えないのだ」と大いに反省し、修行は脚もとからということに気づいたのである。

「悪言も、これ功徳なりと感ずればわが善知識となる」。オレの悪口を言ったと、怒ってしまえば修行にならぬのであるが、やはり大器となるべき人は違う。悪言を自己研鑽の箴にするところに凡人と聖人の差ができるのである。

高祖道元禅師の正法眼蔵を、どうあっても手に入れようと決心している穆山は、初め眼蔵を『三《さん》物秘弁《もっぴべん》』の著者、万仞道坦の孫弟子の慧亮に二度、聴いた。だが雲をつかむようなことで、なんとしてもわからない。そこで相模（神奈川県）海蔵寺の月潭和尚は黙室の眼蔵を手に入れている人だ、と聞いた穆山は矢も盾もたまらなくなって、寺をほおって海蔵寺に走ったのである。

四、怒経《どきょう》

禅僧で優しい人だといわれるのは滅多にない、雷おやじの方が多い。多いというよりも、ほとんどやかまし屋といってよい、穆山も有名なドナリ屋さんであった。人のいないところで怒鳴られるのならよいけれども、穆山はワザと他人のたくさんいる中で怒鳴ったのである。「オレが怒ると思うな、法が怒らしているのだから有難いことだと思え」という調子である。遶行《にょうぎょう》中でもかまわずやられるので大衆はチリチリしていた。

しかし考えてみると、怒鳴られるから先々にと物事を覚えるのである。修行は叱ってくれる人がある間は早く上達するのであって、自分だけになるとよほどの願心がなければ進行しないものであり、また邪路に陥りやすいのである。

穆山が牛込の宗参寺住職時代のことである。宗参寺はもと徳川家の旗本の寺であるから一番檀頭が九〇〇石取り、二番檀頭は八〇〇石取りというわけであった。ある日、一番檀頭の服部さんが来寺されて住職と用談のあとで酒が出た。穆山は若い時代はちょっと酒のいけた方である。そこで服部も飲み手であったから、話しているうちに一升あけてしまったのである。

「侍者和尚、今日の午後の本講は休講ということにしておく」と言いながら、まだチビリチビリ

西有穆山禅師書「鉄漢楼」（静岡県・旭伝院蔵）

とやっていた。
　のちに曹洞宗大学林の教頭になった折井光輪《おりいこうりん》、学監になった古知知《こちち》常《じょう》等が随身していたのであるが、折井という人は年が大きいので先を急いでいた。「本を講じてくれないような師家のところには随身せん、送行《そうあん》だ」と言い出した。我らは一寸の光陰を惜しんで随身しているのに、寺の檀頭が来たからといって酒をくらって、おまけに休講とは何ごとだ、随身をバカにしている、とカンカンに怒ってしまった。
　折井さんの怒っている声が、運悪く住職穆山の耳に入ったからたまらない。「ウン、出てゆけ、サッサと出てゆけ、一寸も置かない、出てゆけ」と侍者に命じて、折井さんの荷物を門前にほうり出さしてしまった。いったん言い出したからには誰が何といっても聞かない穆山である。荷物をまとめる間も何もない、門前に追い出してしまったのである。
　追い出された折井は困ってしまった。維那《いの》和尚にお詫びを頼んでみるけれども、維那も恐れて引き受けてくれない。詮方ないので門前の爺さんの家に泊めてもらって、毎日、宗参寺に懺謝《さんしゃ》に来たのである。けれども穆山は頑として聞き入れてくれない、ついに一週間通いつづけたのである。この有様を見ていた門前の爺さんが、たまりかねて禅師に取りなしをした。「方丈さん、酒は飲むものでね、飲まれてはダメですよ。一升ぐらいの酒に飲まれてしまい、怒経をあげるようじゃ衆生済度はできませんぜ。折井さんはね、一万遍の懺謝拝をするとか言ってね、わしの家でお拝ばかりやっていられますよ」。穆山はキョトンとした。

「爺さん、うまいことを言った。まいったよ。やっぱり年の功だな、明朝、折井に上山せよと言っておくれ」

当意即妙の禅機である。門前の爺さんに逆説法されて怒経はおがみあげになったのである。

五、抜き身の肴《さかな》

穆山は浅草本然寺の安窓泰禅和尚に見込まれて嗣法《しほう》の弟子となり、元治・慶応のころ（一八六四～一八六八）牛込宗参寺の住職になったのである。世は幕末で血なま臭い風がたえまなく吹き、幕府の権力が次第に地に落ちて江戸の余命も旦夕《たんせき》にせまりつつあった。

官軍と幕軍との争いは日増しに激しくなる一方であった。主人思いの武士・旗本らは朝敵という汚名を受けても、三〇〇年来の恩義に報いるは武士の本分であるというので、彰義隊を結成して一死をもって主恩に報じんものと、その決死の勢いは恐ろしいほどである。しかし大勢《たいせい》には勝てない、彰義隊は戦闘利あらず、惨敗して隊員は支離滅裂になって敗走してしまった。

宗参寺は旗本寺であったから、彰義隊の一員、旗本の室賀甲斐之助は一時身をひそめようと思い、夜陰に乗じて宗参寺に逃げこんだのである。住職穆山は快く引き受けてかくまってやった。ところがこの事を寺男が感づいてしまい、これを官軍に密告したのである。それを知った穆山は、このままでは室賀の命があぶないので、因果をふくめてソッと彼を裏から逃してやった。

一足違いに官兵がドヤドヤと二〇〇名も寺を取り巻いてしまった。そして隊長と部下三名とが土足で寺に上がりこんで来て、「和尚、室賀をかくまっているだろう。出してもらうか、出さねば坊主から先に切ってしまうぞ」と居丈高《いたけだか》になって、刀を畳に突きつけて怒鳴り出した。

「何と言われても、居ない者は出せんよ」

「不届きな坊主だ。隊長の命令に従わぬ奴は一刀両断だ、切ってしまえ」と命ずるや否や、三名の部下は刀の鞘《さや》を払って畳に突き刺したのである。穆山はますます落ち着いて平然としていた。

「ヘイ、この坊主頭で間に合うものなら、そりゃ有難いことだ。早速切ってもらいましょうかね」と、和尚が一膝乗り出してきたので、隊長はややあわて出した。

「だがね、何ごとにも最後の遺言ということがある。しかし世を捨てた坊主にはさしたる遺言もないが……実はこの世のお別れに一杯やりたいのだ。いわゆる死に水というヤツだな」と言って微笑した。大胆不敵な坊主だと隊長らは驚いてしまった。

穆山はやおら立ち上がり台所から一升徳利を持ってきて炉端にすえた。

「ぐずぐず言わずに早く飲んでしまえ」、隊長はきびしく言いつけた。穆山は徳利を片手に茶碗酒をやり出したのである。

「閻魔さんへのいい土産話ができたな。抜き身が酒の肴とはちょっとオツなものだな。人生五〇年いつ死ぬるも同じことじゃ、最後の楽しみだ、愉快だナ、ハア……」

穆山は、さもこともなげに言いおいてチビリチビリとやっているのである。

あせり出した隊長は部下に命じて寺内の家探しをさせた。

「隊長殿、室賀は見つかりません」、部下の頭が不安気に言った。

「居ない？　そんなはずはないが。コラ坊主、室賀をどこに隠した」

「安心せい、居ないものは居ないのだ。これが天下の法則だな」

和尚は茶碗酒をゴクリと飲み干した。

「バカめ、まだかくまっている気か」、隊長は怒って鞘で畳をたたいた。

「まあ落ち着けよ、禅坊主はな、手品師ではないから居ない者は出せやしないよ。出せという方が無理だな」

相手はカンカンに怒っているのに対して、穆山は春風駘蕩《しゅんぷうたいとう》たる態度で、顔をホンノリ赤らめながら悠然とかまえて相変わらず酒を飲んでいるのであった。

千軍万馬の隊長も、これでは和尚を切り捨てるわけにもゆかず、といってこのまま引き揚げることもできず当惑してしまった。

「始末の悪い坊主だな、サッサット飲んでしまえ」

「あわてるな、室賀は居ない、オレは逃げも隠れもせん、落ち着いて貴公らは和尚の伴僧をしておれよ」

こうなると、ますます隊長らは逃げられもせず、刀の処置に困ってしまった、そして穆山の前に次第にかがんでしまった。穆山は時至れりと思い、

「ああ、酒は百薬の長とはよく言ったものだな、飲んだこの気持は実に愉快じゃ。ところで貴公らも和尚の番ばかりしていても手持ち無沙汰で退屈じゃろの、どうだ別れの盃ということがある。一杯ゆこうか」

穆山はぐっと飲み干した茶碗を隊長に差し出した。

隊長は仕方なく飲んでしまった。そうしている内に一杯、二杯と盃が重なっていった。

「ところで一杯機嫌で一口、言わしてくれよ」

穆山は酒臭い息をふきながら、ボツリボツリと語り出すのであった。

「貴公らは勤王の勇士、室賀は徳川三〇〇年の恩義に報いる勇士、勇士と勇士だ。どちちも赤心《せきしん》で働いている。赤心の上からいえば五分五分勝負だ。戦《いくさ》は時の運だから仕方がない。どちらも日本人同士の赤心の出会いだから、このオレはどちらの肩ももたぬのじゃ」

隊長らは感心して聞き出してきた。

「室賀は宗参寺の檀頭の伜《せがれ》だ、窮鳥懐《きゅうちょうふところ》ろに入れば猟師も殺さずという。ましてや檀頭の子だ、だから隠してやった。だがここは危ないと思ったから逃してやったのだ」と、諄々《じゅんじゅん》と諭すように話すのである。

「話はこれだけだ、酒も飲んだ、さあどこからでも切ってくれ」

坊主頭を前に突き出してしまった。

穆山和尚の度胸とその義理人情の説教に感心してしまった隊長らは、やおら腰を上げて言った。

「また来る、今日は引き揚げだ」

殺すにはあまりにも度胸のすわった坊主だ、生かしておいたらほかの役に立つであろうと思った隊長らは、初めの勢いはどこへやら、スゴスゴと逃げるようにして寺を出て行ったのである。

六、明白心

西有穆山は明治三四年春、八一歳で大本山総持寺独住第三世に晋住《しんじゅう》した。このとき直心浄国《じきしんじょうこく》の禅師号を勅賜《ちょくし》されたのである。

一九歳で仙台市松音寺に安居して同参のために『学道用心集』を講義した。二一歳、江戸駒込吉祥寺の学寮に投じて専ら眼蔵に志し、三〇歳、相模海蔵寺の月潭老漢に侍《じ》すること一二年、ついにその堂奥を極めた。

明治初年（一八六八。五〇歳前後）、各地に排仏毀釈《はいぶつきしゃく》の論が起こるや憤然として立ち、ただちに『護法用心集』『山蔭閑話』を著して大いに論破につとめたのである。明治五年、教部省の制が設けられるや、原坦山《はらたんざん》・滝谷琢宗《たきやたくしゅう》らとともに中講義職に補せられ、ついで大講義に昇り、総持寺出張所監院兼貫首代理を拝命した。また本山の命によって北海道の開拓と巡教に従事して大いに功績をあげたので、永平寺西堂《せいどう》の職につき、宗門最高の礼遇を受けたのである。また明治三三年、横浜の信徒が一宇を創立し禅師を請して開山第一世となし、寺を西有寺《さいゆうじ》と号した。

総持寺に住すること四年、明治三八年、西有寺に隠棲して道俗の化《け》にあたり、同四三年一二月、九〇歳で示寂《じじゃく》した。

穆山は会下《えか》の者に「お前らは長生きせい、長生きせねば修行が功を積まぬ、積まねば眼蔵がわからないぞ」とよく言った。修行のために生命を大切にせよというのであって、俗情を満たすために長生きせよというのではない。そこが僧と俗の長寿の方針の違いである。

一九歳で『用心集』を読んだ穆山は、九〇歳まで『用心集』を膝から離さなかった。八六歳で『用心集』を提唱したときにも、これがオレの最後の『用心集』だからよく聴いておけ、と言いながら下見を二回三回と繰り返して、自ら参究しながら提唱した。決して手書き註釈の素読ではなかったのである。その法に親切なことはかくのごとくであった。

穆山の漢詩に八〇歳までの作には八庚の韻のものが多く、また必ずといっていいほど八庚韻には「情」が使ってある、それが八〇を過ぎると全然みられなくなっている。これは穆山が管長になって自ら気づいたのである。

水清ければ魚棲《す》まずである。穆山に明白心が八〇まであった。「禅師さん、あなたは禅師になられたのであるから、法堂《はっとう》で百姓百姓と言って怒鳴ることだけはやめて下さい」と、一信者に言われて気がついたのである。正法はどこまでも鼓吹《こすい》しなければならないけれども、だからといって明白心があってはいけないのである。オレは正しいから真っすぐに、山でも河でもぶちぬいて通るというのでは衆生教化はできない。曲がり曲がって真っすぐに道を通るのが菩薩の修行道である。足跡を遺さない歩み方が明白心のない行程である。

眼蔵には眼蔵らしいという明白心がない。これは開祖大師が、眼蔵を書いて弟子に読んでやろうという明白心があって、お書きになってはいないからである。自然に流れ出た高祖の人格が、眼蔵という文章になったまでのことである。

七、穆山の処世訓

一、世の中をわたるにはバカ下駄をはくべし
二、腹には堪忍《かんにん》の帯をしめよ

三、腹がへったら縁の下の力餅を食うべし

これが穆山の長寿の術であった。若いとき、ある旅宿で人相見と同宿した。彼氏いわく「お前さんはよい人相をしている、特に貴頂相があるから坊さまにはもってこいだ。しかし悪いことが一つある。短命だ。四〇歳までかな、自重《じちょう》したら五〇まではは生きれるだろうな」と。気になった穆山は「ではどうしたら長寿をえられるかな」「そうさなお前は幸い坊さまだ。人のためになることをしなさい。そして人のいやがる仕事をつとめてすることだ」と、教えてくれたのである。

偉人と凡人は物事について考えが違う。若き西有穆山は風来の人相見の言葉を聞いて思った、「オレは短命かもしれない。それならあと一〇年か二〇年たらずだから、このまに大いに猛修行して、どうでも一大事を明らめて眼蔵を食いぬいてしまおう」と決心したのである。また開枕《かいちん》後に便所の清掃をし、古下駄を集めては鼻緒《はなお》を結ぶなど、物の生命を尊重して陰徳の積聚につとめた。

古来から大善知識と便所掃除はつきもののようだ。というよりも、この心がけがあってこそ群を抜きんずるのである。日置黙仙《ひおきもくせん》禅師も陰徳行の人である。

世間の学問は利口になって我を張ることを教えるのであるが、禅門の修行はバカ下駄をはく修行である。加賀百万国の領主前田利常は、いつも鼻ひげをのばしているので家臣が注意した。すると利常の言わく、「ほっておけ、この鼻毛で百万石がもてるのだ」と、大賢は大愚のごとしである。その父の前田利家が豊臣秀吉の死後、大阪城で天下の城主を集めて大評議を開き、曽子《そうし》の句を引い

て「以て六尺の孤を託すべし、以て百里の命をよすべし、大節に臨みて奪うべからず、君子人《じん》か君子人なり」と説いて、幼年の一子秀頼を守ることを決議したのである。この曽子の言葉が加藤清正にはわからなかった。のちに至って啓発されて大いに恥じたという。惜しいかな利家は、その年に死んだので家康が天下をとってしまったが、もし利家が生存していたら歴史は変わっていただろうといわれている。

西有寺建立について信者の宮田老人は反対した。可睡斎《かすいさい》にいれば御前さまで通るものをというのである。しかし穆山は眼蔵の参究のために自由な身になりたいというので、檀家の一軒もなく寺有田の一畝《せ》もない裸の西有寺に、一五人の雲水をつれて出たのである。もちろん、その日からの食料がないので自分の袈裟や衣を売って雲水を養った。火事にあったと思えば何でもない、もともと裸一貫の西有だ、そのうちになんとか食輪《じきりん》は転ずるであろうと言って、明けても暮れても眼蔵を読んでいたのである。

穆山の縁の下の力餅のお蔭で今日眼蔵が伝わり、穆山の衣を会下の雲水がくったので、野々部至遊・折井光輪・筒川方外・丘宗潭・秋野孝道・岸沢惟安《きしざわいあん》等の眼蔵後継者が続々と生まれたのである。

八、赤痢の元字脚《がんじきゃく》

穆山が島田（静岡県）在の伝心寺で眼蔵の提唱をしていたとき、どうしたことか赤痢菌に見舞われてしまった、時に七九歳であった。なかなかの重態で一日七〇回も下痢するので、会下の雲水は心配した。ところが穆山は平気なもので、寝床の中で『五位《ごい》顕訣《けんけつ》元字脚』の研究を始めた。平常忙しくて見ることができなかったが、幸い寝る商売になったからこの間に参研するというのである。『元字脚』は富山光厳寺の全苗月湛（洞水）和尚が四〇年間、洞上《とうじょう》五位《ごい》に参じて書き上げた書物で、わずか五〇枚たらずの本だが、一生を五位にささげた人の力作だけあって難解の書である。それを弟子のために提唱した。高弟の月湛梵丁和尚が洞水以上の学者であったので『元字脚』の提唱を聴きながら本に書き入れをした。『元字脚』自体が難しいのに、これに学者が註を入れたから、なおさら難しくなってしまい、著作者以外には提唱した人がないのである。

難しい病に罹《かか》りながら、本人は一層、難しい本と取り組んでしまったのである。はたの者は心配しているが怒鳴られるのが怖いのと、言ったところで聞かれないので困っていた。そこに随身の秋野さんが見舞いにみえたので、この様子を話して泣きついて頼んだのである。

秋野さんも驚いてしまった。こんなことを続けていたら本当に命をとられてしまう。そこで恐る恐る膝をのり出して「禅師さま、病気のときは病気眼蔵になっていただきたい。つまり安静にしていて横臥眼蔵になりきっていただくことです。さもなければ早くなおりません、どうか勉強はやめていただきたい」と申し出た。

すると穆山は平然としていわく「心配ご無用、一向に差しつかえはない。第一に受け持ちが違うのだ。『元字脚』は眼の方だし、赤痢は尻の方だ、出るものは出そう、見るものは見るだな」

さすがの秋野さんも恐れ入ってしまい二の句が出なかった。当時の穆山の詩に「赤痢病は是れ善知識、七十九年にして勝縁に逢ふ、生死《しょうじ》ものなし息断続す、法と非法と恰《あたか》も雲煙」と、赤痢を勝縁として『元字脚』に参徹した穆山には、赤痢菌が負けてしまい、心配することもなくまもなく病気は平癒したのである。

伝心寺の眼蔵会は盛んなものであって、丘宗潭は三里（約一二㎞）の道を毎日通った。また穆山も宗潭の来るのを待って提唱を始めたという。大正時代の眼蔵家は、この道場で養成されたといってもよいのである。どうせなるなら師家《しけ》が提唱を待つほどの随身になりたいものである。

穆山が名古屋安斉院の野々部至遊の寺で眼蔵を読んだときに、観法という七〇歳過ぎの老僧が聴講に来た、そして穆山の提唱を涙を流して聴いていた。それが毎日のことなので穆山は不思議に思い、ある日、老僧を客室に請してそのわけをたずねた。老僧は「私は若いときに珍牛・黄泉・黙室と三大家の眼蔵を拝聴したのですが、禅師の眼蔵は黙室さまが再来してきてのご説法のように思われて、有難くて涙が出るのです」と答えたという。

穆山は月潭に一二年、月潭は黙室に一四年随身したから、月潭を通して黙室の家風が穆山に伝わってきたのである。穆山のほかに月潭会下からは山本義祐・畔上楳仙《あぜがみばいせん》等の鉄漢が生まれている。

ちなみに『元字脚』は、穆山の遺命《ゆいめい》によって岸沢老僧が注解を完成した。

九、女郎画賛

穆山にある人が花魁《おいらん》の画を持って来て、これに賛をしてくれと頼んだ。仏画の賛はいくらでも書いた穆山であるが、美人画にはまだ縁がなかった。といって断わるのも卑怯《ひきょう》であるから引き受けて、明日取りに来いと言って帰らしたのである。

依頼者は穆山和尚がどう出られるかと試験台にかけたのであるが、引き受けられてしまったから論戦にならなかった。賛はすらすらと次の如し、

九年面壁《めんぺき》なんのその
ワタシャ十年うきつとめ
煩悩　菩提《ぼだい》のふた筋に
ワタシャ誠のひとすじを
かけて三筋で世を渡る
客を相手に呑み阿弥陀
済度なさるとなさらぬは
それはお前の勝手なり
ほかに余念はないわいな

禅の達人になると自由自在なものである。白隠禅師が愛弟子を信州にやるときの餞歌に、
いたい風にもあてまいものを　やろか信濃の雪国へ
というのがある。禅は人情の機微に徹した人にして、はじめて提唱できるのである。

穆山が盛岡市の授戒会《じゅかいえ》に行ったときのことである。一弁護士がやって来て穆山和尚にお目にかかり言うことには、「私は非常に忙しい身体であるから、授戒にはついておられぬから仏法の教えを一口に言ってほしい」と。すると穆山は、

「いや七日間かかって戒法の話をするのであるから一口では言えない。また、たとい一口でわしが説いても、受け取るお前さんに合点がゆくまい」

「何をおっしゃる、私は弁護士であります。およそ人の言うことでわからぬということはありません」

「うんそうかな、お前さんは弁護士だといって大変きばってござるが、仏法は世間の法律では解釈できませんぞ」

「いやわかりますから一口に言って下さい」

「たっての願いなら言うてきかせよう。仏法とはお前さんのことだよ」

と言われて、さすがの弁護士もキョトンとしてしまった。

「それみろ、わかるまい」とやられた。

弁護士先生ついに我《が》を折ってしまい、それからは暇をみては説教を聴きに来た。そして授戒について禅師の信者になってしまい、自分の弟は出家させたのである。
東京・目黒の自由学園の創始者羽仁もと子女史が、若いころ新聞記者をしていた。女の新聞記者ははじめてであった。そのころ総持寺貫首の西有禅師のところを訪問しては法話を聴いていた。これはしばらくつづいて、穆山が西有寺に退鼓《たいく》してからもたずねていた。ある日、女史は終生の心得として座右の銘の書を求めた。穆山は左の句を書いて与えた。

竹影払階塵不動（竹影が階《きざはし》を払えども塵《ちり》は動かない）
月穿潭底水無痕（月は潭底《たんてい》をうがてども水にあとなし）

女史は常にこの軸を大切にしていた。悟りの痕《あと》、学問の痕がない。煩悩を払うことは大切だ、また徹底大悟してぶちぬくことも大切だ。しかし払った痕、見性《けんしょう》の痕がついている人は小乗禅である、そういう人には女郎賛は書けない。証契《しょうかい》の相もとらず、また邪念の心もない人にして「潜行密用は愚の如く魯《ろ》の如し」とゆけるのである。これが主中の主となる那人《なにん》である。

十、穆山の堂行《どうあん》

西有寺住職の穆山が八〇歳で総持寺貫首に当選したので、総持寺では足立達道老師を専使として西有寺に拝請《はいしょう》に行かせた。穆山和尚は足立さんが見えたら本堂前に拝席を敷いておけ、五磬《けい》三拝の磬子《けいす》はワシが打つからと言っていた。

　ところが間が悪く足立さんが人力車で西有寺に到着したときには、穆山は東司《とうす》に行っていた。穆山の東司は長いので有名である。早くて二〇分、たいてい三〇分はかかるのである。それは穆山の排出口の欠陥のためではなくて、眼蔵洗浄巻をそのまま実行されるので結局、洗浄に手間どるのである。

　ようやく用事をすまして穆山が本堂に出てみると、足立さんは到着し、本尊前での五磬三拝は了っていたのである。

「誰が五磬三拝の磬子を打った、あれほどワシが打つと言っておいたのに」と大変な雷が落ち出したのである。大衆はチリチリしてしまった。

「よく聞け、今日の磬子はワシが打たねばならぬわけがあるのだ」と口宣が始まった。足立さんは年のせいで耳が遠いので、なぜ西有穆山禅師が怒り出したのかわけがわからぬ。といって出堂もできず本堂に立ちんぼうになってしまった。これは総持寺では此の度はやかまし屋の西有さんが禅師に出られたから、拝請のちなみにゴテゴテ言われては困るというので、ワザと耳の遠い老僧を専使にさしむけたのであった。

　寺院には尊宿の昇降口が三ヶ所ある。一は本堂迎拝前、二は玄関口、三は頼《たの》もう口《ぐち》である。三番目の入口は普通だが、住職よりやや尊貴の方には玄関より入って頂き客室に通すのである。本寺、大本山を代表する人、自分の参学の師、一会の導師（戒師、西堂）等は貴賓客待遇で本堂前より入り、まず本尊前に三拝する。住持人は八尺間入口にて尊客を迎えて線香を渡し、自分は堂行位《どうあんい》について打磬して尊客と共に礼三拝する。三声三拝、尊客が坐褥《ざにく》上にて本尊に揖《いつ》するとき小さく磬を打し、次に尊客が一歩退いて両班《りょうばん》に揖するとき大きく磬を打す。これで五磬三拝となるのである。

住持人は八尺間にて尊客を迎えて先導して客室に案内する。尊客が室の上位についたとき住持人は到着三拝をする、尊客は答一拝する。了って挨拶、献湯茶《けんとうちゃ》という順であるが、最初の献湯茶は住持人が自ら尊客前に茶卓を献ずるのである。第二次からは行者《あんじゃ》が出してもよい。

なぜこのようなことをするかというと、尊客が本尊前に三拝してから住持人と対面するということは、住持人は尊客の侍者位につくことを表示しているのである。つまり住持という肩書を消して尊客の行者になっているのである。だからして住持人の許可なくして尊客は入山するや、本堂中央の住持位の坐褥上に立って三拝するのである。住持人は侍者であるから点茶来《てんちゃらい》を自らする。ゆえに五磬三拝は寺院の尊客に対する最大の敬意なのである。

近来はこの口伝《くでん》を知る人が少ないからホンの形式と心得ていて、五磬を尊客が進前して焼香退位で揖するときに打するものが多い。また五磬を住持人が自ら打すことは忘れられてしまったが、せめて住持人は本堂の侍者位に立って、尊客とともに三拝ぐらいはしなくてはならぬのである。

かかる有難い五磬の口伝を大衆に知らしめるために、西有禅師は怒鳴られたのである。

十一、村上専精《むらかみせんしょう》の仏教統一論

村上専精博士が仏教統一論を書こうとしたが、浄土思想と禅宗思想とが合わぬので困ってしまった。片方は他土の往生を願う他力本願であり、一方は娑婆即寂光浄土を説き自力成仏を主張するのであるから、全然相反する思想である。これをいかにして統一するかということに博士は苦心した。どちらも否定するわけにはいかない、といって肯定していては統一にならないので大いに弱ってしまった。そこで一日、西有禅師を訪問して問話を試みたのである。

「禅宗では専ら見性《けんしょう》成仏《じょうぶつ》といいますが、はたして見性で成仏できますか。また見性というようなことは誰にでもできますか」「博士、あなたは唯識《ゆいしき》学者だと聞いているが、ずいぶんつまらない質問をなさるな。万法《まんぼう》唯識というでしょう、このほかに見性や見仏、見凡や見相がありますかね」とやられてしまった。博士は蘊蓄《うんちく》をかたむけて仏教統一論を書こうとしていたのに、かえって穆山が先に統一論をしゃべってしまったのである。

そこで博士は坐禅したいと言い出した、幸い秋野さんが雲水をつれてきて接心《せっしん》していたので、その坐に加わって坐禅した。ところが巡香《じゅんこう》をワザと秋野さんがやり出したのである。巡香の秋野さんが警策《きょうさく》を持って博士のうしろに立つと、くるっと首をねじって秋野さんの顔を見る。博士はたたかれはしないかとキョトキョトして、巡香が来るたびに落ち着かない。この様子を見てとった秋野さんは、いきなり警策を一本与えたのである。

坐堂を出た博士は「禅宗の修行は命がけですね、まごついているとやられてしまう。それでこそ見性もする、自心を徹見もする。それにしても秋野さんという人はえらい人ですね」としきりにほめていたということである。

十二、穆山と念珠

穆山が可睡斎に晋住したときに、念珠《ねんじゅ》をたくさん買ってきて、来る人来る人に与えていた。これは西有禅師の家風を知る人からいえば、おかしなことである。というのは『大清規《だいしんぎ》』に「念珠を持って人に対するはこれ無礼なり」という高祖のお示しがある。それで穆山は念珠を持たぬので有名な人である。しかるに家風が急変したのか、しきりに念珠を人に勧めた。

これは実は末山の寺院の風紀が悪いので、これを改善するためには念珠を持たせることがよいと感じて、念珠を身から離すなと教えたのである。念珠を持っておれば悪い心もおこらぬから、そのために持念珠を奨励したのである、ために末山は非常によくなってきたという。

これについて随身の一人が西有禅師におたずねしたところが、「衆生済度のためには観音さまでも嫁になるのだ。方便として善用すれば、念珠もこれまた菩提の因縁となるのだ」と示されたのである。応機接物《おうきせつもつ》、活殺自在、禅僧はかくありたいものだ。

また西有禅師がある寺の結制に西堂で出会した。ちょうどその寺に一四、五歳の小僧がいたので、禅師は小僧をつかまえては「ソレ小僧や、徳を積め。徳を積め。徳を積むとな、早く和尚さんになれる、長生きもする。ソレ徳を積め、これを洗ってこい」と言っては用を命じた。小僧を見つけさえしたら禅師はすぐ用を言いつけていたので、小僧は「うちの江湖《ごうこ》はオレばっかりに徳を積ませる江湖会《え》だ。これだけ積んでいたらオレは江湖がすんだら和尚さんになれるよ」と言ったという。

この一笑話も、この小僧が大きくなったら有難く受け取ることができるのであろう。

十三、姓を呼ばれる

西有穆山の門下からは、明治から大正にかけての宗門の名僧が生まれた。古知知常・野々部至遊・折井光輪・筒川方外・丘宗潭・秋野孝道等である。また昭和の眼蔵家岸沢惟安は穆山の嫡子である。現代の眼蔵家といわれる人は、多かれ少なかれ、これら先輩の謦咳《けいがい》に接した人ばかりである。穆山の眼蔵復興の熱意とその努力はかくのごとく報いられている。

穆山は随身の者によく言った、「お前らは姓を呼ばれる和尚になれよ、○○寺さんということは尊敬語で、名を呼ばずに寺号を呼ぶということは、その人の諱《いみな》を犯さぬというのが習慣だからだ。よいことには違いないが、それは一部分的な存在の人だ。天下に名の轟く人はかえって姓が親しいのだ」と、それで見込みのありそうな随身には時折り姓を呼んだ。すると口さがない雲水どもがいわく「一級品は姓、二級は寺号、三級は名、オレらのような格外品は名も呼んでもらえんワイ」と。

これは古来からの宗門の風習である。昔は姓のない人が多かったので偉い人は道号で呼んだ。月舟・天桂・卍山《まんざん》・面山《めんざん》・黙子・万仭《ばんじん》・玄透《げんとう》・黙室・月潭《げったん》等である。古くは明峰・峨山《がさん》・通幻・太源・了庵・梅山等である。はたの者が尊敬して道号を呼ぶので、本人もそれになってしまった。また昔は一住三年といって、永くその地に住しないことが禅僧の心得であったので、寺号は転々として変わるから、かえって道号の方が便利になったのである。明治維新政府は僧侶にも姓をつけさせたので、以後は道号に代り姓が通るということになった。法は伽藍にはついていない、人法で人にあるのだから、これは当然のことであろう。

十四、法孫に残そう

古人は「陰徳《いんとく》」ということを大変やかましく言って、若い雲水をいましめたものである。「ソレ徳を積め積め」と言った。それも人に見られないように徳を積むことを勧めた。身分不相応の衣の寄進を受けても、徳を損するからといって着用しなかったものである。陰徳は教団またはある人への献身的な奉仕をいうのである。

西有禅師は添菜《てんさい》や点心《てんじん》を受けても、お膳の品数のうち一皿は残しておいて食べない方であった。そして膳を下げるときに残した一皿をさして、「これは侍者《じしゃ》和尚に食べさせてやってくれ」と言われた。主人が訝《いぶか》りながら「お気に召しませんか」とお尋ねすると、禅師は笑って「いや大変結構結構。だがワシの食べる分を他人に施与しておけば、それだけ法孫の食べ物がゆたかになるからな。俗にはあげないよ、僧にワシが供養するのだよ」と言われたということである。

これをちょっと聞きすると「他人の牛蒡《ごぼう》で法事」いうことになる。だが深く考えてみると、これは禅師の法孫への陰徳である。自分に供養されたものの「一分奉多宝仏塔」である。すなわち一分は仏塔に、また一分は法孫に供養するという意味である。人間はこの心がけが大切である。理屈で割り切れない宗教世界というのはこんなことを言うのであろう。

日置黙仙禅師は修行中、雲水たちの切れた下駄の鼻緒を開枕《かいちん》後にすげてやった。また行水盥《ぎょうずいだらい》にほったらかしてある同僚の洗濯物を夜中に洗ってやったという。

便所掃除と禅師とはつきもののようである。西有・森田悟由《もりたごゆう》・日置等の禅師は雲水時代にはよく便所掃除をされた。陰徳行は人のいやがる仕事を、人に見つからないようにするのである。古来から大徳といわれる方は必ず陰徳を積んでおられる。

また禅門には、便所掃除をすると長生きするということを言い伝えてきている。ために病身の者、修行未熟の者ほど便所を掃除せよと言われた。

岸沢惟安老僧も病弱な方であった。そこで西有禅師が「貴様は便所掃除して長生きせい」と言われた。老僧は出家当時は盛んに便所を掃除した。すると、いつとはなしにこのことが雲水仲間に広まってしまい、夜中の便所掃除がワレ先にと流行したということである。

法孫のためにということは、お袈裟をたくさん買うことでも、金を貯めることでもない。その人自体で陰徳を積んでおくことである。

十五、俺も辛《つら》かった

西有禅師の本箱は三二個あって、これが八畳間に並べてあった。禅師は本を大切にする方で、他人には滅多に本箱はいじらせなかった。ところが岸沢老僧が出家したのが九月二六日、その翌年の正月から「惟安○○本を持って来い」と言いつけた。

岸沢さんも本は好きであるから命令されることは大変うれしいことではあったが、情けないことに出家して一年もたたないので、仏書の名前がわからないのである。二度聞きすると大声で「このドスンボ奴」と怒鳴られる。これには岸沢さんも弱ってしまった。

禅師は「オレは月潭さまの本を、暗闇の中からスーと抜いて持って行ったものだ、貴様もそうしろ」と言われる。しかも気短かな禅師は「持って来い」と言うのと「早くよこせ」とが一緒であるから、ぐずぐずしていられない。しかし何といっても三二の本箱の書名を覚えることは大変である。

そこで、おそるおそる伺いをたてて、本箱を一応整理さしていただきたいと言うと、「勝手にせい」ということである。それで本を系統的に分類して目録をつくり、一番箱には何々というように誰でも本のあり場所がわかるようにした。といえば禅師が本をまかせたように聞こえるけれども決してそうではない。不在中は本箱に鍵をかけてしまうから、本を借用することは容易でなかったのである。

ある日のこと、禅師が「〇〇本を持って来い」と言う。「ハイ」と返事して立った岸沢さん、所定の本箱の戸を開けてみると〇〇本がないのである。はてな、と考えた。ハタと膝を打った、ワシが無断拝借して下に持っておりていることに気づいたのである。

急いで自分の机から〇〇本を取って返して、禅師にお断わりして差し出したのである。すると禅師は大喝一声「このヌスット奴、人の本を勝手に持ち出しやがって、もう勘弁ならぬ」と言うが早いか、そこにあった笏《こつ》で打ちすえた。そのたたき方が普通とは違っていた。

「このバカ坊主め」「おっちょこちょいの新発意《しんぼっち》め」と、ありとあらゆる罵詈罵吻《ばりばふん》を加えながらたたいて、たたいて、たたきのめしたのである。岸沢さんも自分が悪いのであるから頭を下げて、たたかれるままに、たたかれていた。どうせ死ぬ気で発心したのだから、師匠にたたかれて死んでもよいという覚悟である。「我見《がけん》坊主」「名聞《みょうもん》坊主」と怒鳴りながら痛棒は終わった。これでもうよいのかと岸沢さんが思っていたら、一息入れた禅師は、またたたきだしたのである。

ようやくたたきやんだ禅師は「貴様のようなヌスットを寺に置くわけにはゆかん、下山せい。即刻下山せい」と言い出した。岸沢さんが涙の中からお詫びを申し上げるが「けがらわしい、出てゆけ」と言うばかりである。

侍者和尚はハラハラしてしまった。一度怒ったら誰が何といっても聞かない禅師ではあるけれども、こんなに怒ったことははじめてであった。岸沢さんをたたき殺すかと思ったのである。あまりに激しい雰囲気のために仲裁どころか、そばにさえ寄りつくものがなかったのである。

それから一年過ぎた秋のある日のこと、西有禅師はいつになくご機嫌で岸沢さんを相手に話していた。

突然「岸沢和尚、お前を叱ったのは昨年の今ごろであったのう」と禅師が言う。この声の下に岸沢さんは今までの楽しい気持はサアッと逃げると同時に、ヒヤッと背中に冷水を流されたような気がした。

あの時のことを今想い出すさえゾッとするのである。毎日毎日懺謝にゆくけれども「出てゆけ」の一点張りであった。これほどお許しを願っても叶わぬものなら本当に寺を下山せねばなるまい。といって一度出家して、養家を捨て妻子を捨てたこの身には帰るべき家も所もない、今さら親里にも帰れない。いっそのこと大井川に飛びこもうか――。だがまてまて出家は大丈夫の仕事だと禅師が教えられた。死ぬのはいつでも死ねる、七日間懺謝して許されぬならば一ヶ月、いや一ヶ年でも懺謝のお拝をしよう。方丈に上がることが許されぬなら入口で毎日百拝することだ。お許しが出てから死んでも遅くはあるまい。

かく堅く決心して懺謝百拝を重ねること三週間、すると禅師がその朝「もうよい、角が折れたろうのう」と言って許されたときのうれしさ、こんな苦しい行をつとめたことは生まれてはじめての岸沢であった。

一年後に禅師が想い出して、また叱られるのかと思ったのである。すると禅師は老顔に涙を浮かべながら「お前はよく辛抱した、定めし辛かったろう。だがのう叱られるお前よりも、叱るオレの心はまだ辛かったよ」と言う口の下に、涙は果てもなくボロボロと禅師の膝に落ちた。

この瞬間、岸沢さんは禅師の膝にワッとばかりに泣きくずれて、嗚咽《おえつ》にむせぶのであった。禅師の手は自然に岸沢さんを抱いていたのである。

岸沢惟安和尚

こいつはモノになる、だが、このままでは俗情がありすぎる。おまけに負けず嫌いのために理屈ぽっくて我見だらけだ、この俗根性と我見をたたき折ってやったら本物になる。だから何かの機会をとらえてウンと死ぬほどぶってやろうと決心していた禅師は、たまたま本の無断借用という過失があったので、よい時期到来とばかりに勢いこんでなぐったのである。

「本の過失はなんでもないのだ。お前を本当の坊さまにしてやろうと思ってな、我《が》を取ってやったのだよ」と、優しく諭《さと》される禅師の言葉に、はじめて目が覚めた岸沢さんは、身の置きどころもなく泣きじゃくりの止まるところを知らなかった。

高祖道元禅師は『用心集』に「直下承当事《じきげじょうとう》」とお示しになっている。師資面授《ししめんじゅ》して師匠の言葉をそのままに承当して「ハイ」と受け取る、これでなかったら仏法は伝わらないのである。この間にわずかの己見己我をさしはさんでいたら、面授はできないとおっしゃられた。

その通りである、師匠はああ言うが、オレはこうだという我見があったら仏法は耳には入らない。それでは釈迦牟尼仏から単伝した仏法にはならない、我見宗になるのである。この我が強いときは、法は弱いというよりもないのであるから、私どもは我を折ってもらうために、つとめて師家《しけ》にたたいていただくことを願わねばならぬのである。

第二十章　筒川方外《つつかわほうがい》和尚

一、雨傘勉強

西有禅師の随徒のなかでのピカ一は筒川方外であろう。惜しいことに五八歳の若さで入寂したので、一部の人にしかその名を知られていない。西有穆山《にしありぼくさん》がある人に述懐していわく「わしはよい随身を得て喜んでいる。まず筒川・丘・秋野これが会下《えか》の三羽烏だ」。三羽烏のうち誰が兄貴ですかと聞くと、穆山のいわく「それは筒川・丘・秋野の順だよ」と。この三人は禅師級の人物ではあったが、筒川・丘の二人は短命のために、禅師の猊座《げいざ》がまわってこないまに寂してしまった、しかし秋野は総持寺禅師に昇住した。

筒川は倉吉（鳥取県）吉祥院仙秀の弟子で、但馬（兵庫県）宗恩寺に二三年間在住した。寺の裏山の北側に、当時、但馬聖人といわれた池田草庵が青渓書院という漢学の塾を開いていた。筒川はこの塾に通い漢籍を研鑽したのである。

宗恩寺の庫裡《くり》と土蔵との間に横四畳のウナギ部屋があった。筒川は、これを自分の書斎にしていた、それは土蔵を書庫にしていたから勉学するのに便利であった。また一面には小さな小僧部屋に隠れて人を避けていたのである。

ある大夕立の真最中に門前の老爺が心配して、筒川和尚はいずれ塾に行っているだろう、この大夕立に寺内に雨漏りがあっては大変だと思い上がってきた。いきなりウナギ部屋をガラッと開けた老爺は、ギャッといって尻もちをついてしまった。それはそのはずだ、筒川は大夕立をよそに番傘で雨漏りを受けながら、見台に向かって書見に余念がないのであった。

筒川は超然と号したが、まさに名の通りに大夕立に超然として、雨漏りも何のその、ただ勉学にいそしんでいたのである。そうした半面に随徒には親切なもので、病人が出ると自ら看病して養生法を教え朝夕に見舞った。また僧形《そうぎょう》を大切にした人で、他山から雛僧《ひなそう》が来ると、自ら茶菓の接待をするので小僧の方が恐れ入っていた。しかし俗には厳格で方丈には滅多に通さず、多くは縁側あしらいで、また敷居越しで話をした。

厳格の見本といえば悪口になるけれども、筒川の坐作進退は文字通りそれであった。筒川が足をくずした姿を見た者はない、開枕《かいちん》前に横臥したこともない。常に見台に向かって端坐していた。見台をたたく癖がついた筒川は、説教台に登っても見台を出させて提唱風の説教をしていた。爺さん婆さんはもちろんのこと、聴衆はほとんど居眠りしていた。筒川はそんなことには気づかぬらしく、滔々と熱をあげて演説している。ある人が「方丈さんもっと解り易くお話をして下されては」と注意がましく申し出ると、筒川は「心配するな、正法《しょうぼう》は毛穴からでも入るのだから、会座《えざ》にいるだけで成仏するのだ」と言い聞かせていた。

丈室行者《じょうしつあんじゃ》は室を片付ける前に、尺で机のあった寸法をとってから動かしていた。というのは筒川は机の位置が一寸でも違うと怒鳴りつけるので、行者はあらかじめ物の位置を見定めてから片付けていたのである。

日置黙仙《ひおきもくせん》が丹波（兵庫県）円通寺時代に修禅寺をたずねて入湯した。ある日のこと、天気がよいので日置は、浴衣がけで手拭いを頭にのせて三門に立って、あたりの風景を眺めていたところに出て来た筒川は、日置の袖を引いていわく「叢林《そうりん》の三門を脱衣で歩いてもらっては困る。法服をつけて下さい」「相変わらず尊公はやかましいのう」と、日置がつぶやきながら見ると、筒川はちゃんと衣を持参していて日置の肩に着せかけているのであった。

本講のときは必ず全員に素読させ、読みの不完全な者は縁側に追い出して、読めた者だけ畳に坐らせてから提唱をした。それで雲衲は格下をくってはならないというので、一生懸命に素読の練習をしたのである。

提唱は誠に親切なものであった、どんなやさしい本でも筒川は前夜に必ず下見をして充分に調べていた。初めに『十八史略』、四書等の漢籍をやり、次に『天台四教儀』等の教相をやり、最後に宗乗として眼蔵を提唱した。しかも講席を一日も欠かさなかった。

筒川が名をさして雲水を呼びつけるときは、たいてい怒鳴られるのである。ある日のこと「喚応」と呼ばれた、喚応は筒川の豆小僧である。方丈の癖を知っている小僧は「ハイ」と答えて、筒川の前に出るが早いか頭を畳にすりつけて「私が悪うございました。方丈さまお許し下さい」と先手を打ってしまった。呆然《ぼうぜん》とした筒川は「横着小僧め」と言いながら、小僧と顔を見合わせて苦笑した。「近ごろの小僧は利口になった。オレが負けた」とつぶやいて、以後小僧を叱らなかったという。

明治三三年（一八九七）、伊豆修禅寺に進住し、のち曹洞宗大学林教頭に就任した。大学では専ら眼蔵を提唱した。このときの寮生の一人が高階管長である。学長時代にたまたま宗務院に登庁すると、院内の部長連が「ソレ剃刀《かみそり》が来た」と言って恐れたという。

筒川の寂滅後、蔵書の大半は駒澤大学に寄贈し、一部は宗恩寺に筒川文庫として保管している。今でも檀家の者は、この文庫のあることを誇りとしているのである。

二、二朱では下げぬ

「梅檀《せんだん》は双葉よりかんばしく、蚊は寸にして人を噛むの気概あり」という諺がある、筒川はその諺の人であろう。彼は幼名を透鱗と呼んだ、彦根清涼寺の末寺で沙弥になった。

ある日、清涼寺で伊井公の先考《せんこう》大法事がつとまるというので末山は随喜《ずいき》した。透鱗沙弥も師匠に随伴して茶頭《ちゃじゅう》の手伝いをしていた。家老が気をきかして、お布施のほかに大衆《だいしゅ》一人に付き二朱宛《あて》の心付けをしたのである。住職は大いに恐縮して、大衆は家老にいちいち御礼に伺うように命じた。ひとり透鱗沙弥は御礼に行かない、住職は透鱗を呼びつけて叱った。すると小僧いわく、

「方丈さん、なんぼ透鱗の頭でも二朱では安すぎますよ」

「理屈をこねずにさっさとお辞儀をしてこい」

「なんでも下げねばなりませんか、それならこれはお返し致します」

と言って、懐ろからもらった二朱を取り出して方丈に置いて出てしまったのである。

御礼を言ったら布施をした功徳がなくなるというので、セイロン（現スリランカ）あたりでは布施には謝辞は禁物になっている、法の建て前からいえばそうなのである。透鱗に法の道理がわかっていたのではなかろうが、ともかくにも負けん気が小さいときから備わっていたのである。

筒川方外・折井光輪・日置黙仙らは若いとき、越中（富山県）瑞龍寺《ずいりゅうじ》に橘仙《きっせん》をたずねて随侍した。橘仙は摂津（大阪府）陽松庵瞳眠の印可を得た人で天桂下の俊才である。この会下で坐禅に骨を折ったのちに、西有について眼蔵を参研した。さらに宗恩寺で漢籍を学んだから天下無敵という人物になったのである。人物は環境とその人の努力とが一致してはじめてなるものであって、一朝一夕に出来上がるものではない。たえず求め、たえず努力する。「一進歩《ふ》の如し」という。力強く一歩一歩前進することである。

橘仙下には鹿児島福昌寺に住した圓了無参がある。無参は薩摩久志良の農家の倅《せがれ》であるが、抜擢されて大阪薩摩邸の官吏になった、ところが妬《ねた》みを受けて謀《はか》られてしまい藩則に触れたのである。罪に処せられるところを逃してもらった、時に五三歳である。無参は出家して橘仙について大悟した、藩侯はこれを喜んで福昌寺に請したのである。

無参が福昌寺に晋山《しんさん》したとき、隣寺がこれを憎んで藩主に進言した。人のいい殿様は無参の晋山上堂にのぞんで「如何なるかこれ久志良の土百姓」と教えられた通りに問答をかけたのである。壇上の無参は破顔微笑して言わく「我はこれ泥中の蓮」と答えた。侯は大いに感じて深く無参に帰依したという。

但馬（兵庫県）瑞峰寺の小田垣瑞隣は生来の病弱であったが、筒川に帰依して三里（約一二km）の道を徒歩で通い提唱を聴いた。丘宗潭は西有の島田伝心寺の眼蔵会に、五里の道を歩いて毎日通った。古人の求道心にはただただ頭が下がるのである、衣をつけた者はかくありたいものである。

岸沢惟安が筒川にほれて、ぜひ随身したいと師匠西有に申し出た。すると西有は「学者は学病人だ。貴様は漢学者だ、だから筒川学とお前の学と鉢合せすると必ず倒れてしまう。それよりか丘宗潭のとこにゆけ」と言って、これを許さなかった。やっぱり師匠はえらいものである。両者の病気を診断しているのである。学問はする、だが学に倒されない、坐禅はつとめる、だが坐禅にとらわれない、これが修行の要訣である。

第二十一章　丘宗潭《おかそうたん》和尚

一、毛穴から入る

大正時代の眼蔵家といえば第一に丘宗潭（一八六〇～一九二一）をあげねばならぬ。宗潭は飛騨（岐阜県）から但馬《たじま》（兵庫県）養源寺に進み、さらに伊豆（静岡県）修禅寺に昇住したのち、肥後（熊本県）大慈寺に住した。この間、永平寺監院から曹洞宗大学林学長に就任したが、まもなく病魔におかされて療養中、再起かなわずして六二歳で入寂した。筒川方外とは西有門下の同参で、ともに嘱目《しょくもく》せられて禅師を約束されていた人であったが、二人とも短命であったことは惜しいことである。

修行は励まねばならぬ、勉学はつとめねばならぬ。けれども肉体を失ってしまっては、せっかく修行した力で、これから利益衆生《りやくしゅじょう》という大切なときに、教化ができなくなるのである。下化衆生《げけしゅじょう》のための弁道であり修行であるのだから、聖胎長養《しょうたいちょうよう》ということも考えねばならない。

筒川・丘ともに厳格につとめすぎたのである、その結果は過労による疾患を引き出した。といって横着を構えよというのではないけれども、物事はホドホドにやらねば必ず失敗するものである。

丘宗潭が養源寺に進住した当時は反対派があった。それが日増しにつのってきて猛烈な排斥運動が起こったのである。坐禅と眼蔵で鍛えあげた丘もこれには手を上げてしまった。そこで一日、宗恩寺に筒川を訪れ、その苦衷《くちゅう》を訴えて救いを求めた。「よろしい、オレの寺としばらく交代して、貴公は宗恩寺におれ、明日から方外が養源寺にガンバッテ反対派を説得してみせるから、安心しなされ」と、いとも簡単に筒川は引き受けたのである。翌朝、丘宗潭が目を覚ますと筒川は養源寺に出かける用意をしていた。丘はその友情の厚いのにホレボレしてしまった。そして固く決心したのである。

「筒川さん、オレも男だ、あなたにできてオレにできぬということはないはずだ。どこで修行していたかと疑われることになる。もう一度再考して打開の道を考えますから」と、丘は晴れ晴れした気持で宗恩寺を退山した。さすがに三年間もめぬいていた騒動も両師の決意が認められて、ついにおさまってしまったのである。

二、祖山眼蔵会《そざんげんぞうえ》

祖山眼蔵会は高祖承陽大師《じょうようだいし》六百五十年記念事業として、明治三八年（一九〇五）五月に始まった。発願主は永平寺森田悟由《もりたごゆう》貫首である。森田貫首は西有穆山を祖山に請して眼蔵の提唱をしてもらいたかったが時期到らず、明治三四年に西有穆山は総持寺貫首に当選されたので、ついに機会を失ったのである。

明治三七年、日露戦争が起こって世情はしぼんでしまい、貫首のご巡化も少なくなった。それで修行にはもってこいの時節になったので、森田貫首は永平寺監院《かんにん》上野瓶城、西堂《せいどう》福山黙童らと相談し、祖山に眼蔵会を開催し、これを毎年継続せしめるために、眼蔵会基金募集をすることになった。その勧募を弘津説三と大仏輔教に命じたのである。

明治三八年五月一日より七月一〇日まで七〇日間、初回祖山眼蔵会が開講された。時の講師は伊豆修禅寺の丘宗潭（四六歳）である。これは西有禅師の随身中から眼蔵会講師は選ぶようにという、森田貫首の内命によったものである。丘は秋野孝道こそ禅師の随身である、わしは食客随身だからと、極力辞退して秋野を推したのであったが、福山西堂の懇請もだし難く「では来年の講師は秋野」という約束をして受けたのである。一度、栄職につくとなかなか離さない人が多いのに、丘の受け方は見上げたものである。

丘宗潭和尚

眼蔵会は一人の講師が眼蔵九五巻を読むという建て前

になっていた。そこで丘宗潭は会期七〇日間に九五巻を提唱してしまったのである。若き眼蔵家丘宗潭は尽天地に眼蔵を提唱する者は我れ一人なりという意気をもって、アバタづらに眼を底の方から光らせながら、大衆をにらみつけてすごい面構えで熱をこめて提唱した。もちろん文字に拘泥《こうでい》せず達意的に力強く、毎日長講二席である。森田貫首は一日も欠かさず聴講した、銀色の太い眉毛を時折り動かしながら西堂位に端坐された姿はこうごうしいものであった。聴講衆八〇余名、安居衆七〇余名、合山清衆百五、六〇名である。将来の眼蔵家たらんとして上山した、小天狗・小知識連の聴講衆であるから問参往来盛んなるものであった。

侍局侍者鈴木天山、眼蔵会講師侍者但馬宗恩寺鈴木又外（筒川方外の弟子）、侍香丘球学（丘宗潭の弟子）、行者岸沢惟安（西山穆山の弟子）という面々である。

明治三九、四〇年と二年がかりで秋野孝道が上山して眼蔵全巻を読了した。四一、四二、四三年と三年間、野々部至遊が講師となって、これまた眼蔵全巻を提唱した。野々部は西有穆山の古参随身である。その後は山腰天鏡が二年で全巻、水野良英が二年で全巻、丘宗潭が三年で全巻、岸沢惟安が一三年で全巻を二回、しかも岸沢は眼蔵以外に『三物禅戒鈔』『光明蔵三昧』（二祖懐弉著）等を読んだ。吉岡鉄禅が四年で全巻、原田祖学が四年で全巻等である。

このように祖山眼蔵会は一人の講師が三、四年継読して講師をつとめて全巻読了ということになってはいるが、近来は会期が三週間ぐらいに短縮されたのと、眼蔵の参究が深くなったのとで、一通り拝聴するには一〇年以上もかかるので容易でないことになった。

三、血脈版木

丘宗潭は熱田（愛知県）在の長楽寺泰学恵然の弟子である。宗潭が一六歳のとき名古屋大光院に授戒会があった。戒師は大薩和尚である。無学の大薩といわれた和尚で、文字を弄することは下手な人であった。大薩の書いた軸物で誤字があれば本物だ、無いのは偽物といわれている。しかし禅《ぜん》定《じょうりき》力にかけては天下一品で、永平寺貫首環渓は大薩とは同参の間柄ではあったが、彼には一目も二目もおいて敬服していた。

戒会随喜の雲水たちが戒師大薩和尚を困らしてやろうというので、直行《じきあん》の宗潭に問答を教えこんだのである。いよいよ完戒上堂《がんかいじょうどう》になった。勢いこんだ小僧宗潭は「昨夜石女夜生児。請師、名を案ぜよ」と問いかけた。石女が昨晩、子を産みました。名をつけて下さいというのである。石女とは処女のことではない。思量分別にあずからぬ女という意味である。

禅問答というものは意味が深いものであるから簡単にはとけないものである。静かに須弥壇上にあって小僧の問答を聞いていた戒師大薩和尚は「男女の相を分かち来たれ、小僧のために安名せん」と答えた。男の子か女の子か、どちらが生まれたかというのである。宗潭が青年僧になってていたら、ここで「男女を弁ずるに不可得なり」と答えられるのだが、なにぶん一六歳の小僧では教えられただけの問答しかできないので、須弥壇下でキョロキョロとしてしまった。すると戒師いわく「すみやかに去って如何と参究せよ」と、警策を一本、肩にいただいて引き下がったのである。良い問答ではあるが宗潭小僧の自発的のものでなかったから、役にたたずじまいだったのである。宗潭老漢は後年、提唱に自分の失敗をよく語っていた。

ある年の暑中休暇に師寮寺に帰った宗潭は、師匠が土蔵の二階で何かコツコツ仕事をしていることに気がついた。そっとのぞいてみると、丈二尺ぐらいな板に彫刻をしているのである。

「お師匠さん、何を彫っていなさるの。この暑い土蔵の中で」

「ウン、実はな血脈《けちみゃく》の版木を彫っているのだ。土蔵を室内として仕事をしているのだよ」

「ヘエ、それは大変ですな。いつごろ戒師さまにいらっしゃるのですか」

「いやオレの版木ではないよ」

ますますわからなくなった宗潭はせきこんでたずねた。

「では一体、どなたさまの血脈版木をつくっておいでなさるので」

すると泰学和尚は笑って、

「お前の版木だよ、宗潭がいつ戒師に招待されてもまごつかぬようにな、今から用意しておいてやるのだよ」

これを聞いた学生の宗潭は驚いてしまったのである。自分のために、師匠が血脈版木を彫っていてくれるとは……。

西有穆山禅師は、しばしば「戒師になることはいと易い。しかし戒源師としてお拝をしてもらうことは、もっとも難しい。よほどの徳を積まねば戒源師にはしてもらえぬ」と述懐していた。ごもっともなことである、自分の願心と努力次第では戒師に請せられるけれども、自分の弟子に戒師になる人ができてこなければ、師匠が戒源師としてまつられぬ。

修行時代の宗潭に対して師匠は、ちゃんとその大器たることを見込んでいて血脈版木の用意をしてくれたのである。果たせるかな丘宗潭は、但馬養源寺・伊豆修禅寺・肥後大慈寺と出世して戒師となることその数を知らず、曹洞宗大学長・永平寺監院・初回祖山眼蔵会講師等の要職についたのである。

四、忘れた頭巾

丘宗潭が熱田在長楽寺の小僧時代のことである。ある日、豆腐を買いに熱田の市に出た。するとチンチンガラガラドンドンと太鼓と笛の調子よろしく、お囃子《はやし》が聞こえてきた。子供心についそれに引かされて行ってみると、そこには軽業《かるわざ》がかかっていて、珍しい大きな看板がかけてある。宗潭は余分なお金は持たされていないので場内に入ることはできないので、軽業の看板を一つ一つながめて楽しんでいた。

すると、どこか近くのお寺でお斎の鐘がゴーンと鳴った。はっと我れに返った宗潭小僧は豆腐買いに出ていたことに気がついたのである、急いで豆腐屋に走りこんだ。

「叔父さん豆腐下さいよ、早くしておくれよ」

「小僧さん、今日は大変あわてていますね」

豆腐屋の爺さんから籠をひったくり、大急ぎで走り出た宗潭は二、三丁行ってすぐ引き返した。

「出してよ、早く早く」

爺さんは宗潭のあわて方がおかしくなってきた。

「小僧さん、何を出すのです」

すると宗潭は自分の頭をポンとたたいて、

「頭巾だよ頭巾だよ」

「頭巾かね」

と言って、あたりを見まわした爺さんは大笑いした。

「小僧さん、お前さんがかぶっているよ」

爺さんに言われて宗潭が気がついてみると、頭巾の垂れを玉襷《たまだすき》にはさまして背中にぶら下げているのであった。

爺さんは宗潭の後ろにブラブラしていた大黒頭巾をかぶしてやったのである。

眼蔵家丘宗潭老漢は提唱の折りにふれて、この自分の失敗談を会下の大衆に「自分の仏性を自分が知らないのだね。背中をたたかれて、はっと気がつく。気のつく方はまだ上等品だよ。そこが凡夫で、ねえあなたと逃げる奴があるから、ご開山さまには苦労かけるのじゃ。眼蔵がわからぬというが、眼蔵は自分の功徳を九五巻に説かれたものだ。だから凡情を捨てさえしたら眼蔵がわかる、わかると有難くてたまらなくなるのだ、ご開山さまに礼拝せずにはいられなくなるのだ。師家はさしずめ豆腐屋の爺さんの役だ、随身の者が師家の懐ろに飛び込んでくるのを待っているのじゃ」と力強く話していた。

永平寺後堂《ごどう》であり、昭和一一年（一九三六）と二八年の眼蔵会講師をつとめた神戸八王寺の足羽雪艇は、丘宗潭の眼蔵に救われた人である。足羽は京大哲学科を出て高校の先生になろうとしていた。あるとき永平寺日置貫首の勧めで彼は永平寺に安居した、時に丘宗潭が監院であり眼蔵会講師であった。眼蔵の提唱を聴いているうちに、翻然として自分の進むべき道を悟ったのである。哲学の根本問題、形而上学の基本は眼蔵に説かれている、七〇〇年の昔に道元禅師によってすでに問題は解決されている。なんというすばらしいことであろうと。

爾来、足羽は三年間永平寺にこもり丘監院の侍者になって、眼蔵の参究にひたむきに進んだのである。老来は『正法眼蔵の宗教』等の著述をなし、七〇歳の示寂に至るまで眼蔵を手離さなかったのである。

五、釣られた煩悩

丘宗潭老漢は禅定力のできた人であった。『曹洞二師録』という難しい書物がある、これは洞山大師と弟子の曹山和尚とが、「五位」について問答した語録で二巻ある、つかみにくい問答であるから昔から滅多に提唱した人はない。

大正七年（一九一八）秋、但馬宗恩寺の結制に西堂に請せられた老漢は、『二師録』をすらすらと提唱した。このときの聴講生が岸沢惟安等で、私（杉本）もすみっこに縮こまって聴いたが、一向にわけがわからずにしまった。それでも、そのときの筆者の筆記があるから、面白い、わからぬままにかな書きを綴ったのである。しかし今でもこの好因縁を結ばしてもらったことを喜んでいる。

丘西堂のことを、みんなが御前さまとか丘御前とかいうので、子供心にえらい和尚になれば貴族のように御前さまと言われるのだなと思った。岸沢老僧は後堂であったが毎朝、西堂寮にゆくと縁側で展坐具三拝して、それから入室していた。大衆が生き仏そのままのように尊敬していたので、天下にはどえらい和尚もいるものだと思った。

虎の威を借りる何とやらで西堂侍者和尚の威張ること威張ること。豆小僧らはそばにもよれなかったので、筆者は老漢の提唱されるとき以外にはお顔を拝することはできなかった。

伊豆修禅寺は堂頭《どうちょう》丘宗潭が師家、後堂岸沢惟安、維那《いの》武山魁山（後の永平寺監院《かんにん》）という役寮がそろっていたので、修禅寺僧堂は天下の鬼僧堂であった。常に雲衲《うんのう》三、四〇衆は下らなかった——その後は維那橋本恵光（後の永平寺西堂）、典座細川石屋（後の総持寺監院）。今の宗門は修禅寺僧堂の飯を食った人が、最上部に座してサイハイを振っているといっても過言ではない。その基礎をきづいた丘老漢はたしかに有力の大人である。

丘老漢は平常は、それほどくしゃくしゃと小言を言う人ではなかったが、すごくニラミのきく師家であった。ある日のこと、今日は堂頭和尚は他出して不在であるというので、雲衲はノビノビと命の洗濯をしていた。維那和尚も雲水を取り締る役ではあるけれども、たまには雲衲に息をつがせるもよいと思って放参《ほうさん》にしていた。斎罷《さいは》（昼食後）のひととき維那和尚自らも浩然の空気を吸うべく山登りした。ところが途中溜池があったのでそこで休息した。

池中を見るとはなしに見ると水中動物が四、五匹、しかも大きい奴が泳いでいるではないか。ムラムラと本能が出て来た、袂《たもと》をさぐると、ちょうど朝の日天掃除《にってんそうじ》のときに拾った針金がある。すぐさまミミズを掘り出して針金にさしこみ、棒にくっつけて水中にかざした。魚は用心深くミミズのそばまでは来るが食いついてこない。こうなると維那和尚は一生懸命である、いまに食いつくぞ、とかたずをのんで釣棒をしっかりにぎりしめていた。

「おい維那和尚。釣れるかい」

突然背後から声をかけたものがある。ハッと我に返った維那和尚が振り返って見ると、堂頭丘老漢が団扇を片手に微笑して立っているではないか。真っ青になった維那和尚は一目さんに山をころげおりてしまった。「いずれ下山だ」と維那和尚は覚悟を決めていた。しかし丘老漢は、その後一言も魚釣りの件にはふれずにしまった。煩悩に釣られるからいつまでも凡夫だ、煩悩を釣り上げてこい、これが修行じゃと提唱していた。

六、『三物秘弁』聴講功徳

洞門の室中に伝わる三物を三〇年間コツコツ参究して、はじめて書物に書いた人が万仭道坦《ばんじんどうたん》である。この書物を『三物秘弁』という。洞宗で三物の提唱をした人は万仭以前にはない。それだから『三物秘弁』はやかましい書物で、室中の秘本である。

西有穆山禅師が万仭の『三物秘弁』を提唱したが、実に汗をふきふきやった。これは万仭の『秘弁』は一書ではない、八通りもあるからどれに依ってよいやら、ちょっと見当もつきかねるのである。そこで西有禅師は丘宗潭に命じて、もっと読みやすい『三物秘弁』にするようにと遺嘱した。そこで丘宗潭は岸沢惟安に命じてこの改訂をさせたのである。

大正三年、三河（愛知県）の某寺で改訂なった『三物秘弁』を講本として、はじめて僧侶に公開して宗潭が提唱した、これは実に講師も聴講衆も感激そのものであった。待望久しき室中の秘本、嗣書・大事・血脈の図説がなされたのである。

ときに丘宗潭は開口一番『三物秘弁』の今日伝わった苦心を述べ、また自分が提唱する感激を喜んだあげくに、「お前たちよ、三物秘弁の提唱を丘宗潭から聴いたことがある、というこの感激は永久に忘れないようにしてもらいたい」と言って、ポロリ涙を落としたのである。「会下の大衆よ、どうぞ三物を参究してくれ、たとい堕落してもこの丘宗潭の三物を聴いた功徳力によって、奈落の底から救い上げられるぞ」という、師家の大慈悲心があふれている。

曹洞宗の僧侶になり、名目だけは大和尚になっていても、自己室中の三物の講義を一度も聴かずに寂滅する和尚が多い。しかも万仭以後三物の提唱をする人はなかったが、ようやく西有禅師が眼蔵眼で『三物秘弁』をこなしかけたが、容易ではなかった。しかるに、なんの法幸ぞや、今日三万の宗侶のうちに、この丘宗潭会下の者だけが三物を聴くことができたのである。

これは話を聴く方よりも聴かせる方が感激した。それは人に話せるまでに参研し、こなし通すということは並大抵の苦労ではないのである。

正法興隆のためならどんなことでもやります、ただし自己の利得のことは何も致しません、これが捨身である。正法に身命を捨てる身業供養、これが僧侶の誓願である。

永平寺後堂の関頑牛老が雲水を説得していわく、「お前たちはただ修行せい、心魂を打ちこんで猛修行せい、寺は修行に付随しているものだ。だから修行さえできたら立派な寺が自然にころんで来るものだ」と、関には富山光厳寺という別格地がころがりこんで来た。

しかし寺を求めて修行するということもいけない、ころんで来た寺なら住職してもよいけれども、無理して求めた寺というものは修行の邪魔になり一生の苦労である。大乗寺中興二九世密山道顕の孫、午庵道鏞は坐禅して一生を終えて、ついに一寺に住することなくして示寂した。午庵には『天桂不知正法眼蔵』という著述がある。正法にまかせ、正法にひたり、正法を聴くことを喜び、正法をすみかとして住持してゆけば、寺の大小なぞ論ずる必要はないのである。三物をすみかとする、これが衲子《のっす》の本分である。

七、女囚の涙

丘宗潭老漢の『三物秘弁』の提唱は、宗門にとっては好奇な話題となった。ある年の冬、講伝会を終えて大阪の信者の宅に一泊した。ところが当主が大阪刑務所の所長と懇意にしていたので、談たまたま該問題にふれた、主人は急に先日の所長の話を思い出した。そこで老漢に明日、刑務所で講演してくれと懇願した。

「オレは宗乗の話か、または坐禅の話ならやるが、受刑者相手は苦手だな」と、しぶりつつも応諾した。

刑務所では大いに歓迎した。まず長期受刑者を対象として話した、すると娑婆で大工であったというAが、老漢の話に感激してポロポロ泣き出してしまった。「丘宗潭という和尚は日本一の坊さんだ。人間の味を説くえらい坊さんだ。オレは改心の記念に何かあげたい」と急に発心して、所長に話した。自分が日頃丹誠をこめて仕上げた硯箱を、是非今日の話をしてくれた和尚さんにあげてくれと言い出したのである。

受刑者の感激で所長は思い出した。実は強情な女が拘置所にいて係も教誨師もてあましていたのである、それで老漢に女に面接していただきたいと申し出た。

案内されて老漢は女囚の室に入った、すると女囚はくるりと老漢に背を向けてしまった。所長がすかしてもなだめても、女は見向きもしないばかりか頭をかかえてうつぶしてしまった。

なるほど手強い女だな、オレにまだまだ敵と見られる邪心があるからだ。絶対の慈悲心が欠けているわけだ、と自分を反省した老漢は静かに言葉をかけた。

「お前さん、年はいくつになったね」

「三九だ、人の年を聞いてどうするんだい」

いらいらしく女は答えた。

「そんならお前にも子供があるだろうね」

「あるよ、今年五つがすそ子だよ」

「うん五つか、可愛いいさかりだね」

「昨夜はあの子の夢を見たのよ」

と言い終わるや、女は急に起き上がって老漢の方に向き直ったのである。

これが糸くちとなって女が口をきき出したので、老漢はポツリポツリと話しかけた。この女にも常住の慈悲心がある、慈悲心が狂って、こんなところに入れられている、可哀相なことだ。女も可哀相だが、その子供はなおさら可哀相である。老漢の胸に熱いものがこみあげてきた。

「教誨師の話はいやかね」

「ハイ、いやです。あれは月給取りの話です。お前さんのように丁寧に、親切に言ってはくれませんよ」

女囚は声を上げて泣き出した。私の心を話してくれる人、親身になってくれる人、たよりになる人、心のゆるせる人、それは老漢である。老漢の言うことなら何でも聞くというやさしい心になったのである、別れにのぞんで女は再度の説教を所長に頼んだという。

人は智のみでは生きられない、情にほだされるものだ、この智と情の生き方を教えるものが禅である。だから人情の機微に徹した者が本当の禅者だ、智は角がたつ、情は流れる、たってもいけない、流されてもいけない、そのなかにいて安心立命することを説くのが曹洞禅の本領である。さればこそさすが強気な女性も、老漢の禅徳にほだされてしまったのである。

【登場人物 法系 参学系譜】

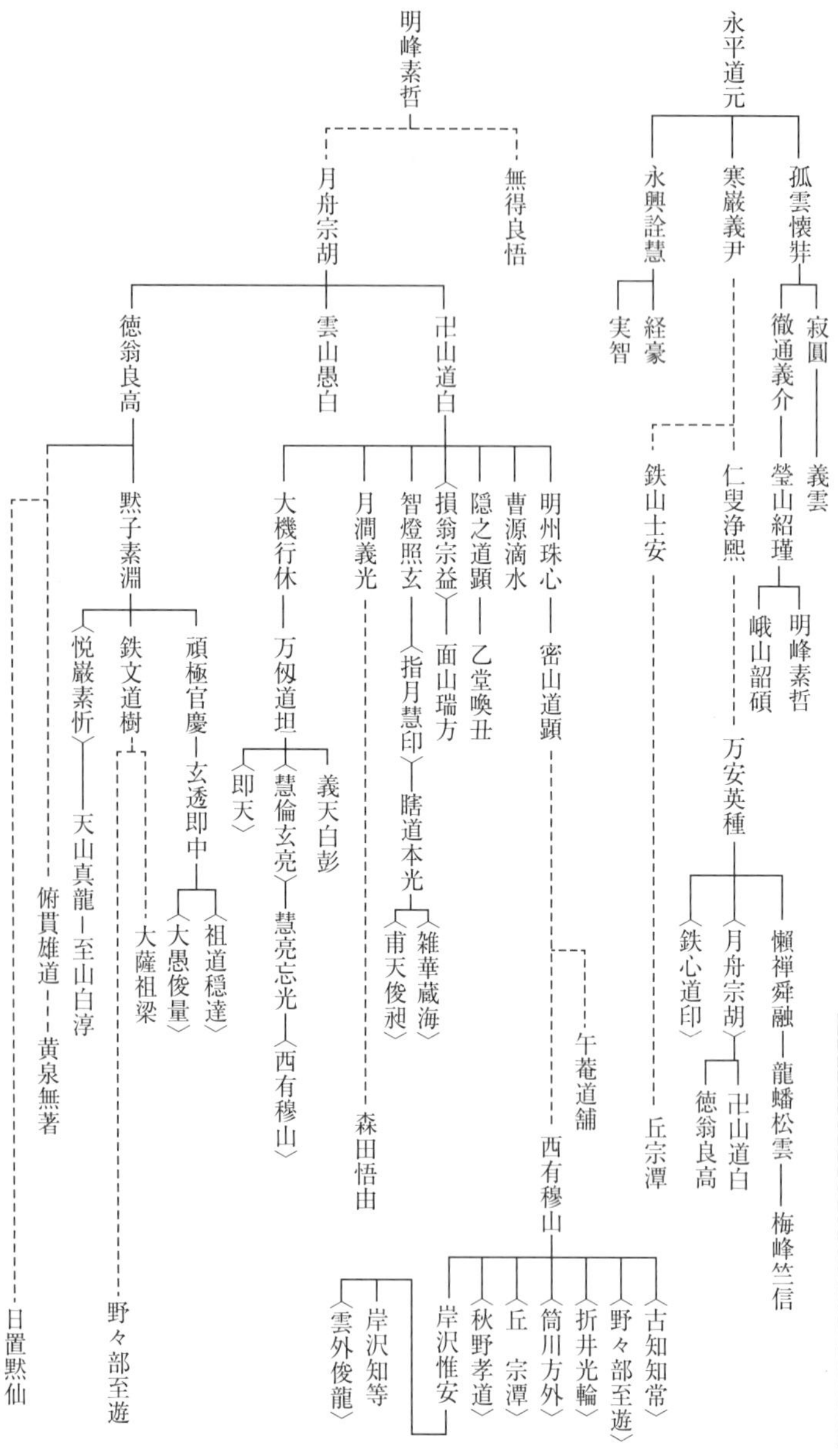

──師嗣　〈参学師子〉
----途中省略　明治以降は俗姓で記入

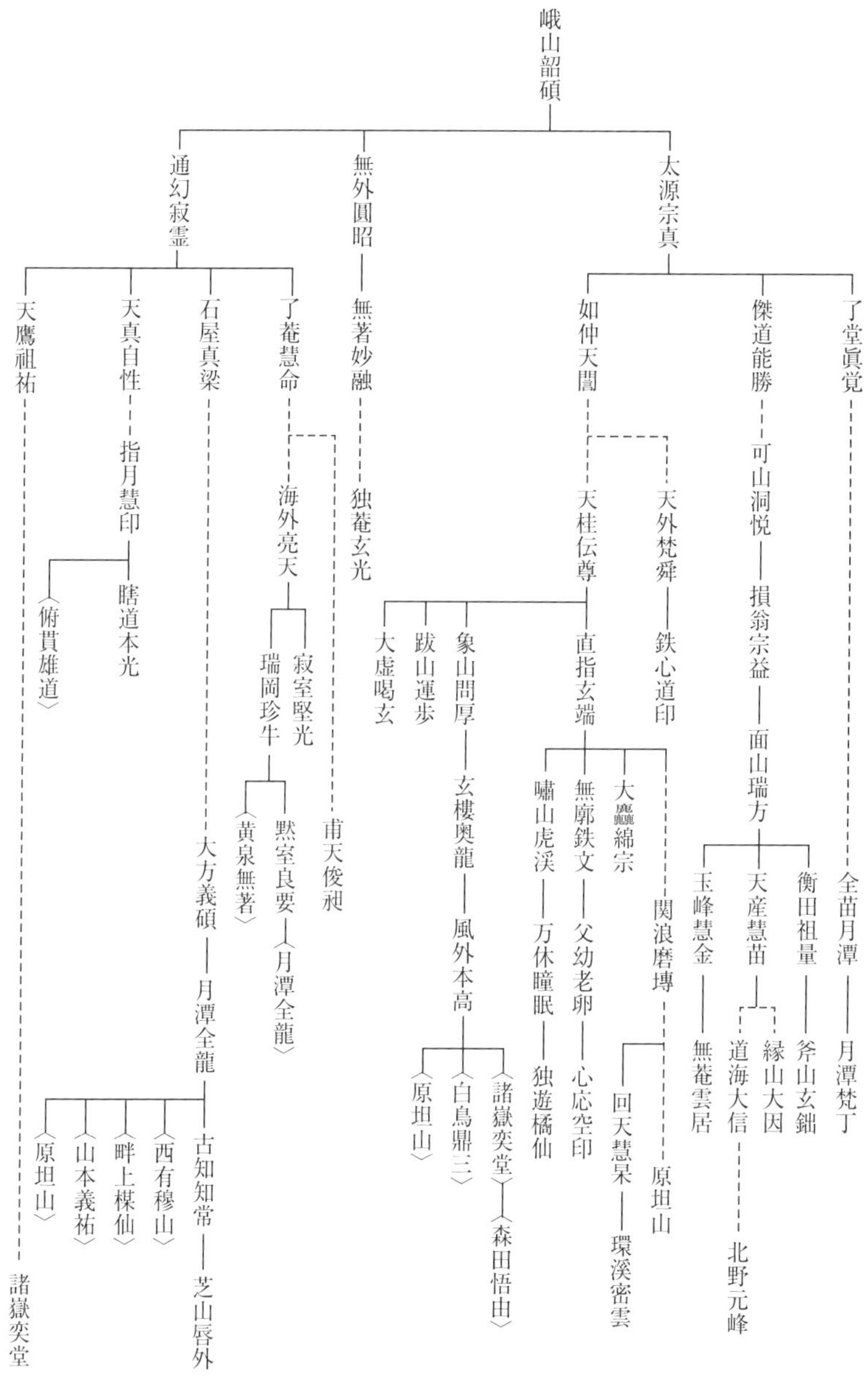

峨山韶碩
太源宗真
無外圓昭
通幻寂霊
了堂眞覚
全苗月潭
月潭梵丁
傑道能勝
可山洞悦
損翁宗益
面山瑞方
衡田祖量
斧山玄鈯
天産慧苗
縁山大因
道海大信
北野元峰
玉峰慧金
無菴雲居
如仲天誾
天外梵舜
鉄心道印
天桂伝尊
直指玄端
関浪磨墫
原坦山
回天慧杲
環溪密雲
大麤綿宗
無廓鉄文
父幼老卯
心応空印
嘯山虎渓
万休瞳眠
独遊橘仙
象山問厚
玄楼奥龍
風外本高
〈諸嶽奕堂〉
〈森田悟由〉
〈白鳥鼎三〉
〈原坦山〉
跋山運歩
大虚喝玄
無著妙融
独菴玄光
了菴慧命
海外亮天
寂室堅光
瑞岡珍牛
黙室良要
〈月潭全龍〉
〈黄泉無著〉
甫天俊昶
石屋真梁
大方義碩
月潭全龍
古知知常
芝山昏外
〈西有穆山〉
〈畔上楳仙〉
〈山本義祐〉
〈原坦山〉
天真自性
指月慧印
瞎道本光
〈俯貫雄道〉
天鷹祖祐
諸嶽奕堂

編集後記

『正法眼蔵』は、今や中学・高校の教科書にも、永平寺開山道元禅師の主著として紹介されるほど有名でありますが、実をいえばこれは近々一〇〇年足らずのことで、三〇〇年前には僧といえど名を知るのみで、内容を知る人は暁天の星という、今からすると嘘のような時代もあったのであります。

何故そのように忘れ去られたかというと、その文章表現が独特であることよりして、直弟子・孫弟子等の遷化《せんげ》とともに、その解釈の口伝・口訣が失われていったこと。あるいは当時の入宋・来朝禅僧のほとんどが臨済宗の方であったこともあり、世は五山十刹・五山文学全盛となり漢文学が主となったこと。また打ち続く戦乱のため、宗侶も孜々《しし》黙々と『眼蔵』に対するというより、やはり「公案」を用いた参究が主となったこと（その成果は代語・抄・再吟・下語《あぎょ》・門参などとして残されている）などが考えられます。

やがて江戸時代となり世も落ち着きを取り戻したころ、黄檗宗が伝わってきました。道元禅師滅後、ちょうど四〇〇年を経ての禅宗の渡来であり、その異国的雰囲気、念仏禅、木魚を使った読経リズム、清規《しんぎ》、授戒会《じゅかいえ》などは、禅宗界に大衝撃を与えました。当時の臨済・曹洞宗侶の多くが、この新来の宗のもとに学んだとも言われるほどでありますが、その一方で本来の曹洞宗の在り方への模索が始まり、宗意・宗乗すなわち『正法眼蔵』の再発見・再研究へと向かいました。

本書はまさにその『正法眼蔵』再発見・再参究に一生を捧げられた禅僧方の物語で、これらの方々のひたむきな努力があったればこそ、『正法眼蔵』の名が世に広まり、「曹洞宗」の今日があるともいうべきであります。

著者はその先人の苦心・苦労、熱き道念を、会話文を用いて、まさに先人が目前にいますがごとく如在に臨場感あふれる筆致で書き進め、思わず自分もその場の一員にさせられるがごとくであります。往時は参師問法の間に、師家《しけ》・大己《たいこ》・法友より、こうした古人の行履《あんり》を拝聴し道心を啓発されたのでありましょう。

今日の私ども、あまりにも簡単に書物が手に入るようになったので、勉強といっても机上のものとなり、先賢の実参実究、血と涙を忘れがちであります。宗教ことに「禅」は体験でありますから、こうした先哲の行履・誓願をわきまえてこそ、理解もすすみ、『眼蔵』が我がものとなるのであります。そここそが筆者の本書著述の目的かと拝察する次第であります。

さてここで著者、杉本俊龍老師を紹介させていただきますと、老師は明治三四年出生、幼にして仏門に入り七歳にして得度、昌福寺杉本俊光老師の膝下《しっか》にて厳しい徒弟教育を受け、長じては日本大学宗教科に学ぶとともに、岸沢惟安・原田祖岳という当時の巨匠に参じ、仏教学・宗学を修め、禅旨に参じられました。また特筆すべきは、伝法時より室内三物《しつないさんもつ》・切紙《きりがみ》に関心を持ち研究を続けられ、ついに昭和一三年『洞上室内切紙参話研究』をまとめあげられました。この書は万仭道坦《ばんじんどうたん》様の『三物秘弁』以来のもので、この道を大成した名著であります。爾来《じらい》各地に出講されつつ、諸誌に幾多の論考を発表され、この『眼蔵家の逸話』もまた、「銀杏」（愛媛県瑞応寺）・「教学時報」に発表されたもので、それを昭和三四年に書き替えられ上巻として刊行されたものであります。

しかし、それから既に五〇年近くにもなるので、本年一月の滴禅会（杉本老師門下生の研究会）幹事会で、覆刻を提案したところ大賛成を得ました。また内容からして宗侶はもちろん、広く一般の方にも読んでいただこうということになり、事務局長武井全補師（足利市高福寺）が大法輪閣に相談、これまた〝是非協力させていただきたい〟ということで、今回の覆刻ということになった次第であります。

しかしながら覆刻にあたり、明治生まれの方の文章であるから、今時の方には読みにくいということで、老師には誠にご無礼ながら、原文は極力そのまま残すが、一部表記を改めさせていただいた。すなわち左のごとくであります。

・旧漢字を新漢字に改めると共に、送り仮名・助詞等は適宜改め、振り仮名を増やす。
・年号表記を増やすとともに、西暦を併用表記する。また旧国名などは、新県名を付記する。
・会話文は、「　」や段落を付け替え、分かりやすくする。
・差別となる表現を改める。（「番太珍牛」は、言い替えられず残った。了とされたい）
・主要登場人物の頂相や墨跡・法系譜・参学系譜を加える。
・眼蔵家に直接関係ない箇所や逸話（万林覚英・玄賓僧都・華厳鳳潭様）は割愛し、新たに「銀杏」誌より下巻に相当する西有穆山・筒川方外・丘宗潭老師についての原稿を加え、新刊として刊行する。

（右三師、『室内切紙参話研究』については、滴禅会刊『龍華』を参照されたい）

かくて今ここに、御法孫杉本俊正師（現昌福寺住職）の賛意と大法輪閣小山弘利氏の助力を得て功なり、なおかつ大本山永平寺宮崎奕保百六寿猊下には辱くも「序と題字・巻頭墨蹟」を賜った、御道愛に感謝御礼申し上げるとともに、本書が各位参学の一助となることを念じます。

合　掌

平成十八年八月二十九日

滴禅会代表幹事・花井寺住職　井上　義臣

杉本俊龍（すぎもと・しゅんりゅう）

出生	明治34年	植村財次郎三男（鳥取市）
得度	明治41年	昌福寺杉本俊光について得度
伝法	大正 9 年	昌福寺杉本俊光より伝法
住職	昭和 5 年	昌福寺（～昭和50年）
修学	日本大学宗教学科	
参学	岸沢惟安老師（7年）、原田祖岳老師（1年半）	
著書	洞上室内切紙参話研究（昭和13年）	
	洞上室中秘録（昭和31年）	
	眼蔵家の逸話（上）（昭和34年）	
	雲外録（1住職学、2伝法、3室内学）	
	龍華（昭和39年～）（平成18年復刻） 他	
出講	三物切紙・室内住職学の大成者として昭和19年より各地に出講。	

眼蔵家の逸話

平成18年10月20日　初版発行 ©

著　者　杉　本　俊　龍
編　集　滴　禅　会
事務局　足利市家富町2523 高福寺
発行人　石　原　大　道
印刷所　三協美術印刷株式会社
製　本　株式会社 若林製本工場
発行所　有限会社 大法輪閣
東京都渋谷区東2－5－36　大泉ビル2F
TEL　(03) 5466－1401（代表）
振替　00130－8－19番

ISBN4-8046-1241-6　C0015